ナチス・ドイツのクリスマス

ナチス機関誌「女性展望」にみる祝祭のプロパガンダ

桑原ヒサ子
Hisako Kuwahara

青弓社

ナチス・ドイツのクリスマス——ナチス機関誌「女性展望」にみる祝祭のプロパガンダ

目次

第3章　家庭で祝うクリスマス　

装丁――神田昇和

はじめに

日本に年中行事としてクリスマスが定着して久しい。子どもがいる家庭では、クリスマスツリーを用意し、クリームたっぷりのクリスマスケーキを購入し、ローストチキンなどクリスマスのご馳走を食べ、クリスマスプレゼントを交換する。家庭の外では、友人・知人とにぎやかなクリスマスパーティーを開く機会になっている。教育機関や介護施設など、さまざまな組織・団体では、クリスマス会は年間活動計画に欠かせない。企業精神は商売の好機を逃さないから、十二月にもなれば、街中はクリスマス一色になる。そんな雰囲気のなかで、クリスマスがキリスト教の創始者であるイエス・キリストの生誕を記念する祝祭であるというクリスマス本来の意味にのっとって祝っている人はどれだけいるだろうか。

クリスマスが宗教的祝祭であるために、これだけ盛大にクリスマスを「祝っている」にもかかわらず、日本でクリスマスは国民の祝日になっていない。一方で、キリスト教国であるドイツでは、クリスマスは祝日に指定されている。クリスマスを含めて、ドイツの年間の祝日をみてみると、日本とドイツで祝日の意味がどれほど異なっているかがわかって興味深い。

ドイツの祝日は州によって異なるが、[1] 全国共通の祝日は二〇二四年のカレンダーでは一月一日の元日、三月二十九日の復活祭直前の聖金曜日、三十一日の復活祭、四月一日の復活祭翌日の月曜日、五月一日のメーデー、五月九日のキリスト昇天祭、十九日の聖霊降臨祭、二十日の聖霊降臨祭翌日の月曜日、十月三日のドイツ統一記念日、そして、十二月二十五日のクリスマス一日目、二十六日のクリスマス二日目である。[2]

前述の祝日のうち、復活祭は「春分の日のあとの最初の満月の次の日曜日」に祝われる移動祝日であるため、年によって一カ月以上も日にちの移動幅がある。したがって、先に紹介した二〇二四年の日付は固定日ではない。同様に、キリスト昇天祭は復活祭から四十日目、聖霊降臨祭は復活祭から数えて五十日目にあたることから、やはり移動祝日である。

祝日の種類をみると、十一日の祝日のうち、元日、メーデー、十月三日のドイツ統一記念日を除く八日すべてがキリスト教に由来する。州ごとに追加される祝日もほとんどがキリスト教の祝祭である。こうした宗教上の祝祭は、祝日に指定される以前から宗教文化・慣習のなかで人々の日常生活に組み込まれて祝われてきた長い歴史をもつ。

祝日に指定されているからにはどの宗教的祝祭もドイツ人にとって重要なはずだが、そのなかでもどの祝日が最も大切かとドイツ人に問えば、異口同音に「クリスマス」という答えが返ってくるだろう。

キリスト教の祝祭のなかでも復活祭は、十字架にかけられて死んだイエス・キリストが三日目に復活したことを記念・記憶する最も古い祝祭であり、その宗教的意味の大きさから、キリスト教会で最も重要な祭りである。それにもかかわらず、ドイツ人が復活祭よりも、イエスの生誕日とされるクリスマスに深いこだわりをもつ理由はどこにあるのだろうか。

「ドイツのクリスマス」

実際、アドヴェント（待降節）の時期にドイツの伝統的なクリスマス市を訪ねたり、クリスマスにドイツ人家庭に招待されたりした経験がある外国人であれば、家族・親族や友人とクリスマスを家庭で迎えるために長い時間をかけて準備するドイツ人の並々ならぬ情熱や、クリスマスイブからクリスマスの祝日にかけての見事な演出に目を見張ったはずである。各家庭の経済力や趣味の違いによって若干の差異はみられるものの、アドヴェントが始まると、子どもはアドヴェント・カレンダーをプレゼントされたり自分で作ったりしてクリスマスを待つ気持ちを高めていく。大人も子どもと一緒にクリスマス飾りを工作するのも同様である。電子メールの時代になっても、クリスマスカードを送ることにこだわるドイツ人は多い。伝統的なクリスマスクッキーを焼き、クリスマスプレゼントを用意する。大きなクリスマスツリーを飾り付け、降誕の厩（キリスト降誕の情景を人形で再現した飾り）をツリーの下にセットする。伝統のクリスマス料理を楽しみ、家族そろってクリスマスの歌を歌い、音楽を演奏し、贈り物を交換する。

今日ドイツのどの家庭でもみられる、このようなクリスマスの祝い方が定着するのは、しかしそう古いことではない。

一八二〇年ごろから三〇年ごろにはドイツ語圏の王侯貴族の間でクリスマスツリーを飾る習慣が定着するようになるが、貴族階級に倣って上流市民階級の家庭でもツリーを立ててクリスマスを祝うようになるのは十九世紀も後半のことである。クリスマスがキリストの生誕を記念する祝祭であることに変わりはなかったが、これ以降、ドイツのクリスマスは、次第に教会の祝祭から距離を置き、子どもを中心とした家族の絆を確認し強化する「家族の祝祭」になっていく。ドイツ国内でもまだ上流市民階級に限定されていた家庭で祝うクリスマスがドイツ全国に広がり、さらに外国へと伝播するには十九世紀後半から二十世紀初頭の戦争、すなわち独仏戦争（一八七〇—七一年）と第一次世界大戦（一九一四—一八年）が大きな役割を果たした。戦場でクリスマスを体験した兵士たちが、ドイツ性を象徴するツリーを飾るクリスマスをすばらしい習慣として故郷に持ち帰ったのである。工業化の波のなかで、印刷されたアドヴェント・カレンダーやクリスマスカードなどクリスマスを盛り上げる小道具もドイツで誕生し、それが普及するのも二十世紀に入ってからのことである。

だが、現在これほどまでに画一的な祝い方がどの家庭にも浸透するには、一八八〇年代初頭に始まる大衆メディアの大変遷が大きく影響している。十九世紀後半には、広告掲載による雑誌の低価格化、雑誌数の増加、読者数の上昇と多様化によって雑誌市場は活況を呈し、さまざまな女性雑誌も発刊されはじめていた。

ナチ時代に発行部数で第一位だったのは官製女性雑誌「女性展望」（一九三二年創刊、三九年時点で百四十万部）だが、第二位は一八八六年創刊の「主婦の雑誌」（一九三九年時点で五十七万五千部）だった。主婦向け雑誌は、視覚的要素を取り入れながら、家事、しつけ、大衆小説やファッションを主要な内容としていた。家庭で祝うクリスマスを準備するのは女性の仕事だったから、「主婦の雑誌」も創刊以来、アドヴェントにあたる期間には、当時の女性のたしなみである手芸のプレゼントや子どもにもできるプレゼントの作り方、購入プレゼントの提案、クリスマスツリーの飾り方、クリスマス劇の方法、クリスマス物語、クリスマスクッキーのレシピ、クリスマス料理の献立や調理法を掲載した。雑誌の購読者数拡大によって、多かれ少なかれみな同じようにクリスマスを祝えるようになり、読者は何をどう準備したらいいのか、不安に思う必要はなくなった。

興味深いのは、前述のようなマニュアル的記事に交じって、ドイツ特有のクリスマスの意味を伝える記事がみられることである。それらの記事は、クリスマスを「家族の祝祭」として紹介し、ドイツが、スペイン、フランス、ベルギー、オランダ、ギリシャなどの国々とは異なると強調している。[3] さらに、クリスマスのルーツはドイツ人の先祖の異教的慣習にあるという記事も散見される。現在の飾り付けられたクリスマスツリーそのものではないにせよ、ゲルマン時代には冬至祭《ユール》に永遠の生命を象徴する緑の常緑樹を魔除けとして飾ったことや、神々への生贄が姿を変えて現在のクリスマスクッキーになった歴史、冬至祭に仕事を休んで豪華な食事を楽しむ習慣があったこと、サンタクロースはゲルマンの主神の名残がみられることなどを紹介している。すなわち、現在、世界中で祝われているキリスト教のクリスマスは、実はキリスト教化される以前のドイツに源があり、ドイツがキリスト教を受け入れたときに、ドイツに残る異教の習慣を教会が根絶しようとしたもののかなわず、その異教の習慣をキリスト教的に再解釈したために、現在でもゲルマン的習慣の一部が残ったと解説している。[4] すでにドイツはキリスト教国になって久しく、こうした記事では、キリスト教的「愛の祝祭」に解釈しなおされたことのすばらしさをたたえてはいる。それでもなお、長い歴史をもつドイツの民族文化こそがクリスマスのルーツであるという愛国的誇りが垣間見える。大衆メディアを通して、クリスマスはもともとはドイツのものだったと考える、いわば「ドイツのクリスマス」という意識が「家族の祝祭」に結び付いて、十九世紀末のナチス台頭以前にすでに市民階級の女性たちの間に広がっていたことがうかがえる。

クリスマスの二つのフィールド――家庭と社会

そうしたゲルマン文化への回顧の背景には、ナポレオンによるドイツ占領とナポレオン戦争の時期に燃え上がる十九世紀初頭以来のナショナリズムがあった。大国フランスに敗北した理由を、当時のドイツが三百もの小国家に分裂して競合していた事実に求め、ドイツ民族による強力な統一国家が希求された。一つにまとまるべきドイツ民族のアイデンティティを覚醒させるために、ヤーコプ・グリムは弟とともにドイツ言語学、ゲルマン古典文献学、ゲルマン語学の研究に携わり、神話学や民俗学の基礎を築いてドイツ・ナショナリズムの醸成に貢献した。また、一八四一年から三十四年の歳月をかけて、ゲルマン民族の族長ヘルマンの巨大な記念碑がデトモルトに完成する。折しも、ドイツは独仏戦争でフランスに勝利し、ドイツ帝国として統一を果たしてまもない時期だった。

ドイツ国民がクリスマスツリーにゲルマン的ルーツを見いだす過程には、こうしたナショナリズムと結び付いた民俗学的研究があった。そしてクリスマスツリーを初めて政治的に利用したのは、独仏戦争だといわれている。すでに家庭内でクリスマスを祝う習慣を知っていた貴族の将校が、戦場にクリスマスツリーを立ててクリスマスを祝ったが、ツリーは家族への思い、平和や快適さへの憧れ、そしてドイツ民族の優越性やドイツ性の勝利の象徴と見なされた。こうしてクリスマスツリーは、戦争を遂行する兵士に影響を及ぼす心理的道具になったのである。ここには、ドイツのクリスマスがもつ二面性が明確に表れている。すなわち、クリスマスが「家族の祝祭」であることからくる家族との絆を象徴するパーソナルな側面と、「ドイツのクリスマス」がナショナリズムへ展開していく際にプロパガンダとして機能する社会的・国家的側面である。

独仏戦争の勝利後、兵士たちは帰郷してクリスマスの習慣を広め始めるが、前述したように主婦向け雑誌を通して具体的なクリスマスの祝い方が家庭に広がっていくのは一八八〇年代以降だった。当時、主婦向け雑誌は、貴族や教養市民の女性読者の枠を超えて幅広い市民層の女性に広がっていったが、労働者階級の女性や農村女性への広がりはまだ限定的だった。クリスマスが再び戦争遂行の道具として利用されるのは、第一次世界大戦だった。

第一次世界大戦時にはまだ家庭で祝うクリスマスを知らない階層の兵士たちもいたが、独仏戦争時に比べれば、ずっと幅広い層にクリスマスは浸透していたはずである。独仏戦争のときと同じように第一次世界大戦でも、クリスマスを祝う意義に触れた兵士たちは帰還後に祝祭を故郷に伝え、クリスマスを祝う習慣はさらに拡大した。また、長期化した世界大戦のなかで、外国の兵士たちもドイツのクリスマスを体験し、クリスマスツリーを飾る習慣を故国へ持ち帰っていった。

政治的・社会的プロパガンダが成功するには、国民のなかにプロパガンダを受容できる幅広く堅固な基盤がなければならない。その点で、大衆メディアの時代に突入したことで、メディアが人々の受容基盤、すなわち共通理解を作り上げていった。あるドイツ人にとって、一生のうちに関わるドイツ人同胞は数えるほどであって、残るほとんどの同胞については、何を考えどんな生活を送っているのか実際は知る由もない。しかし、大衆メディアは、ドイツ人ならクリスマスをこんなふうに準備し、こんなふうに家族と過ごすという写真付き記事で具体的に情報を与えた。さらに、クリスマスのドイツ固有の文化的起源についての記事をアドヴェント期間に提供した。そしてこれを毎年反復した。読者は、ドイツ人なら誰もがメディアが伝えるようにクリスマスを理解し祝っていると確信するようになる。ベネディクト・アンダーソンの表現を借りれば「想像の共同体」(5)の成立である。

十九世紀後半以降、クリスマスが政治的事件や社会状況を背景にドイツ民族を統合するナショナリズムの象徴としてプロパガンダに利用されるようになると、子どものころから積み重ねてきた家族の祝祭としてのクリスマス体験は、社会的・政治的プロパガンダの強力な下支えになった。家庭と社会という二つのフィールドは緊密に絡み合いながら、二十世紀の次の世界大戦まで「ドイツのクリスマス」の歴史を貫いていくことになる。

史料としてのナチス機関誌「女性展望」の特徴

本書の眼目は、第一に、ナチ時代にクリスマスが家庭でどう祝われていたのかを明らかにすることである。第二に、そもそもナチス以前からナショナリズム的要素をはらんでいた家族のクリスマスの祝祭が、やがて国家によるクリスマスプロパガンダ、すなわち権力掌握以降の民族共同体の強化を目的とするプロパガンダとしてどう使われ、さらには第二次世界大戦開戦後には戦時プロパガンダとしてどう利用されていったのかを明らかにすることである。メディアの世紀である二十世紀を迎え、とりわけ全体主義の時代には文化的・政治的・社会的プロパガンダが大規模に展開された。クリスマスも政治利用を免れなかったのである。前述の二点を明らかにするために、本書はナチス・ドイツに至るまでの「ドイツのクリスマス」の変遷も視野に入れながら、ナチ時代に出版部数が第一位だった官製女性雑誌「女性展望」（一九三二年七月号―四四／四五年号）の記事と写真を分析対象とする。

国民社会主義のプロパガンダについては、ヨーゼフ・ゲッベルスの国民啓蒙・宣伝省やアルフレート・ローゼンベルクのローゼンベルク部局《アムト ローゼンベルク》によるラジオ、映画、新聞・雑誌、書籍など大衆メディアを使ったイデオロギーの宣伝に関する数多くの研究成果がある。それらの先行研究は、男性指導部が主導するプロパガンダについての研究である。それに対して、ここではもっぱら女性の視点からナチス・ドイツ時代の家族の祝祭のありようについて、そしてクリスマスプロパガンダが女性たちを国家を支える社会活動にどのように巻き込んでいったのかを考察する。国家を支えようと行動しながらもプロパガンダに翻弄され、戦争の時代の大きなうねりのなかに生きる当時の女性たちの姿をクリスマスを切り口に描き出したい。

まず、分析対象である官製女性雑誌「女性展望」の特徴を押さえておこう。

もともとドイツ全国には親ナチ女性団体が多数存在し、独自の活動を展開していた。そのすべての団体を一つにまとめて一九三一年十月に創設された全国組織がナチ女性団（会員数二百万人）である。「女性展望」は、ナチ女性団の機関誌として翌三二年七月に創刊された。アードルフ・ヒトラーが首相に就任する半年前のことである。国民社会主義ドイツ労働者党（以下、ナチ党と略記）が権力を掌握すると、強制的同質化によってナチ化を受け入れたさまざまな女性団体をまとめて三三年十月にドイツ女性事業団（会員数四百万人）[6]が誕生する。ドイツ女性事業団に所属するそれぞれの団体はナチ女性団員を代表者に迎えて、全国女性指導部の行動計画に沿ってナチ女性団とともに活動した。このため「女性展望」は両組織の機関誌として活動報告の場になり、四四年から四五年の年越し号を最後に廃刊になるまでその機能を保ち続けた。ナチ女性団・ドイツ女性事業団の下には、まだ成年に達していない少女たちのドイツ女子青年団やさらにその下部組織である少女団、すなわち女子版ヒトラー・ユーゲントの組織があった。したがって、「女性展望」を分析すれば、ナチ体制下の大規模な女性組織の活動を克明に知ることが可能になる。

「女性展望」は、一九三四年一月一日号から「党公認の唯一の女性雑誌」と位置づけられ、官製女性雑誌になった。この三四年という年は、全国女性指導部にとって、また「女性展望」にとって画期となる年だった。三一年のナチ女性団の創設以来、この新しい行政組織の支配権を狙うドイツ労働戦線指導者ローベルト・ライと内務大臣ヴィルヘルム・フリックがナチ女性団の指導者ポストをめぐる争いに首を突っ込んだため、ナチ女性団の初期の活動は混迷を極めた。その混乱を収束させるために三四年二月に女性団指導者に就任したのが、ゲルトルート・ショルツ＝クリンクだった。彼女は十一月にはヒトラーから全国女性指導者の肩書を許されている。そして、敗戦まで女性活動のための官僚組織である全国女性指導部を指揮し、ナチ女性団、ドイツ女性事業団をはじめ総勢千二百万人ともいわれる全国すべての女性組織を統括した。

「女性展望」は全国女性指導部のなかの「新聞・雑誌・プロパガンダ」部門（図0―1）が発行していた。ここでは女性写真家や女性の映画製作者を雇い、日刊新聞の編集者たちと連携して、「女性展望」のほかにも何種類かの女性雑誌を発行していた。[7]そのほかにも女性問題をテーマとする自主製作映画の上映会や展覧会を開催していた。つまり、この雑誌は、女性の編集・発行による、女性のための女性雑誌という点でも特徴的だった。というのも、十九世紀末から盛んに発行されるようになった女性雑誌の出版・編集に携わったのはもっぱら男性だったからである。国民社会主義は男女の活動領域を分離しようとしたが、女性に関わる領域内であれば、それまで

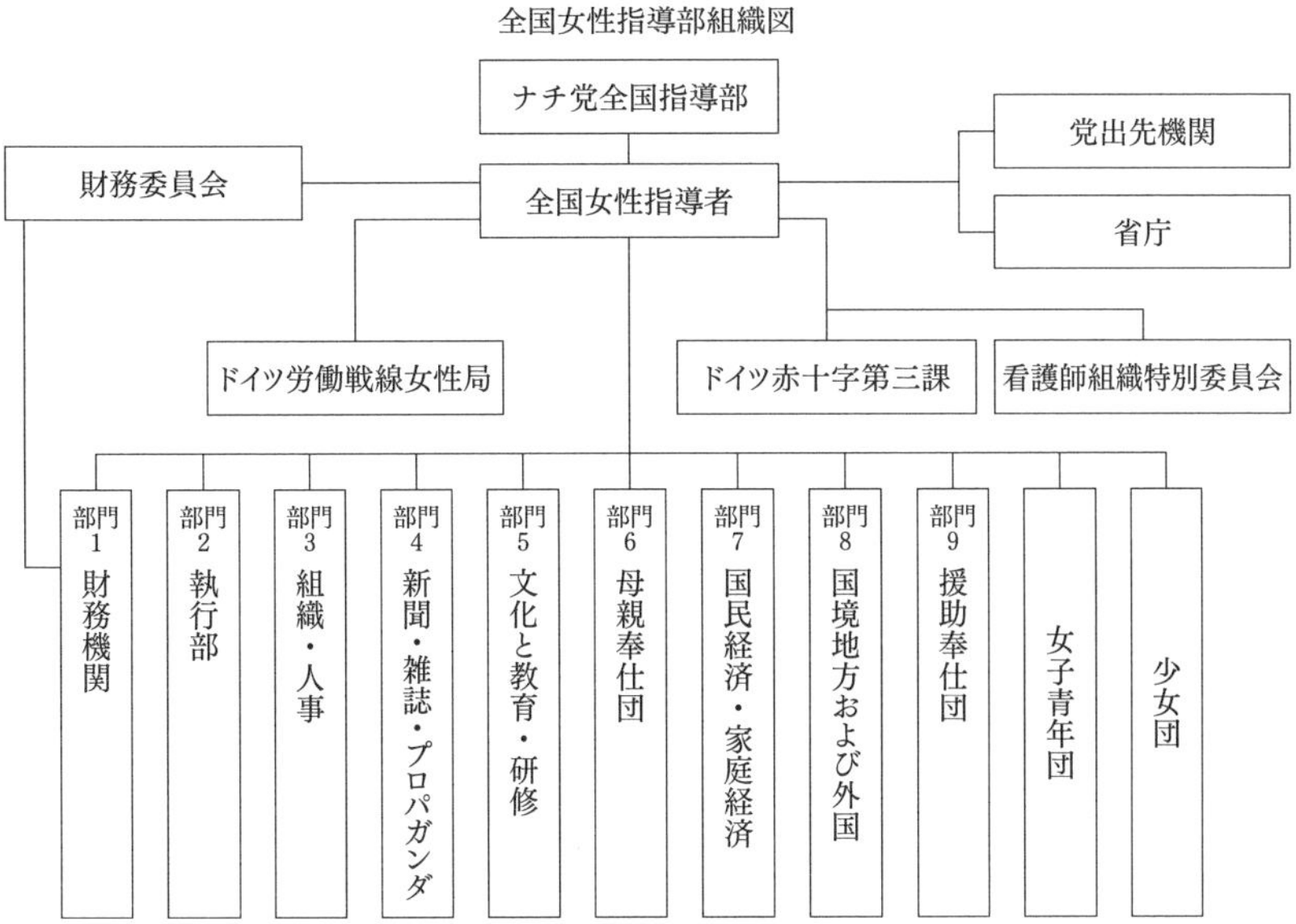

図0-1　全国女性指導部組織図
（出典：「女性展望」1939年2月第1号、490-491ページ）

女性が就きにくかった職種で女性が働くことを可能にしたのだった。

「女性展望」がナチ女性団・ドイツ女性事業団の機関誌だったことに加えて、官製雑誌だったことから、もっぱら実用的・娯楽的な記事を掲載していた商業女性雑誌とは全く異なる情報を手に入れることができるのである。

本書は四つの章で構成している。

第1章「政治宣伝に利用されるドイツのクリスマスのはじまり――一八七〇年から一九三〇年代初めまで」は、ナチス・ドイツ時代のクリスマスの祝祭やクリスマスプロパガンダの前史をまとめている。前述したように、ナチス以前から、家庭で祝う「家族の祝祭」には、クリスマスはキリスト教以前のドイツの古い歴史から派生したという「ドイツのクリスマス」の意識が不可分に付随していたし、第二次世界大戦で大々的におこなわれるクリスマスプロパガンダの先駆けは十九世紀後半と二十世紀初頭の戦争にみることができるからである。

具体的には、クリスマスツリーを室内に飾るようになった、とりわけ市民階級の富裕な家庭にとってクリスマスがどのような意味をもっていたのかを明らかにし、さらに、対象時期に起こった独仏戦争と第一次世界大戦で、クリスマスが国家権力の称賛や国粋主義的プロパガンダに使用されたことを確認する。こうしたプロパガンダ利用は、のちにナチ時代に応用されていく。

第一次世界大戦敗戦後のヴァイマル時代、とりわけ一九二九年の世界恐慌後に、ドイツは経済的混乱に陥り、階級対立が激化する。もともと上流市民層の豊かさの象徴だったクリスマスは、貧困に苦しむ労働者階級にとって富裕な市民層を攻撃する道具になっていく。暴力的政治対立のなかで反ユダヤ、反資本主義、反キリスト教会の思想を背景に、右翼と左翼の両政党から、キリスト教的クリスマスをゲルマン的冬至祭に置き換えようとする動きが起こる。やがてナチ党は権力を掌握すると冬至祭の導入を試みるが、これもヴァイマル時代の民族主義的青年運動から生まれたものだった。

ナチ指導部は伝統的なキリスト教のクリスマスをゲルマン民族の冬至祭に置き換えようと画策したが、その経緯は、「女性展望」の記事にどう反映されたのだろうか。その点については、第2章「民族文化史的プロパガンダとしてのクリスマス――キリスト教の祝祭とゲルマン民族の冬至祭」で考察する。

ヤーコプ・グリムは十九世紀初頭にドイツ統一を目指して、ドイツ民族としてのアイデンティティを形成するために言語学やゲルマン民俗学、神話学の研究に取り組んだが、彼がいうドイツ民族とは、ドイツ語という同一の言語を話す人間の総体であって、政治史的根拠や地理的条件、人種学的思想とは無関係だった。グリムの考え方は、ナチズムとは全く別のものではあったが、二十世紀初頭以降勢いを増し、ナチズムにつながる民族主義的考古学や歴史学へ道を開くことになる。

ナチスは考古学研究を推奨した。その目的は、東部へのドイツの領土支配の正当性を古代にまでさかのぼって主張する根拠にするためであり、さらに、キリスト教会が解釈しなおす前のもともとのゲルマン民族の宗教観に立ち返り、キリスト教のクリスマスを排除し、ゲルマン時代の冬至祭を復活させるためだった。反ユダヤ主義を掲げるナチ党にとって、イエス・キリストがユダヤ人だったことは、どうしようもない矛盾だった。ナチ指導部のなかでも、反ユダヤだけでなく反キリスト教会の立場をとるローゼンベルクやハインリヒ・ヒムラーは、ゲルマン民族至上主義の立場から十九世紀初頭以降のナショナリズム的民俗学、考古学研究を推進し、イデオロギーの首尾一貫性にこだわった。それに対してヒトラーは国民のほぼすべてがキリスト教徒である民族共同体に及ぼす影響を懸念して、ゲルマン的冬至祭の導入には距離をとりつづけた。

「女性展望」は、一九三七年から三九年にかけて、ゲルマン民族に関する民族学的考古学の記事を掲載している。同じ時期、学術記事だけでなく、ゲルマン民族の宗教的シンボルをツリーに飾るためのクッキーの焼き方や、冬至祭で用いる象徴を使ったクリスマス飾りの作り方も紹介している（図0―2）。

官製女性雑誌である「女性展望」は、どんなゲルマン関係の記事を掲載したのだろうか。「女性展望」の主要な読者である都市部の中産階級の女性たちが、キリスト教的なクリスマスを冬至祭に置き換えようとする風潮をどう受け止めたのかも考えてみたい。

第3章「家庭で祝うクリスマス」では、クリスマスが展開される二つのフィールドである家庭と社会のうち家庭に焦点を当てる。第一次世界大戦後のヴァイマル時代に崩壊した「家族の祝祭」が復活するプロセスと、第二次世界大戦下の戦局の変化のなかで「家族の祝祭」が再び崩壊するプロセスを「女性展望」の記事と写真でたどる。

図0-2　クリスマス号の表紙の一枚
ツリーにはパン生地を使って自宅で焼いたゲルマン信仰のシンボルである白鳥、魚、ブレーツェル（8の字形の固焼きパン）、ユール鹿、雄羊、ハート形などの飾りがつり下げられている。
（出典：「女性展望」1937年12月 第2号、表紙）

一九三二年七月一日創刊の「女性展望」は女性雑誌市場では新参者で、当時、女性雑誌は家庭雑誌やモード雑誌など、すでに二百三十四誌が発行されていた。[8]「女性展望」の編集部は、ほかの商業雑誌と競合できる力をつけるためにさまざまな戦略を打ち出した。格安な販売価格を設定して強力な組織的購読勧誘運動を展開することに加えて、商業雑誌の特徴をまねて読み物やファッション、料理、実用的アイデアを紹介するページ数を増やしたのである。一九三三年九月一日号から娯楽・実用ページが増え、ファッションページで紹介される流行の服の型紙が二号に一回のペースで付録になっている。この付録は読者獲得に大いに役立った。というのも、商業女性雑誌の価格は官製の「女性展望」よりもずっと高かったうえに、付属の型紙は別料金で購入しなければならなかったからである。経済的困窮のために既製服を購入できなかった時期には、無料の型紙は大きな魅力だった。この方針が功を奏したことは、一九三四年二月十五日号が二十五万部、同年六月第一号が五十万部と短期間のうちに発行部数を伸ばしていることでもわかる。その後も順調に発行部数を伸ばし、三九年時点では百四十万部に達した。(9) 三八年末のデータでは、二大出版社であるドイツ出版社(旧ウルシュタイン出版社)とユニヴァーサル出版社が発行する女性雑誌の合計部数は二百三十万部を数えている。一誌ごとでは、一八八六年に創刊された歴史ある女性雑誌「主婦の雑誌」が発行部数五十七万五千部(10)で第二位だったから、「女性展望」は女性雑誌市場を独占できなかったとはいえ、断然トップだった。

「女性展望」は官製雑誌でありナチ女性団・ドイツ女性事業団の機関誌ではあったが、読者の購読意欲を刺激するための実用・娯楽・広告ページが多く、決してナチズムに凝り固まった「お堅い」雑誌ではなかったのである。「主婦の雑誌」同様に、アドヴェント期間の号には、手作りのプレゼントの作り方やプレゼントを購入する際に選ぶべき品の提案、クリスマスクッキーの焼き方、クリスマスツリーの飾り方、子どもに読み聞かせる童話、クリスマス劇の提案、クリスマスの歌や楽譜、料理のレシピなどの記事が満載だった。

クリスマスのゲルマン的ルーツについての記事も「主婦の雑誌」同様に掲載されているのは、官製女性雑誌であることを考えれば当然のことである。ただし、キリスト教的クリスマスがゲルマン的民族文化にルーツをもつという十九世紀以来のナショナリズムと結び付いた「ドイツのクリスマス」という意識の醸成は、反キリスト教的思想を背景にナチ時代に突如として復権を狙う「冬至祭」とは別物であることに注意しておきたい。

アドヴェント期間の寒くて長い夜に、クリスマスを待つ気持ちを高めるために母親が子どもたちと一緒にクリスマスの飾りを作ったり、童話を読んだり、クリスマス劇や歌の練習をしたり、クリスマスクッキーを一緒に焼いたりする。その具体的内容や、クリスマスイブやクリスマスの料理については、十九世紀後半からナチ時代にかけて少しずつ変遷しながら充実してきた。ただし、こうした「家族の祝祭」のあり方には、そのときどきの政治や社会のありようが色濃く影を落とした。

市民階級の家庭が家政婦を雇えた帝政期には、クリスマスイブに鯉料理、クリスマスには詰め物をした七面鳥、ガチョウ、ローストビーフなど豪華なコース料理が振る舞われた。しかし第一次世界大戦の後半以降、そうした贅沢な料理は姿を消す。クッキーを焼くにも材料に代用品を使わなければならなかった。戦後のヴァイマル共和国でも、財政難やハイパーインフレーションに見舞われた。そしてようやく経済的・政治的安定を図れるようになった矢先、一九二九年に世界恐慌が起こる。

ナチ政権は、ヴァイマル共和国の経済的困難の影響下で誕生した。「女性展望」が創刊された一九三二年には、世界恐慌のあおりを受けて、失業者が六百二十万人（二月時点）でピークに達した。[11]ナチ党が権力を掌握する三三年も、まだドイツは六百万人の失業者を抱える困窮状態だった。徐々に経済政策が功を奏して三六年にようやく経済的安定の見通しが立ち始める。三八年には国民の二人に一人が預金通帳を手にすることができるようになっていた。第二次世界大戦開戦までのこの時期が、ドイツが経済的に最も豊かだった時期である。

一九三九年九月一日の第二次世界大戦開戦とともに、経済統制が敷かれる。それでも、連戦連勝を続ける間は国民から不満の声は聞かれなかったが、四一年六月二十二日に独ソ戦が始まり、最初の冬に戦況が悪化しはじめると、国民生活にも深刻な影響が出始めた。四二年からドイツ本土への空爆が続く。そして、四三年一月末のスターリングラード戦でドイツ軍が降伏したことは、敗戦を決定づける出来事だった。

「家族の祝祭」はこうした国家レベルの出来事の影響を受けて、本来の形を保てなくなる。第3章では、一九三三年一月三十日にヒトラー内閣が成立する直前のクリスマスから十三年にわたって「女性展望」に掲載されたクリスマス記事を追う。そして、クリスマスという最大の年中行事を、当時の人々が体験した社会的・政治的出来事と関連づけながら描き出したい。

第4章「社会的・政治的プロパガンダに利用されるクリスマス」では、クリスマスの二つのフィールドである家庭と社会のうち、社会でのクリスマスプロパガンダに注目する。女性たちはどのように国家プロジェクトに取り込まれ、自発的であれ強いられたのであれ、具体的にどんな活動を展開したのか。「女性展望」の記事からは、ナチ女性団、ドイツ女性事業団、ドイツ女子青年団、少女団が家庭外でクリスマスに関わるどんな活動に携わったのか詳しく知ることができる。

特に注目すべき活動は、経済的窮乏のなかでスタートした国家プロジェクトである冬期救援事業と、その一環として家庭でクリスマスを祝うことができない貧困家庭の子どもたちや独身者、高齢者を招く「みんなのクリスマス」だった。「みんなのクリスマス」は、冬期救援事業で集めた金品をもとに地域ごとに開催したクリスマス会で、そこでは食事が提供され、クリスマスツリーの下で国家からのプレゼントとして贈り物が渡された。「みんなのクリスマス」は、「アードルフ・ヒトラーのドイツでは、置き去りにされる人は誰一人いない」をスローガンに、ヴァイマル政府に不満をもっていた貧困層を取り込み、格差がない民族共同体の実現を目指すナチ指導部の行動力を示すプロパガンダだった。

経済的安定が感じられるようになる一九三八年には貧困者数が減少し、「みんなのクリスマス」の対象者は、チェコスロバキアから割譲させたズデーテン地方に居住するドイツ人となり、さらには、強制移住で次々に帰還する民族上のドイツ人になった。東部へドイツ人の生存圏が拡大すると、民族共同体への新しい同胞の受け入れに関わる仕事が女性組織の女性たちの肩にのしかかった。

第二次世界大戦開戦後のクリスマスは、「戦時のクリスマス」と呼ばれた。夫や父が出征している戦時下では、もはや家庭内のあるべきクリスマスは望むべくもない。前線から届くクリスマスの手紙や従軍記者の報告記事が銃後の女性たちを安心させたり、総力戦への意志や犠牲的精神を鼓舞したりする。その一方で、「みんなのクリスマス」に代わって戦時中に推進された「民族家族のクリスマス」の対象は、兵士たちだった。前線にあっても、兵士が一人として孤独を感じることなく銃後と一体であると感じられるように、組織的に準備されたクリスマス小包や手紙が前線に送られ、野戦病院ではクリスマス会が催された。

国家プロジェクトとしての「クリスマス」のために、家庭の外で、女性たちは具体的にどんな活動をしたのだろうか。そして第二次世界大戦下に、その活動内容はどう変化したのか。戦争後半に戦況が悪化するなかで、「家族の祝祭」の形は崩れ、「戦時のクリスマス」に求められた活動も機能しなくなっていく。そうして迎えた戦争末期に銃後の女性たちは何をよりどころに生きたのか。その現実を「女性展望」の記事から読み取りたい。

注

（1）州ごとの祝祭日については以下のとおり。一月六日の三王来朝がバイエルン州、バーデン・ヴュルテンベルク州、ザクセン・アンハルト州、三月八日の国際女性デーがベルリン州、五月三十日の聖体祭（移動祝日）がバイエルン州、バーデン・ヴュルテンベルク州、ヘッセン州、ノルトライン・ヴェストファーレン州、ラインラント・プファルツ州、ザールラント州、八月十五日のマリア昇天祭がバイエルン州、ザールラント州、九月二十日の世界こどもの日がテューリンゲン州、十月三十一日の宗教改革記念日がブランデンブルク州、ブレーメン州、ハンブルク州、メクレンブルク・フォーアポンメルン州、ニーダーザクセン州、ザクセン州、ザクセン・アンハルト州、シュレースヴィヒ・ホルシュタイン州、テューリンゲン州、十一月一日の万聖節がバイエルン州、バーデン・ヴュルテンベルク州、ノルトライン・ヴェストファーレン州、ラインラント・プファルツ州、ザールラント州、そして十一月二十日の贖罪と祈禱の日（移動祝日）がザクセン州で、それぞれ祝日として指定されている。

（2）ドイツ連邦共和国大使館総領事館「ドイツの祝日」（japan.diplo.de/ja-ja/themen/willkommen/feiertag/951056）［二〇二四年四月十六日アクセス］

（3）“Weihnachten,” *Das Blatt der Hausfrau*, IV. Jg. (1893/94), H.6, S. 124-125（ÖNB-ANNO - Blatt der Hausfrau（onb.ac.at））［二〇二三年八月一日アクセス］。「主婦の雑誌」については、全号をネット上で読むことができるオースト

リア版を使用した。オーストリア版はドイツ版よりも少し遅れて一八九〇年から出版され、部分的にオーストリア向けの記事が含まれている。一九三八年三月のオーストリア併合以降は一本化された。

（4）"Unser Weihnachtsbaum," *Das Blatt der Hausfrau*, II. Jg.(1891/92), H.6, S. 121-122 (ÖNB-ANNO - Blatt der Hausfrau (onb.ac.at)) ［二〇二三年八月一日アクセス］、"Geschichtliches vom Weihnachtsbaum," *Das Blatt der Hausfrau*, IV. Jg. (1893/94), H.5, S. 99-100 (ÖNB-ANNO - Blatt der Hausfrau (onb.ac.at)) ［二〇二三年八月一日アクセス］

（5）ベネディクト・アンダーソン『定本 想像の共同体――ナショナリズムの起源と流行』（〔社会科学の冒険2期4〕、白石隆／白石さや訳、書籍工房早山、二〇〇七年）五一―五二、六二、八四ページを参照。

（6）ナチ女性団とドイツ女性事業団の会員数は、クローディア・クーンズ『父の国の母たち――女を軸にナチズムを読む』上（姫岡とし子監訳、翻訳工房「とも」訳、時事通信社、一九九〇年）二八六ページを参照。

（7）ナチ女性団とドイツ女性事業団は、女性雑誌「ドイツの家政」や「母と民族」のほか、二種類の一般家庭向けグラビア雑誌と、ここで取り上げる「女性展望」と「女性の文化」を発行した。「女性の文化」（一九四二年までの名称は「ドイツ女性事業団における女性の文化」）は月刊誌で、発行部数は二万三千部止まりだったが、成功を収めた有職女性を継続的にレポートしていた。読者層は教養市民層の女性たちだった。

（8）ノルベルト・フライ／ヨハネス・シュミッツ『ヒトラー独裁下のジャーナリストたち』五十嵐智友訳（朝日選書）、朝日新聞社、一九九六年、一〇八ページ

（9）同書一〇八ページ。なお、一九三九年の発行部数について、「女性展望」一九三九年十月第一号には、読者数が百五十万人に達したという記述がある（一八七ページ）。

（10）女性雑誌の合計部数と「主婦の雑誌」の発行部数については、前掲『ヒトラー独裁下のジャーナリストたち』一〇八ページを参照。

（11）失業者数については、マシュー・セリグマン／ジョン・ダヴィソン／ジョン・マクドナルド『写真で見るヒトラー政権下の人びとと日常』（松尾恭子訳、原書房、二〇一〇年）二〇二―二〇五ページを参照。

第1章

政治宣伝に利用されるドイツのクリスマスのはじまり

——一八七〇年から一九三〇年代初めまで

本章では、クリスマスが政治宣伝に利用されはじめる十九世紀後半からナチスが政権を掌握する一九三〇年代初めまでを視野に入れて、クリスマスの社会的・政治的意味を概観する。まず、十九世紀ドイツの社会的・経済的発展とともに興隆する富裕市民階級の間に定着するクリスマスの意味を探る。次に、独仏戦争と第一次世界大戦中に愛国主義と戦意を高揚する目的でクリスマスがどのように利用されたかを明らかにし、さらにその結果、戦争後に徐々にクリスマスの祝祭が国民全般に広がっていくプロセスを追う。第三に、第一次世界大戦後の社会的混乱と困窮を背景に、戦時のプロパガンダとは全く異なるクリスマスの利用がみられるようになったことを確認する。そして最後に、主要政党であるナチ党、ドイツ社会民主党、ドイツ共産党がヴァイマル時代に政党活動をするうえで、それぞれクリスマスにどのような意味づけをしたか、またプロパガンダを展開する際にどのような現実的制約を受けていたのかをまとめていく。

1　十九世紀市民階級の家族の祝祭としてのクリスマス

クリスマスを心待ちにするアドヴェント、聖ニコラウスの祝日、シュトレンやクリスマスクッキー、クリスマスツリー、降誕の厩、クリスマス料理、クリスマスの歌と贈り物。こうした今日ドイツのどの家庭でもみられる祝祭の形態が整うのはそう昔のことではなく、ようやく十九世紀末から二十世紀初頭のことである。

最も重要なクリスマスの象徴はクリスマスツリーだが、その起源は、キリスト教以前の異教時代に古代ローマ人やケルト人、ゲルマン人が冬至に魔除けとして家に飾った常緑樹だとよくいわれる。しかし、ドイツ民俗学の研究者インゲボルク・ヴェーバー＝ケラーマンは、確かに異教時代にそうした習慣があったことは多くの史料から裏づけられるものの、クリスマスツリーとは異なるものだと説明している。[1] プレゼントを枝につるしたクリスマスツリーが最初に登場するのは、宗教改革期のツンフト（同業組合）においてだった。つまりクリスマスツリーは、もともとは家庭と無関係に誕生したものだった。その後、家庭にクリスマスツリーを持ち込んだのは、ヨーロッパの王侯だった。

一七〇八年、リーゼロッテ・フォン・プファルツは、少女時代にハノーファーの宮殿にあったロウソクの光で飾られたツゲの木を懐かしむ手紙をパリから書き送っている。それから約百年後の一八一六年、のちにオーストリア大公妃になったナッサウ王女はロウソクをともしたクリスマスツリーをオーストリア宮廷に導入した（図1―1）。三〇年には、ミュンヘンのバイエルン王家でルートヴィヒ一世妃カロリーネがツリーを飾っている。四〇年、オルレアン侯爵と結婚したドイツ・メクレンブルクの王女はフランスのチュイルリー宮殿に初めてツリーを飾った。四一年には、イギリスのバッキンガム宮殿で、ヴィクトリア女王の夫でドイツ人のアルベルト公が、生まれたばかりの息子（エドワード七世）へのプレゼントとして、ドイツから取り寄せたモミの木にクリスマス

図1-1　ウィーン王宮のクリスマス（1886年ごろ）
（出典：若林ひとみ『クリスマスの文化史』白水社、2005年、52ページ）

の飾り付けをしている。東方への広がりをみるなら、二〇年には、クリスマスツリーはプラハに達し、まもなくデンマークを経由してノルウェーの宮廷へ、そしてロシアでも貴族たちはロウソクがともった木の下でクリスマスを祝うようになっていた[2]。

しかし、このころドイツの民衆の間ではまだクリスマスツリーは全く普及していなかった。十九世紀になっても、小市民や労働者階級の家庭には、子ども部屋をもち、子どもにおもちゃを買い与える経済的余裕などなかった。経済的に安定した生活を送れる市民層は、一八七一年のドイツ帝国設立後にようやく国民の一〇パーセントに達した[3]。その裕福な市民家族が、ロウソクの明かりで飾られたクリスマスツリーの下で子どもたちにプレゼントをする、神秘的な驚きに満ちた祝祭へとクリスマスを発展させたのである（図1―2）。

十九世紀に興隆する市民階級とクリスマスの祝祭の関係について、ドーリス・フォイツィクが興味深い指摘をしている[4]。調和的に演出された家族の祝祭は、市民階級の厳しい行動規範によって抑圧しようとした家族内の摩擦や葛藤、さらには外界から家族

図1-2　富裕な市民階級のクリスマス（1883年）
（出典：同書43ページ）

に迫る社会的不正義、経済的危機、戦争の脅威などを遮蔽する役割を果たした。こうした「ブルジョアのクリスマス」は、第一次世界大戦後の経済的困窮期には、労働者階級が社会的経済格差を攻撃するための道具になっていく。

一方、子ども時代に「調和的に演出された家族の祝祭」を体験した市民階級の大人にとって、クリスマスは「幸せな子どもの世界」として深く記憶に刻まれ、憧れの家族行事として次の世代へ引き継がれていった。「女性展望」は、読者である中産階級の女性たちに、窮乏期や戦時下でも子どもたちのために幸せなクリスマスを演出する意義を説き、具体的なアイデアを提案する記事を数多く掲載している。この姿勢の背景には、十九世紀以来市民階級が醸成してきた家族で祝うクリスマス観があることは明らかである。

こうして、十九世紀後半には市民階級が家族内の祝祭としてのクリスマスに大きな意味をもたせたことから、クリスマスはイエス・キリストの生誕を祝う祭りであるというキリスト教のクリスマス観を温存しながらも、ドイツの市民階級のクリスマスは教会の祝祭から徐々に分離していくことになった。やがて、家庭でクリスマスを祝う習慣は加速度的に全国に広がる。これには、戦争、すなわち独仏戦争と第一次世界大戦が大きな役割を果たした。

2　戦争とクリスマス

ここでは、市民階級にクリスマスを祝う習慣が徐々に定着する十九世紀後半以降の戦争で、クリスマスがどのように戦争遂行に利用されたかを明らかにしていく。ただ、その前に、ドイツ特有の数百年に及ぶキリスト教会と領邦君主との一体化（領邦教会制）の歴史を簡単にまとめておきたい。

十九世紀初頭のナポレオンによるドイツ占領と解放戦争以降、多数の中小領邦国家に分裂していたドイツは、強力なドイツ民族の統一国家を目指そうとした。そのナショナリズムを支えたのは、民族のアイデンティティをドイツ人に覚醒させるための母語であるドイツ語学研究やゲルマン民族の文化史研究だった。本節で取り上げる独仏戦争を経て、一八七一年にドイツ帝国は誕生する。そして第一次世界大戦は、統一国家であるドイツ帝国が戦った戦争だった。ナショナリズムに根差した戦争が君主、教会そして臣民の団結のなかでいかに戦われたのかを理解するには、おそらく領邦教会制を知らなければ難しいだろう。

領邦教会制は、第一次世界大戦の敗戦によって長い歴史を終える。帝国の崩壊によって、君主を頂く「民族国家」は、「法治国家」のヴァイマル共和国に生まれ変わったからである。監督者である君主を失った教会が新政府に向けた疑心暗鬼、そしていまや選挙によって為政者を選ばなくてはならなくなったドイツ国民の当惑も、領邦教会制から理解できるだろう。さらにヴァイマル政府の努力が水泡に帰す一九二九年の世界経済恐慌後に、指導者が被指導者に無条件の服従と忠誠を要求するナチ党の指導者原理を歓迎するドイツ国民の親和性も、領邦教会制の歴史と無関係ではないと考えられる。

キリスト教会と領邦君主、そしてナショナリズム

開戦時に宗教界が国民の愛国心をあおって戦争支持を表明したのはドイツだけではなかったが、キリスト教と国家権力が容易に一体化するドイツ特有の土壌は十六世紀の宗教改革の時代に作られ、その後長く続いた。

カトリック教会が贖宥状を販売することを批判して、一五一七年にマルティン・ルターがヴィッテンベルクの教会の門扉に「九十五カ条の論題」を打ち付けたことで宗教改革は始まった。それは教会の腐敗や教義の問題から出発したが、ローマ教皇を頂点とするカトリック教会やドイツ農民戦争に対抗していくなかで、政治的傾向を強めていった。教皇権に戦いを挑む宗教内の政治問題から、ドイツ国内では皇帝権に対する諸侯の自立を求める政治問題に発展した。何度かの宗教戦争を経て、神聖ローマ皇帝カール五世は妥協案として「領邦教会制」を容認した。この制度では、領邦に居住する住民が信仰する宗派は、プロテスタントの領邦君主の宗派と同一であることが原則とされた。この方式は、ルター派とカトリックの同権を認めたアウクスブルクの宗教和議（一五五五年）や、ルター派、カルヴァン派（改革派）、カトリックの同権を認めたヴェストファーレン条約（一六四八年）で承認された。これによって信仰における諸侯の絶対的権限が認められるようになった。領邦教会制は、第一次世界大戦まで存続することになる。

十七世紀と十八世紀のドイツは、数多くの絶対主義的小領邦が林立する時代だった。そして、領邦教会制では、プロテスタント教会はそれぞれの領邦ごとに領邦君主を最高監督者とした。このため君主権力と教会が結合していたのである。君主は、領邦の住民であるプロテスタント信徒から神によって選ばれた者と見なされ、深い畏敬と恭順の対象になった。(5)

ナポレオンの支配を終わらせた解放戦争（一八一三―一四年）以降、ドイツ民族というアイデンティティを掲

げて数々の領邦国家がまとまり、ドイツ民族の統一国家を目指すナショナリズムが高揚した。このときも宗教は大きな政治的役割を果たした。カトリックのオーストリアとプロテスタントのプロイセンが戦った普墺戦争（一八六六年）、そしてその後のプロイセンを中心に北ドイツ、南ドイツの同盟国とフランスが戦った独仏戦争に勝利して、ようやく一八七一年にドイツ帝国が成立する。カトリックのオーストリアを除いた、小ドイツ主義による国家統一だった。

ドイツ帝国内にもカトリック信者が居住していたものの、その数は帝国の人口の三分の一程度だった。人口でも領土面積でもプロイセンがほかの諸国を凌駕していて、プロイセン国王がドイツ皇帝になり、プロイセン首相がドイツ帝国宰相を兼ねたことから、多くのプロテスタント信者はドイツ帝国と皇帝を自分たちの栄光と考えたのだった。(6)

こうした、キリスト教会と君主との密着関係、そして宗教を通じて臣民を自らの監督下に置く君主への臣民の従属関係を念頭に置いて、戦争に利用されたクリスマスをみてみよう。

独仏戦争（一八七〇年七月十九日―七一年五月十日）

十九世紀初めにナポレオンが台頭し、ドイツとフランスの間で戦争が始まると、古来、生命力や希望の象徴とされてきたモミの木は、プロテスタントとカトリックの違いを超えてドイツ人全体のシンボルになった。(7)そして、クリスマスが戦争遂行に向けて国民の心理を操作するために初めて利用されたのは、ドイツ統一を目指してナショナリズムの形成をもくろんだ独仏戦争のときだった。

すでに貴族の将校たちの間で欠かせない年中行事として定着していたクリスマスは、兵舎や野戦病院など戦場のさまざまな場所で祝われた（図1―3）。その目的は、戦争の現実から兵士たちの目を逸らすためだった。

銃後の戦時報道にも顕著な特徴があった。「地には平和」というキリスト教のメッセージが繰り返されたが、そこには、平和を手に入れるために人を戦争に駆り立てる意図が透けてみえた。家庭雑誌はクリスマスを祝う兵

図1-3　軍艦内に飾られたクリスマスツリー
(出典：前掲『クリスマスの文化史』51ページ)

士たちの絵を掲載し、戦争の日常を無害化・美化して、読者に戦場の正常さを信じ込ませようと腐心した。図1―4では、兵士たちが将校の部屋の暖かい暖炉のそばに立つ輝くクリスマスツリーの飾り付けをしている。満足げに瞑想する顔が見える。サーベルと軍服のほかには、戦争を思わせるものは何一つ見当たらない。

図1―5に描かれている一八七〇年の国王本営の一場面には、クリスマスの儀式を利用して英雄崇拝をあおる意図がみえる。光り輝く巨大なクリスマスツリーがいくつも設えられた場に立つプロイセン国王ヴィルヘルム一世が中央に描かれていて、添えられた注釈には、国王がオルデンブルク大公ニコラウス・フリードリヒ・ペーターに占領した地域の名前を書いた球形のチョコレートをプレゼントしている[8]、とある。

戦時の宣伝者たちは、戦場のクリスマスツリーが戦争完遂に向けて人の心をあおる心理的道具になることを発見したのである。クリスマスツリーは、家族への思い、平和や快適さへの憧れ、さらにはドイツ民族の優越性と勝利、そして戦後の「幸せな世界」という輝かしいユートピアを表象した。

戦争に勝利して故郷に帰還した兵士たちは、貴族や富裕な市民のクリスマスの祝い方をドイツ人のクリスマスの祝い方としてドイツ帝国の各地に広めていった。

第一次世界大戦（一九一四年七月二十八日―一八年十一月十一日）

第一次世界大戦でも、クリスマスを利用した戦時プロパガンダは、戦争を無害に見せかける手法と宗教的な婉曲表現に包んで偏狭な愛国主義を強化する手法がないまぜになったものだった。

①城内平和と戦争推進派のキリスト教会

第一次世界大戦が勃発すると、ヨーロッパ各国で愛国心と戦争熱が高まり、ドイツの政界では保守派や中道派はもちろんのこと、帝国主義戦争に反対していた左派の社会主義政党や労働組合までもが、祖国防衛に立ち上がれと叫んだ。ドイツ帝国内の教会も、プロパガンダで重要な役割を引き受けていた。皇帝と戦争は神のご加護を

図1-4　1870年パリ郊外。クリスマスツリーに集う兵士たち
（出典：“Die Gartenlaube,” Dezember 1896, in Christina Deutschbein und Nils Korsten, *Heilige Nacht? Das Weihnachtsfest im Dienste der NS-Propaganda,*〔Materialien & Studien zur Alltagsgeschichte und Volkskultur Niedersachsens〕, Cloppenburg, 2007, S. 10.）

図1-5　ヴェルサイユの国王本営でのクリスマスの祝祭（1870年）
（出典：“Über Land und Meer,” Jg. 1871, in *ebd.*, S. 57.）

受けていると明言し、戦争推進派として皇帝を支援する説教をおこなったのである（図1―6）。

ベルリンの宮廷聖堂説教師ブルーノ・テーリングは、国会議事堂に集まった人々に「われわれの忠誠はこの世のはじまりからおわりまで天地を満たす。栄冠は魂を捧げつくしたものにこそ輝くであろう。（略）生くるも死ぬるも神のため王のため祖国のため、恐れることなく忠義を尽せ」[9]と訴えた。開戦当時、ハイデルベルク大学の神学教授だったエルンスト・トレルチも、ハイデルベルク市内の大衆に向かって、次のように訴えた。

愛する同胞諸君！　昨日からわが民族はいちがんとなって武器を手にした。（略）どのようなことがおころうとも、われわれは死命をとして戦うであろう。神と共に皇帝と祖国のために！　神よわれらを助け給え！[10]

帝国主義戦争によってドイツ帝国発展の新しいページが開かれることを祈念して、クリスマスがキリストの誕生日であることになぞらえて、第一次世界大戦開戦を「新しいドイツのクリスマス」とたたえ、幼児キリストを「戦士の子」に見立てた説教もあった[11]。国家が連帯し国民の大多数が戦争に熱狂したために、戦争プロパガンダとクリスマス本来の平和的メッセージとの間の矛盾は隠蔽された。

②戦場のクリスマス

第一次世界大戦でも、独仏戦争時と同様に、兵舎、塹壕、野戦病院などにクリスマスツリーが立てられた。兵士たちが交代で見張りに立ちながら、故国からのクリスマス小包を開き、特別配給を受け、プレゼントをもらうクリスマスの祝祭が開催された。「きよしこの夜」は軍隊の歌謡集に収録され、戦争はこのクリスマスの歌の普及にも貢献した。そして、クリスマスツリーは、「ドイツのクリスマス」を表す国家的シンボルになった。

一九一四年の戦場のクリスマスの模様を伝える兵士の手紙をみてみよう。

図1-6　「宣戦布告後のベルリン。ビスマルク広場での礼拝」
（出典：「主婦の雑誌」1914年8月16日・23日号、3ページ）

戦場でのクリスマス！　僕

たちはちょうど二十四日の夜十時に交替しました。イギリス兵もクリスマスの歌を、例えば見事な四部合奏曲を歌っていました。我が軍のほうでも美しい古い歌が聞こえました。ときどき射撃の音がまざるだけです。塹壕のなかの歩哨の位置を樅の枝と故郷から来た金箔で飾りました。地下の小屋も。それから十時にほかの中隊が来、我々は舎営まで一時間半の行軍をしました。久しぶりでこの上なく美しく晴れた夜でした。クリスマスにはお誂えむきの静けさ、かぐわしい清らかさでした。凍りついて、ぬかるみも泥もお終いになりました。僕はしきりに家のことを考え、家ではクリスマス・ツリーをこしらえないというのを残念に思いました。（略）

みんなが集まったところで、名前が呼び上げられ、それから小包が頭ごしに渡されるのは、美しい情景でした。みんなはクリスマスの子どものように、牝牛小屋のまぐさ桶のそばでロウソクの火をたよりに小包の前に跪いて包みを開きました。（略）晩はほんとうのクリスマスのお祝いでした。二本の大きな樹が大きな机の上で燃えていました。ほしいものは何でもあり余るほどありました。羊毛の品々、煙草、ライン地方のクリスマス菓子、チョコレート、ソーセージ――そのほかさまざまの慰問品。ドイツは我々のためになんという好意を尽くしてくれたことでしょう。それから連隊長と、師団付牧師が来ました。聖なるクリスマスの物語が朗読され、なつかしい古い歌が歌われました。(12)

この手紙を書いたマールブルク大学哲学科の学生カール・アルダクは、この手紙の三週間後にフランス北部のフロメル近郊で二十五歳の若さで戦死したため、クリスマスにツリーを飾る習慣を故郷に伝えることはできなかった。前線にいる兵士のためにクリスマス小包を作って発送する仕事は、銃後の女性団体によって結成された全国女性奉仕団の重要な活動の一つだったが、この手紙にあるように、開戦後初めてのクリスマスだったこともあり、プレゼントの内容はかなり豊かだった。クリスマスプレゼントを受け取れない兵士がいないように組織的配慮がおこなわれ、前線と故国の感情的一体化が図られた。

ライプツィヒ大学法科の学生だったマルティン・ミュラーは、やはり一九一四年のフランス北部タユールで、戦場でのクリスマスに本格的なガチョウのローストとパン、コーヒーを楽しんだと報告している。夕方からクリスマスの礼拝に出て、僧院地下室でおこなわれる中隊のクリスマス祭に参加する予定だったが、「非常集合」がかかる。背嚢には必要品のほか、慰問品のソーセージ、レープクーヘン、アーモンド入りのお菓子やタバコを詰め込んだ。そのほかの持っていけないものは別の袋に入れて残したが、そのなかには小さなクリスマスツリーも含まれていた。移動の汽車のなかで、兵士たちはクリスマスの歌を次から次へと歌ったという。極寒のなかを行軍し、疲労困憊して目的地に着くと、「きよしこの夜」の歌が流れてきた。歌が聞こえてくる場所へ向かうと、火が燃えている屋内で、イエナ大学の工兵が皇帝を賛美する演説をおこなっている最中で、力強い万歳三唱が起こった。その工兵は来訪者に、テーブルの上に立つ針金や小さい鈴、金銀の糸で装飾されてロウソクをともしたクリスマスツリーを自慢げに披露した。ミュラーは、それを感動的で忘れられない光景として手紙に記録している。[13]

戦死した学生たちの手紙からは、祖国から組織的に戦場に届けられるクリスマス小包が若い兵士たちを慰め、銃後との強い感情的絆を感じさせたことがわかる。そして同時に、戦時のクリスマスツリーが、ドイツ皇帝へのゆるぎない忠誠心と愛国心、熱狂的戦争賛美と戦友同士の固い絆の象徴になっていたことも読み取れる。

③戦争プロパガンダの失敗か――「クリスマス休戦」

戦時には、どの国も兵士を戦闘に専念させるためのプロパガンダを繰り出すが、ここでは、クリスマスプロパガンダが失敗した珍しいエピソードを紹介しよう。

クリスマスはドイツ兵にとって特別な愛国主義的意味をもっていたが、アルダクの手紙にあるように、敵兵にとってもクリスマスは重要なキリスト教の祝祭の一つだった。「地には平和」というクリスマスの「インターナショナル」なメッセージがさまざまな要素と絡み合って、クリスマスの戦時プロパガンダが意図したこととは裏腹な出来事を引き起こした。戦争一年目のクリスマスにフランドル地方の前線で、敵と味方の間に「クリスマス

休戦」と呼ばれる前代未聞の親睦の場面が出現したのである。(14)

敵味方ともに戦闘準備は整っていたが、ドイツの塹壕からクリスマスの歌が響いてくると緊張がゆるみ、イギリス兵とフランス兵が唱和した。ある前線では、ドイツの連隊の楽隊がドイツとイギリスの国歌を演奏し、その後イングランド民謡の「ホーム、スイート、ホーム」まで演奏したという。疑心暗鬼から双方に死傷者も出たものの、どこの前線でも次第に武器の音はやみ、兵士たちは塹壕から出てきて、お互いにクリスマスの挨拶を交わした。無人地帯にまで進む者も現れ、敵の塹壕に入って祝う者もいたという。戦場では活気がある物々交換がおこなわれた。両者とも故国からの慰問のクリスマス小包を受け取っていたからだった。

「クリスマス休戦」が発生した背景(15)には、いくつかの要因があった。当初兵士たちは、戦争はクリスマスまでに終わると思い込んで出征したものの、予想したよりも長期化したことに失望していたこと、また、敵も味方も戦死者の回収や埋葬、塹壕の修復をおこなう必要があったために、短期間の停戦を暗黙のうちに認めていたこと、また、戦争の長期化が備蓄物資の枯渇を招いたために両軍とも春まで本格的な軍事作戦を停止すると決めていたことである。しかし、「クリスマス休戦」は公式な停戦ではなかったため、ドイツの新聞に「クリスマス休戦」の記事が掲載されると、二、三日後に軍事当局は、メディアに対してその出来事についてのいかなる言及も禁止し、一方で、このようなことが再度発生すれば、重大な結果になると軍を脅した。「クリスマス休戦」には数千人の兵士が加わったと報告されている。その後も、それほどの大人数ではなかったものの、似たような親睦があったらしい。

クリスマスツリーに愛国心を象徴させ、家族で祝うクリスマスを戦場で再現して故国との一体感を強め、兵士のホームシックなど心理的負担を軽減するなど、クリスマスは戦闘遂行のために利用されるはずだった。しかしここでは、クリスマスがもつ「平和」という宗教的ユートピアのイメージが、紳士協定によって戦闘の義務に勝ったことになったのである。「クリスマス休戦」が起こったのは、まだドイツ軍が優勢な時期だった。その後、西部戦線の戦闘が激化したため、クリスマスの親睦は二度と起こることはなかった。

④皇帝が出席するクリスマスの祝祭

戦場でのクリスマスに関して特筆すべきセンセーショナルな出来事は、クリスマスの祝祭に皇帝が参加したことだった。クリスマスツリーの下に立つ皇帝は、さまざまな戦争年代記に欠かせないモチーフになった。『ハンブルク戦記1914年』から、九百人の兵士が参加した祝祭の様子を詳しく知ることができる。広々としたホールには、モミの緑の枝といくつものクリスマスツリーが飾られた。部屋の正面には祭壇とキリスト降誕の大きな厩がセットされていた。強調されているのは、将校も兵士もみな同じプレゼントを受け取ったことである。すなわちレープクーヘン、リンゴ、ナッツ、皇帝の写真である。兵士にはそのほか葉タバコと紙巻きタバコがあった。「闘い」「勝利」などの言葉が続く皇帝のスピーチは、「戦友たちよ」という呼びかけで始まった。スピーチの演出が目指したのは、すべての社会的対立を止揚し、人々を団結させるものとしての闘いと勝利を印象づけ、クリスマスを通して戦争遂行を厳粛なものに見せることだった(16)。

⑤銃後のプロパガンダと戦時義務

銃後の家庭雑誌にみられるクリスマス表象は、四十年以上の歳月が流れていたにもかかわらず、一八七〇年の独仏戦争時と変わらなかった。兵士たちはギターと歌の本を手にクリスマスツリーのそばに座り、戦友が外で見張りをしている間に、地下壕でクリスマス郵便を読んでいた。あるいは、砲撃で破壊された村で両手を組み合わせて祈っていたり、吹奏楽団のクリスマスの音楽に耳を傾けたりしていた。それは、破壊さえ絵のような美的戦争であり、ロマンチックな雰囲気が漂うクリスマスだった。兵士は清潔で破けていない軍服を着用し、彼らの顔にはクリスマスの平穏が表れている。負傷していても、せいぜい包帯で腕をつっている程度だった(17)。あるいは、戦闘から離れて不自由ながら入浴を楽しんだり、小動物をかわいがったりする兵士たち、また料理係として頑張る兵士の姿（図1―7）などほほ笑ましい写真が伝えられた。銃後の家庭雑誌は、戦場は不便さもあるが安全で安心であることを印象づけ、悲惨な戦争の現実を隠蔽して美的な側面を読者に積極的に伝えようとした。

歴史上初めての総力戦となった第一次世界大戦では、銃後の女性たちも思想信条の違いを超えて団結し、国家の戦争遂行を積極的に支えた。あらゆる女性団体を結集して成立した全国女性奉仕団は、食料配給や工場労働に女性が自主的に参加できるよう調整する組織だった。前線にいる兵士のために小さなクリスマスツリーを入れた小包を準備し、傷病兵を慰めるためにクリスマスのお芝居を上演することも重要な活動の一つだった。先にみたアルダクの手紙にあるように、戦場の兵士は故国から送られてきたクリスマス小包を開き、銃後の女性たちがいかに自分たちを気遣い励ましてくれるかを感じた。そして、固く一つに団結した国家を認識することができたのである。

図1-7　「クリスマスには湯沸かし器とスプーンがほしいと言う人」
（出典：「主婦の雑誌」1915年11月28日号、表紙）

3　第一次世界大戦後の社会とクリスマス

第一次世界大戦によって、それまでクリスマスツリーを飾る習慣を知らなかった兵士にまでクリスマスツリーの象徴的意味が浸透した。やがて帰還した兵士たちは、家庭でクリスマスツリーを飾る習慣をドイツ全土に広げていった。

しかし、敗戦後のドイツはヴェルサイユ条約によって、すべての植民地と領土の一部を割譲させられ、軍事力を厳しく制限され、戦争責任を負わされた。さまざまな制裁のなかでもドイツは莫大な賠償金に苦しめられることになる。この条約はドイツ国民に深い屈辱感を与え、条約に調印したヴァイマル政府に対する強い反感が芽生えた。

一九二三年、ドイツの賠償金支払いが滞ると、それを理由にフランスとベルギーがドイツ屈指の工業地帯ルール地方を占領する。ドイツ政府はフランスへの協力を禁止し、工場労働者にストライキやサボタージュを呼びかける「消極的抵抗」で対抗した。しかし、進行していたインフレは天文学的な規模になり、多数の失業者（失業率二八パーセント）を出すことになった。その後、短命政権が続き、ドイツは不安定な政治と危機的な経済状況に苦しむことになる。それでも、二四年以降の金融緩和策のおかげで二八年には失業率は五パーセントにまで回復する。[18]アメリカによる資本投入が奏功したのだった。国際的地位も回復しつつあった二五年にはロカルノ条約でヨーロッパの安全保障体制に組み込まれ、翌年には国際連盟の加盟が承認された。

その矢先だった。一九二九年十月二十四日にニューヨーク株式市場で株価が大暴落し、世界恐慌が始まった。アメリカがドイツから資本を引き揚げ始め、ドイツ経済は暗転した。三〇年初頭の失業者数は三百五十万人だったが、その年末には四百万人に、三一年には五百万人、三二年には六百二十万人（就労者の三人に一人が失業している計算で、過去最高値）にまで急増した。

クリスマスの季節は、経済格差が如実に現れる時期である。こうした社会的・経済的状況を批判するのに格好の手段として、クリスマスはメディアや政治活動で利用されるようになった。そこで使われるクリスマスツリーは、愛国的心情は変わらず表しているものの、戦時のプロパガンダにみられたドイツの優越や愛国主義を象徴するのとは全く異なる意味を帯びて、プロパガンダとして利用されている。当時の新聞に掲載された例をみてみよう。

図1―8は反ユダヤ系新聞「都市の監視人」（一九二九年十二月二十二日付）に掲載された記事「キリスト教の

図1-8 「彼のクリスマスの望み」
(出典："Der Stadtwächter"〔Osnabrück〕, 22. 12. 1929, in Deutschbein und Korsten, *a.a.O.*, S. 16.)

クリスマス――ユダヤ人のプレゼントテーブルでいいのか」に添えられたイラストである。イラストのタイトルは「彼のクリスマスの望み」。金持ちのユダヤ人が、絞首刑にされたドイツ人の人形をクリスマスツリーに飾っている。その人形にはナチ党員や「都市の監視人」などの名前が書き添えられている。ドイツでは、十九世紀末にユダヤ資本のデパートがいくつも開店し、失業の時代にあっても利益を上げていた。ドイツ人労働者が失業と貧困にあえぐのは彼らを搾取するユダヤ人資本家たちのせいだと、反ユダヤ主義のメディアは喧伝した。この記事は、キリスト誕生の祝祭にはキリスト教徒の店でプレゼントを購入するべきだとし、安いからといってユダヤ人の店で買い物をするのは自国民への裏切り行為だと訴えている(19)。

一方、社会民主党系新聞「民衆新聞」(一九三一年十二月二十四日付)には生活苦を表現するクリスマスのイラストが掲載された(図1―9)。その絵には、「窮乏の冬のクリスマス」と題する詩が添えられている。

今日、クリスマスツリーもプレゼントもロウソクの明かりもない子どもたちが何百万人もいるって? 考えられないことだ! 彼らがプレゼントを担いであえぎながら歩いていく下僕のループレヒトをみるなら、それは幻想のようなものだ。

彼は、プレゼントが詰まった袋をほかの子どもたちに、クリスマスツリーをほかの子どもたちに、ロウソクの明かりをほかの子どもたちだけに運んでいく。君たちはどうする? 君たちは烙印を押されている。だって、君たちのお父さん、彼には仕事がない。

どうしたら今日人々が幸せでいられるのか、この子どもたちはとうに忘れてしまった。おもちゃをおねだりすることは？　お腹いっぱい食べることさえ！　それでもなお、どの子もみんな遊びたがっている。

彼らはうすうすと、時代の呪いをようやく感じ始めている。まだ自分たちの運命を理解はできないが、それでもある日、認識が熟してくると、子どもたちの苦しみのなかから闘士が生まれる。[20]

一九三〇年代初めの経済的困窮のなかでは、クリスマスツリーを飾って贈り物をする家族のクリスマスを楽しむことは、一部の富裕層を除いて全く考えることはできなかった。

図1-9　「窮乏の冬のクリスマス」
（出典：“Volksblatt”〔Oldenburg〕, 24. 12. 1931, in *ebd.*, S. 20.）

4　政党とクリスマス

当時、ドイツの敗北は社会主義者とユダヤ人が銃後からもたらしたという「背後の一突き」伝説が流布していた。また、屈辱的なヴェルサイユ条約を受諾したドイツ社会民主党に対する不満から、ナチ党をはじめとする右翼政党は、ヴァイマル共和政の打倒を目指した。その一方で、ドイツ共産党はヴァイマル共和政の中途半端な革命を批判し、徹底した社会主義革命の実現を訴えて大衆を扇動した。右翼と左翼のイデオロギー的対立は激化したが、ヴァイマル共和政打倒を目指す点では一致していた。ここでは、ヴァイマル時代の主要政党であるナチ党、ドイツ社会民主党、そしてドイツ共産党が、自党の主義・主張を前面に打ち出すために、穏健な方法であれ過激な方法であれ、クリスマスをどのように政治利用したのかみていきたい。

ナチ党（NSDAP）

ナチ党は、闘争期には演説会のような大規模な催しや行進の演出に関心を向けていたため、クリスマスプロパガンダがもつ可能性をまだ十分に認識していなかった。一九二二年にナチ党が開催したホーフブロイハウスのクリスマスの祝祭は、小市民的団体のプログラムと似たり寄ったりだった。簡単に紹介すると、第一部は詩の朗読、ベートーヴェンやシューベルトの歌曲の演奏、クリスマスの歌のメドレーがあり、ヒトラーの冬至祭のスピーチがあった。第二部は行進曲、リヒャルト・ヴァーグナー、バイエルンの民衆音楽、ゲオルク・ヘンデルの演奏があり、最後に「誉れ高きドイツよ」[21]を歌った。二五年には一幕劇が上演された。ゲルマン民族の栄光の過去が窮乏と隷属の現在に対置され、最後に一つの星がクリスマスの夜に救世主が出現すると告知する。幕が上がると、新しい救世主であるヒトラーが登場するという趣向だった。[22]この劇には、ナチスの権力掌握後に顕著になっていく、ゲルマン的冬至祭への回帰と、救世主としてのヒトラーのイメージ作りの萌芽が見て取れる。

ゲルマン的冬至祭にナチ党が関心をもつようになったのは、生活改革運動家やとりわけ民族主義的・愛国的青年同盟に影響されてのことだった。どの青年同盟もロマン主義的婉曲表現を使ったゲルマン人崇拝、火と光の崇拝を重要視した。彼らの雑誌では、冬至祭は、たいてい雪が降り積もる冬の森のなかで、歌とギターの音楽を伴うロマンチックな体験として記述されたが、それはのちにナチ党が開催する大規模で組織化された冬至祭と比較することはできないものの、彼らの強硬な民族主義を考えれば、自然と結び付いた夢想家たちの見せ物でしかないともいえなかった。[23]冬の自然を理想化する青年同盟の冬至祭の描写には、国民社会主義のクリスマス神話の先駆けと見なせる思想が明らかに混入していた。

一九三二年に出版された小冊子「国民社会主義の儀式」でナチ党は、冬至祭の流れを定めた詳細なプログラムを提案した。集合して、火をたく場所に行進し、その周りを行進する。ファンファーレが鳴り、火を賛美する歌を歌う。火をたたえるスピーチ、歌を歌いながらの点火と採火、シュプレヒコール、輪舞、終わりの歌、という具合である。[24]しかしこの時期、キリスト教徒である党員の離党を恐れて、ナチ党は、キリスト教的祝祭に代えて冬至祭を徹底することはできずにいた。この葛藤は、ナチ党の権力掌握後も長く尾を引くことになる。

ドイツ社会民主党（SPD）

一八九〇年に社会主義者鎮圧法が廃止されると、社会主義的教育協会や労働演劇協会によるクリスマスを題材にしたアジテーション劇や社会批判のメッセージを込めたクリスマス物語、詩、歌が数多く発表されるようになった。その主たるテーマは、プロイセン警察による組織的な労働者迫害や富裕市民層の幸せな暮らしとは対照的な労働者家族の社会的困窮だった。その手法は、パロディーやテキストの書き換えが多かった。例えば、「労働者のきよしこの夜」は「きよしこの夜」の替え歌である。第一次世界大戦以前にも何度も「国家秩序を乱す」として禁止されたが、一九二〇年代にもよく歌われていた。

静かな夜、悲しい夜／あたりはきらびやかな光にあふれている！／ぼろ屋には悲惨と困窮だけ／寒くて荒れて／明かりもなければパンもない／貧困が藁の床でねむっている。
静かな夜、悲しい夜／パンを持ってきてくれた？／おなかをすかせた子どもたちが訊いてくる／ため息交じりに父親が答える「いいや」／父さんは相変わらず失業中さ。
静かな夜、悲しい夜／労働者たちよ、目覚めよ！／聖なる義務から勇敢に闘え／人間らしいクリスマスが始まるまで／自由がやってくるまで。[25]

この歌は、市民階級の「ドイツ新聞」にクリスマスを台無しにしたと非難され、ドイツ共産党の「赤旗」には、古いクリスマスの歌を「嘆きの詩」に書き換えるのは革命的プロレタリアートらしくないと批判された。

この時期、クリスマスは社会的不平等のシンボルだった。確かにプロレタリアの無神論者の間には、クリスマスの祝祭を完全にキリスト教から分離して冬至祭に置き換えようとする動きがあった。しかし、全体として社会民主党はブルジョア的祝祭の形態に親和的だった。「キリスト教徒である社会主義者たち」は「クリスマスは愛の祝祭であり、そのため社会主義者が闘う相手ではありえない」[26]といって、階級間の憎み合いを諫めた。この考え方では、社会に蔓延する大きな経済格差の原因を洗い出してプロテストをおこなうことにはつながらず、社会民主党は静かに慈善活動をおこなうにとどまった。実際、同党は、一九二〇年代終わりにドイツ共産党が呼びかけた、商店街や市民階級の住宅街での食料要求デモには参加せず、そのかわりに刑務所や養護施設、ホームレスの収容所でクリスマスの祝祭を開催し、市の福祉課による社会福祉活動を支援したのだった。

社会民主党指導部は、カトリックの中央党と一時的に連立体制をとっていたこともあり、無神論的立場はとれなかった。実際、かなり多くの社会民主主義者や共産主義者が、教会と関係を切ることができないでいた。一九二五年に教会教区に入っていない人口は、わずか二・四七パーセントでしかなかった[27]。

社会民主党機関紙「前進」は、冬至祭をクリスマスとして受け入れられないとした。そのなかで冬至祭に共感したのは社会民主主義労働青年団だけだった。彼らは市民階級の青年同盟同様に、たいまつを掲げ、ギターを弾き歌いながら祝祭会場へ行進し、点火し、炎をたたえるスピーチをし、炎を賛美する詩や格言を暗唱し、最後にみんなで歌を歌った。社会民主主義労働青年団は、ドイツの民族性ではなく、社会主義とよりよい未来のための闘いを打ち出したが、見た目で両者を区別することは難しかった。

ドイツ共産党（KPD）

共産主義者はクリスマスに関して、社会民主党員よりもずっと過激な発言をした。共産党の新聞「赤旗」はクリスマスシーズンになると、華やかなクリスマス市の陰に目を向けた。クリスマス市で売られるクリスマス用玩具を製造するテューリンゲン地方で家内工業に携わる人々の貧困や大都市の労働者居住地区の悲惨な生活環境を定期的に報告した。「赤旗」は、クリスマスの慈善活動を呼びかけるかわりに、読者のなかにまだ残存しているかもしれないクリスマス感情の残滓を追い出すことに注力した。一九三〇年には「市民階級のクリスマスの祝祭のように虚偽のやり方で、そして狡猾な形で階級間の調和」(28)を説く祝祭はほかにはなく、それをプロレタリアの世界観と一致させることはできないと論陣を張った。

子どもや青少年まで扇動した点でも、共産党は社会民主党とは違っていた。ベルリンの大規模デパートのショーウインドーの前に立つプロレタリアの子どもも、クリスマスツリー、クリスマスの雰囲気、つつましいプレゼントへの憧れをもっている。しかし、彼らはクリスマスの魔法やロマンチックなものとは無縁の、子どもらしからぬ世界に生きなければならない。例えば、エーリヒ・ヴァイネルトのクリスマス詩「小さなマックスとクリスマスの魔法のなかを行く」に描かれているように、共産党が生んだ数々の物語や詩は、クリスマスの商店街の散歩を「階級闘争へ導く授業」としたのである。

さあおいで、ここにはちょっとしたものがあるぞ！／母さんはもちろんお前とここには来やしないさ！／そのほうがいいと思ってるからな、マックス！／そういうことは母さんの心を苦しめるってことをわからなきゃならん。

だって母さんはお前に何一つ買ってやれないからさ！／だからお前はそういうものを絶対に見ちゃいけないんだ。／マックス、これをちょっと見てごらん！　これはすてきな／ステンレス製の積み木じゃないかい？　それで誰があれを買うのかな？

そうさ、あれは母さんには絶対に買うことはできないんだ！／あっちのアルプスの風景を見てごらん！／

電気で動くロープウエーだ！／金持ちのため、やつらのためだけさ！
元気を出せ、こんなことが続いちゃならん！／そして数百万の人々はもうわかっているんだ。／おれたちみんなで金持ちたちを追い出せば、世界は違ったようになるだろう、ってな。(29)

共産党は、クリスマスの幸せの配分が不平等であることに対して、言葉で抗議するだけでは満足しなかった。ヴァイマル共和政の最後の数年間、一九二九年から三二年に失業者数が六百万人に近づくころには、クリスマス市やクリスマスの商店街で頻繁に、「今日はブルジョアの住宅街に行進しろ！　あの腹いっぱいのやつらのクリスマスの喜びを台無しにしてやれ！（略）彼らの来たるべき転落のファンファーレのようにブルジョアの耳に響け。飢えたる者たちにパンを、金持ちたちに闘いを！　資本家の転落だ！　プロレタリア革命万歳！(30)」と叫びながら行進する失業者たちの自発的抗議デモがおこなわれた。共産党はこれを支援し、あおった。

共産主義者にとって、市民階級のシンボルであるクリスマスツリーは拒絶すべきものであり、古いクリスマスの歌も非難するべきものだった。「赤旗」や「労働者グラビア新聞」に掲載された論文は、クリスマスの福音は歴史的に証明されていない「メルヘン」だと暴露しようとした。イエスの誕生日を十二月二十五日に固定したのは、カトリック教会がゲルマン的クリスマスの習慣を自分たちのものにし、クリスマスの意味をすり替えようとする教会政治的背景があったからだと主張した。キリスト教とその祝祭に対する闘いのなかで、共産党はナチ党と全く同じ根拠を持ち出したのである。

こうして共産党は冬至祭の開催に注力した。屋外に設けた炎の場所へみんなで行進し、革命的闘争歌をみんなで歌い、シュプレヒコール、炎をたたえるスピーチでイデオロギーを伝達した。ここでのスピーチやシュプレヒコールには自然のメタファーがちりばめられてはいるが、民族主義的・愛国的青年同盟の夢想的な自然ロマン主義からはかけ離れていた。共産党の祝祭開催を担った赤色前線闘士同盟とその青年組織である赤色青年前線は、ほかの青年同盟の自然ロマン主義を「精神がない自然の夢想性(31)」と呼んだ。彼らの冬至祭は軍事訓練のようなスポーツ練習に重きを置き、「帝国主義の戦争に対する戦争を、ソビエトを防衛するために(32)」というスローガンを掲げていた。この祝祭には、もはやクリスマスとの共通点は何一つみられなかった。

本章でみてきたことを簡単にまとめてみよう。

現在に至るクリスマスの祝い方の定型を作り出したのは、十九世紀後半の上流市民階級だった。家庭内で祝う貴族のクリスマスを取り入れた市民階級の人々ではあったが、彼らは貴族とは一線を画し、自分たちの厳格な道徳律に基づいた家庭像を追求した。クリスマスの祝祭は、家庭内の規律や家族を守る家長の権威、さまざまな社会的葛藤からの解放を象徴的に表現する手段になった。こうしてクリスマスは、市民層の家庭に欠くことができない年中行事となる。裕福な市民層がクリスマスの祝祭に与えたこうした意味づけは、結果として、教会がおこなうクリスマスの祝祭とは距離を置くことにつながった。

十九世紀初頭以降積み重ねられてきたゲルマン民族研究がもたらした愛国心の高揚と、十九世紀後半に次第に市民階級の家庭に定着したクリスマスの祝祭が絡み合って、クリスマスツリーはドイツ民族のシンボルと見なされるようになった。そして戦時には、家庭の外、すなわち前線や公的行事で国家権力の称賛に利用された。クリスマスの祝祭とその根本にある宗教的理念は歪曲され、民族主義的・国粋主義的プロパガンダに転用されていったのである。第一次世界大戦でのプロパガンダは、教会やキリスト教に対する姿勢が異なるとはいえ、一九三三年以降のナチ時代のクリスマスプロパガンダの土台を築いたといえるだろう。

第一次世界大戦敗戦後、ヴァイマル共和政の政治・経済状況は、社会民主主義者の努力にもかかわらず、ドイツ帝国の安定した権力構造とは対照的に全く不安定だった。一九二〇年代には、インフレと大量失業による政治・経済の危機が深刻な社会的対立を引き起こした。

クリスマスの祝祭は、家庭で祝われる私的なものであるにもかかわらず、クリスマスの時期には、ここでも家庭外の政治・経済的状況を測る尺度になった。愛の祝祭であるクリスマスに本来期待するものは、平和、社会的安全、調和である。期待と現実がある程度一致していれば、クリスマスの祝祭は家庭でも政治的コンテクストでも肯定的で安定的な機能をもつ。しかし、期待と現実が互いにあまりにもかけ離れてしまうと、クリスマスを温床としてクリスマスの意味の空洞化、対立、不満などの感情がはびこっていく。

右翼勢力では、さまざまな党派やナチ党がクリスマスの祝祭をゲルマン民族の祝祭に当てはめて、民族主義、反ユダヤ主義のスローガンに結び付け始めた。とはいえ、まだ徹底されず、国民からの反響も大きいわけではなかった。

ブルジョア政党や社会民主党の大部分は、極右と極左がクリスマスをプロパガンダに乱用するのに対して、伝統的なクリスマスの理想像を対置するにとどまった。そうした伝統的理想像を支持する政党は、社会批判を控え、市の福祉課が企画する冬期救援事業のような社会福祉的施策を実施することを自らの政治的表現とした。

共産党とナチ党は、ヴァイマル共和政で、キリスト教的クリスマスの祝祭を拒絶し、クリスマス儀式の新しいイデオロギーを作り上げていった。その儀式はのちに両政党にとって状況が好転したときに、思いどおりのプロパガンダとして展開できるようになる。すなわちナチ党の場合は、第三帝国でのドイツ民族特有の「国家のクリスマス」であり、共産党の場合は、第二次世界大戦後のドイツ民主共和国の「社会主義的平和の祝祭」につながっていった。

注

(1) インゲボルク・ヴェーバー＝ケラーマン『ドイツの家族――古代ゲルマンから現代』鳥光美緒子訳、勁草書房、一九九一年、二三九ページ

(2) 同書二四〇ページ、および若林ひとみ『クリスマスの文化史』(白水社、二〇〇五年) 四二―四四ページを参照。

(3) 前掲『ドイツの家族』一一四―一一五ページを参照。

（4）Doris Foitzik, "Kriegsgeschrei und Hungermärsche. Weihnachten zwischen 1870 und 1933," in *Politische Weihnacht in Antike und Moderne Zur ideologischen Durchdringung des Fests der Feste*, Richard Faber und Esther Gajek (Hrsg.), Würzburg (Verlag Königshausen & Neumann GmbH), 1997, S. 218-219.

（5）河島幸夫『戦争と教会――ナチズムとキリスト教』いのちのことば社、二〇一五年、九ページ

（6）同書九ページ

（7）若林ひとみ『名作に描かれたクリスマス』岩波書店、二〇〇五年、二七ページ

（8）Christina Deutschbein und Nils Korsten, *Heilige Nacht? Das Weihnachtsfest im Dienste der NS-Propaganda*, (Materialien & Studien zur Alltagsgeschichte und Volkskultur Niedersachsens), Cloppenburg, 2007, S. 57.

（9）前掲『戦争と教会』一二ページ

（10）同書一三ページ

（11）Foitzik, a.a.O., S. 222.

（12）ヴィトコップ編『ドイツ戦歿学生の手紙』高橋健二訳（岩波新書）、岩波書店、二〇一四年、三一―三二ページ。引用の際に常用漢字と現代かなづかいに変換した。

（13）同書一〇六―一一一ページを参照。

（14）Foitzik, a.a.O., S. 224-225.

（15）「クリスマス休戦」*Wikipedia*（https://ja.wikipedia.org/wiki/%E3%82%AF%E3%83%AA%E3%82%B9%E3%83%9E%E3%82%B9%E4%BC%91%E6%88%A6）［二〇二二年一月二日アクセス］、参照

（16）Foitzik, a.a.O., S. 225-226.

（17）Ebd., S. 224.

（18）失業率については、「ヴァイマル共和政」*Wikipedia*（https://ja.wikipedia.org/wiki/%E3%83%B4%E3%82%A1%E3%82%A4%E3%83%9E%E3%83%AB%E5%85%B1%E5%92%8C%E6%94%BF）［二〇二二年一月三日アクセス］、参照

（19）Deutschbein und Korsten, *a.a.O.*, S. 16.

（20）*Ebd.*, S. 20.

（21）“O Deutschland hoch in Ehren”、第一次世界大戦時に歌われた軍歌。曲はドイツに帰化したイギリス人ハインリヒ・フーゴ・ピアゾン（英語名ヘンリー・ヒュー・ピアソン）による。彼はすでに同じメロディーの曲「君たち、イギリスの水兵たちよ」がヒットしていたので、ルートヴィヒ・バウアーにドイツ語の歌詞を依頼した。一八五九年に成立。この曲は第一次世界大戦後もヴァイマル共和国の学校で歌われ、ナチ時代も引き続き歌われた。
（22）プログラムについては、Foitzik, a.a.O., S. 232-233を参照。
（23）Ebd., S. 228.
（24）Ebd., S. 234.
（25）Ebd., S. 236-237.
（26）Ebd., S. 239.
（27）Ebd., S. 240.
（28）Ebd., S. 242.
（29）Ebd., S. 243.
（30）Ebd., S. 244.
（31）Ebd., S. 245.
（32）Ebd., S. 245-246.

第2章

民族文化史的プロパガンダとしてのクリスマス
――キリスト教の祝祭とゲルマン民族の冬至祭

ヴァイマル共和政末期に激しい対立を繰り広げたナチ党と共産党だったが、どちらも反キリスト教会の立場から、イエスの生誕を祝うクリスマスに代えて、ゲルマンの宗教観に根差す冬至祭を祝っていたことに前章で触れた。ナチ党は政権掌握後まもなくゲルマン文化の考古学的研究組織を立ち上げる。一九三七年ごろからその研究成果を発表し、冬至祭をナチ党の一部組織や学校で実施するようになる。

「女性展望」でも第二次世界大戦開戦前の二年間にゲルマン関係の記事を読むことができる。政治的・人種的イデオロギーは女性雑誌向きのテーマではなかったから、女性読者が興味をもてるように、ゲルマン時代の女性の生活についての記事や、人種差別色がない考古学の学術記事だった。ナチ時代に発行部数が「女性展望」に次いで第二位だった商業雑誌「主婦の雑誌」をみると、たまにはいつもと違うツリー飾りとしてゲルマン文化のシンボル形のクッキーを焼いてみましょうという提案が載っている程度で、学術的な記事は一切ない。それを考えると、「女性展望」にゲルマン研究の成果や冬至祭の解説が掲載されたのは、官製女性雑誌だったからだろう。

本章では、具体的にどのような記事が「女性展望」に掲載されたのかをみていく。そして、キリスト教徒である女性読者が、ゲルマン文化や歴史に関わる啓蒙記事、とりわけクリスマスに代えて冬至祭を祝うことをどう受け止めたのかを考察してみたい。

　掲載された記事の社会的枠組みを理解するために、まず、十九世紀初頭に高揚するドイツの愛国主義が二十世紀初頭に偏狭な民族主義に変わっていく経緯を簡単に押さえる。次いで、教会とナチ党との関係を確認し、そしてナチズム以前にゲルマン的冬至祭を開催し、民族主義的なイデオロギーをもっていたアカデミックな青年たちがどうナチ党とつながっていったのか、その経緯をまとめたい。

1　国家統一を目指す十九世紀の愛国主義から二十世紀前半の民族主義へ

　ナポレオン軍の侵攻によって、千年続いた神聖ローマ帝国は一八〇六年に崩壊した。ドイツがフランス軍に占領されるという体験を通じて、何百という独立国家群から強力な統一国家を作り、外国の支配を脱しなければならないというナショナリズムがドイツ人の間に沸き起こった。ベルリン大学を創設したヴィルヘルム・フォン・フンボルト、『ドイツ国民に告ぐ』を執筆した哲学者ヨハン・ゴットリープ・フィヒテ、そしてグリム兄弟らは、このナショナリズムの醸成に力を尽くした。グリム兄弟は、共通語であるドイツ語を意識させ、民衆の間に伝承されてきた昔話と民族の源の関係を示すことで、ドイツという概念を人々のなかに呼び覚まし、国民としての自覚を促そうとした。グリム兄弟と交流があった後期ロマン派の詩人アヒム・フォン・アルニムとクレメンス・ブレンターノも、やはりナポレオンに占領されたドイツの状況からドイツ民族のアイデンティティに目覚め、文学の根源を古代ゲルマンの民衆のなかに見いだそうとした。

　こうした十九世紀のナショナリズムはゲルマン時代の民族文化史研究を基盤にしていたが、同じようにゲルマン研究から導き出されたとはいえ、ドイツをゲルマン化するというナチズムの要請は、十九世紀的ナショナリズムからすっかり姿を変え、偏狭な人種差別主義と反ユダヤ主義に根差す膨張政策の道具と化した。

ナチ時代にゲルマン研究を推し進めた人物として、アルフレート・ローゼンベルクとハインリヒ・ヒムラーの名前を挙げることができるだろう(1)。

学生時代にモスクワで革命を体験したローゼンベルクは、革命はユダヤ・フリーメイソンの陰謀と捉え、のちに「ユダヤ・ボルシェヴィズム」という造語を作ったヒトラーに影響を与えた人物である。一方、ヒューストン・ステュアート・チェンバレンの『十九世紀の基礎』から影響を受けて反ユダヤ主義、ゲルマン民族至上主義者になったローゼンベルクは、多数の人種差別的著作を発表した。独ソ戦開戦後の一九四一年七月十七日に東部占領地域全国大臣に任命されると、東部占領地域の「ゲルマン化計画」を推し進めていった。ゲルマン化の実態は、民族上のドイツ人を占領地に入植させるために、占領地に居住しているユダヤ人を組織的に絶滅させることだった。宗教的には、まぎれもなく反キリスト教会の立場をとって、ユダヤ教の影響が浸透したキリスト教を排除し、代わって新しい「血統の宗教」が生まれなければならないとした。

一方、ヒムラーは一九一九年にミュンヘン・レーテ共和国討伐のための民族主義的な義勇軍に参加して以降、反資本主義、反ユダヤ主義者になった。三九年十月九日の秘密命令によってヒトラーから「ドイツ民族性強化国家長官」に任命され、生存圏となるポーランド占領地域の「ゲルマン化計画」の実行部隊長になった。ヒムラーの最終目標は「大ゲルマン帝国」の建設だった。宗教的には彼もまた、キリスト教を排除し、代わりとなる「ゲルマン人の原宗教」を導入しようとし、彼自身が影響力をもつナチ組織内で、いくつものゲルマン的儀式やクリスマスに代えて冬至祭を実施した。ユダヤ人である救世主イエスの誕生を記念するクリスマスは、ナチスの人種主義にとって、折り合いをつけることができないことだった。

ローゼンベルクのいわゆるローゼンベルク部局のドイツ先史学全国連盟とヒムラーの古代精神史研究機関「先祖の遺産《アーネンエルベ》」は、考古学を中心としたゲルマン民族の歴史研究を推し進めた。その目的は、アーリア人（＝ドイツ人）こそ支配民族であるという人種イデオロギーを確かな学問的論拠で支え、ジェノサイドを正当化することだった。

2　教会との関係、青年運動との関係

教会とナチ党

第一次世界大戦敗戦によるドイツ帝国の崩壊は、国民が拠って立つ基盤を崩し去った。前章で触れた領邦教会制による領邦君主と教会の関係も消滅した。長い間教会の保護者だった皇帝や領邦の君主たちがすべて退位したため、教会は突然、保護者を失うことになった。しかし、社会主義革命によって誕生したヴァイマル共和国ではあったが、教会の権利や伝統はヴァイマル憲法によって守られた。教会は公的団体だったし、国家による教会税の代理徴収も継続され、公立学校の宗教科目や大学の神学部も存続した。それでも教会は、国民に主権がある共和制という政治形態になじめないままだった。[2]

ヴァイマル共和国でのプロテスタント教会の指導者は、政治的立場と支持政党別に分類すると四つに分けられるという。[3]第一は、キリスト教からユダヤ的要素を排除し、キリスト教のゲルマン化を目指す国粋主義的グループで、数としては教会指導者全体の一〇パーセントに満たなかったが、ヴァイマル政府打倒を目指す極右政党を支持し、やがてナチ党を選ぶことになる。ナチ系プロテスタントの「ドイツ的キリスト者」運動とも類縁関係にあった。第二は、最多数の七〇パーセントを占める保守的ナショナリズムのグループで、帝政時代の君主制を諦めきれず、共和制になじめず、穏健右派の保守政党を支持した。第三は、共和制を現実的選択肢として受け入れた一〇パーセント程度のグループで、中道政党を支持していた。第四はわずか数パーセントだったが、最左翼のグループである。資本主義が経済格差を生み出す階級対立の元凶だと考え、帝国主義的社会構造と闘う労働者階級と連携し、ドイツ社会民主党に入党した。

つまり、教会指導者層は伝統的に右翼で保守的だった。確かにプロテスタント教会は、教会からユダヤ人を排

除することに反対し、ナチスの優生思想政策を非難して、のちには一部で抵抗運動を展開する。しかし、教会闘争(4)の中心人物の一人であるマルティン・ニーメラーでさえ、ナチ党の台頭期にはナチ党に投票し、教会もドイツ民族と団結すべきだと主張して、ナチ政権の誕生を歓迎したのだった。当時は、宗教と切り離された世俗的国家への不信が強く、社会的・経済的混乱を収拾する能力に欠けた既成政党や民主主義への失望が広がっていた。そうしたなかで、強力な指導体制の出現が期待され、破壊的勢力だとして共産主義を攻撃するヒトラーの姿勢に望みがかけられたのである。

ナチ党が権力を掌握すると、まもなくキリスト教会に対しても強制的同質化が始まる。一九二〇年にドイツ国内の二十八のプロテスタント州教会がまとまってドイツ福音主義教会連合を設立したが、ドイツ的キリスト者が州教会の多数の指導部を占めるようになると、組織はドイツ福音主義教会へ解消され、三三年九月二十七日に筋金入りの国民社会主義者でヒトラーの熱狂的支持者だったルートヴィヒ・ミュラーがドイツ福音主義教会の全国教会監督に就任した。二カ月前の七月に教会憲法が制定されていて、教会をコントロールするために全国教会監督という役職を新設したのである。しかし、教会組織全体の構造に指導者原理による独裁制を敷くことはできず、それぞれの州教会の独自性は維持された。

一方、カトリックの状況をみてみると、プロイセンが優位に立っていたドイツ帝国では、プロテスタント教会が国教のようなものだったので、カトリック教徒の自由はずいぶん制限されていた。帝国の崩壊後、バチカンはドイツ国内の教会の権利を保障したいと考えた。一方のヴァイマル政府はバチカンとの政教条約《コンコルダート》によって政権の正統性を確立したいと考えていた。両者の思惑が一致して、カトリックのバイエルン州政府がまずバチカンとの政教条約を一九二五年に締結し、その後、ドイツ全体の条約締結へと進むはずだった。しかし、二九年の世界恐慌の影響で締結交渉は頓挫する。

ナチ党員がカトリック教会にいやがらせ行為を続けていたため、ドイツのカトリック教会は信徒にナチ党員になることを禁止していた。一九三三年一月三十日にナチ党が権力を掌握すると、バチカンの対応に注目が集まった。同年三月に教皇ピウス十一世がヒトラーをボルシェヴィズムと闘う指導者だと称賛すると、ナチ政府もこれに対応し、カトリック教徒のナチ党入党禁止も解かれた。ナチ指導部は、バチカンがナチス・ドイツを承認したと大いに宣伝した。政教条約の締結は三三年七月二十日だった。

この条約によって、国内のカトリック教会の存在が保障され、聖職者の人事は教会の同意なしには動かせないと定められた。それでも、条約の内容をめぐってカトリック教会とナチ党の間でもめごとが絶えなかった。つまり、プロテスタント教会でもカトリック教会でも、ナチ党は強制的同質化を徹底できなかったということである。ドイツ国民のなかに深く根を張っている宗教生活を強引にナチ化しようとすれば、民族共同体をまとめ上げるどころか、瓦解に導くことになっただろう。

ヒトラーが贔屓にした建築士で、のちに軍需大臣になるアルベルト・シュペーアは、ヒトラーの教会に対するアンビバレントな発言を記録している。ヒトラーは、政治的同僚の前では教会をひどくけなす一方で、女性の前では、教会は国民にとって不可欠であり、強力な支柱だと発言していた[5]。帝政期以来、女性教育の基礎になった3K、すなわち「子ども、台所、教会」のドイツ語の頭文字を用いたこの表現は、子どもを産み育て、外で働く夫のために家事をきちんとおこなって快適な家庭を作り、教会の教えに従って神を信じ、従順で愛情ある女性になることを求めていた。女性が従うべき規範の一角を排除すれば、保守的大衆層を不安に陥れ、民族共同体の構築と安定は揺らぎかねなかった。ヒトラーは教会を役に立つ道具としか考えていなかったから、破壊的なリスクを引き受ける必要はなかった。「教会は長い時間がたてばそのうちにナチズムの政治目標に歩調を合わせるにきまっている。歴史上いつだって教会はそうしてきたのだから[6]」と歴史的事実を引き合いに出している。

一九三七年に、教会がヒトラーの意図に反したことを理由に、党や親衛隊に扇動されて多くのヒトラー崇拝者が教会を離れた。ヒトラーはこのことを聞くと、ヘルマン・ゲーリングとヨーゼフ・ゲッベルスに対して、「自分は教会とは精神的つながりはなにもないが、カトリック教会の一員であり続けるから、おまえたちもひき続き教会にとどまるように[7]」と指示している。実際、ヒトラーは最後までカトリック教徒だった。

ナチ指導部はナチズムに反対する教会の抵抗には断固たる対応をとったが、教会に対するこうした日和見的ともいえる距離は最後まで維持した。「女性展望」をみても、ある時期にまとまって冬至祭やゲルマン的シンボルに関する記事が掲載されているものの、最後までキリスト教的クリスマスの要素を排除しなかったことにも、それははっきり見て取ることができる。

「女性展望」は、政権掌握後まもなく明らかになった国家と教会との新しい関係を、記事「国民社会主義国家におけるプロテスタントとカトリック教会」で女性読者に周知している。この記事には、自らの宗派を放棄することなく、国民社会主義国家の国民でいられることを保障するヒトラーの次のような言葉が掲げられている。

とても敬虔なプロテスタント信者と、とても敬虔なカトリック信者が並んで我々の運動の隊列に加わることが可能だ。自らの宗教的信念をもつそれぞれが、ほんのわずかな葛藤に陥ることもなく。(8)

記事はまず、一九一八年の社会主義革命後に国内のあらゆる領域に生じた分断と不安定な状況が、教会組織にも危機的影響を及ぼしたことを振り返る。そのうえで、二十八の州教会が統合してプロテスタント教会の全国組織となるドイツ福音主義教会が誕生したことは、マルティン・ルターの夢の実現だと強調した。そして第一回教会会議で軍管区牧師ミュラーが全国教会監督に選出されたことを報告したのち、教会の統一は国家権力の支配を受ける危険を内包しているのではないかという不信感に対して、次のように回答している。すなわち、国家は教会の主人ではないが、ドイツの教会は国家のなかで活動していて、国家に対する責任を負っている。その責任を果たしていれば、国家は教会活動には立ち入らないと確約した。

カトリック教会の国家に対する立場も政教条約によって明らかにされた。宗教教育や宗教上純粋に文化的慈善目的に資する自由な活動は保障された。その一方で、国家に属する活動からは距離をとることが義務づけられ、司祭や修道会士がナチ党員になることは禁止された。国家地方長官の了解を得て召命された大司教や司教たちは、国家と自らが勤めている州に忠誠を誓い、憲法に基づく政府を尊重しなければならなかった。政教条約には、当時の副首相で政教条約交渉の担当者でもあったフランツ・フォン・パーペンを指導者として、教会が「カトリックのドイツ人労働共同体」を設立し、カトリック信者の国家意識を強化する務めを負うことも明記されていた。

国家が両宗派の課題とするのは、神の啓示体験をドイツ人に仲介することであり、そして、国家と両宗派の協働から英雄的で信心深いドイツ人が生まれ、彼らが個人としてそして民族共同体の一員として、神に恥じることなく責任をもって考え行動できるようになることだと記事は締めくくっている。要するに、ナチ指導部は、犠牲的精神をもって民族共同体という国家に奉仕する国民の心性を養うために、宗教の力を利用しようとしていたのである。

青年運動とナチ党

ゲルマン文化の発見や、キリスト教的クリスマスに代わるゲルマン的冬至祭の開催だけでなく、ナチズムの思想を構成する指導者原理、民族と国家、名誉と忠誠、血と土、階級闘争に代わる民族主義などのイデオロギーは、ナチ党が考え出したのではなく、党が頭角を現す前から、十九世紀末以降活発になる青年運動のなかにすでにみることができる。国家を担うことを期待されていたエリート層の青年たちは、ナチス・ドイツに先立つヴァイマル時代にどのような考え方をしていたのか、そして、どのようにナチ党へ接続していったのだろうか。

一八八五年から一九一一年までの間に大学入学資格を得た十九歳の若者は、同年齢の全人口の〇・八パーセントないし一・二パーセントにすぎなかった[9]というから、大学卒業資格取得者は帝政ドイツでほんの一握りの教養市民層を形成していたことがわかる。しかし、十九世紀末に興隆した商工業市民階級や急激な工業化によって存在感を増すプロレタリアートを前にして、彼らは閉塞状態に陥る。社会構造の大きな変化にもかかわらず、大学教育は旧態依然としたままであり、学校や家庭の堅固な権威は若者に大人の価値観を押し付けていた。そうした状況を背景に、近代文化を批判し、ロマン主義的理想に触発されて、学校や社会を逃れ自然のなかで自由に自らの生き方を見いだそうとするワンダーフォーゲルの青年運動が起こった。若者たちはさまざまな青年運動に参加したが、自らを新しい民族共同体を作り出す革命的・先進的エリート集団だと見なしていた。第一次世界大戦が始まると、彼らは湧き上がる愛国心と、身動きがとれない帝政期の社会に対する嫌悪というアンビバレントな感情を抱きながら、救いを求めるように前線に赴いた。

ほとんどが自発的に軍務に就いたおよそ九千人のワンダーフォーゲル会員のうち、戦後生還できたのは四分の一に満たなかったという[10]。この戦死率は、兵士全体のそれよりもずっと高かった。昇進率も著しく高く、下士官に昇進した者は二千二百人、将校に昇進した者は千九百人だった[11]。戦争が終わって帰還した若い前線将校たちがみたのは、帝政の崩壊と混乱した社会秩序だった。戦後、彼らは自分にふさわしい職を得ることができず、市民生活への帰還を零落と受け止めた。当時の歴史家ギュンター・フランツは、そうしたエリートたちの状況を「四年間も兵士としてさまざまな試練に耐え、また前線将校として責任を果たしてきた男たちの前に虚無が立ちはだかった[12]」と表現した。彼らは、民族になじまない選挙制度や政党の連立による、敗戦によって誕生したヴァイマル共和国政府に激しい敵意を抱いた。自由主義を拒絶し、階級対立は社会政策では解決できないと確信して、ワンダーフォーゲル運動を土台に一九二〇年、ドイツ・アカデミック・ギルドが結成された。それは、民族と祖国を再建するために、共通の血統、歴史、文化からなるあらゆるドイツ人の民族共同体の創出を目指そうとした。

この考え方は、十九世紀初めにナポレオンに征服されて以来、ドイツが選び取ったドイツ特有の選択肢だった。つまり、市民と共同体を法の精神によって形成し、単に民族だけでなく、法を遵守してそこに属することを表明すれば、すべての人に同権を認めるフランスやイギリス型の国家理念とは異なり、歴史的に作り出された文化的統一体としての民族が、国家統一の根拠として持ち出されたのである。

ドイツ・アカデミック・ギルドは急速に、知的で同時にきわめて民族主義的・戦闘的な学生団体に変貌していく。一九二三年までに、南ドイツのいくつものギルド団体は、バルト諸国、オーバーシュレージエンやケルンテンの国境をめぐる戦闘に参加している。一九年にはフランツ・リッター・フォン・エップ指揮下の義勇軍に加わって、ミュンヘン・レーテ共和国を打倒し、二三年にはヒトラー一揆にも加わっている。大学運営に関しては、大学の「大衆化」を防ぐためにエリート教育を推し進める一方、ユダヤ人学生を締め出す人種差別的な入学制限に固執し、加えて階層制と指導者原理に基づく大学秩序を要求した。ドイツ・アカデミック・ギルド運動はヴァイマル時代の学生たちの心を捉え、ドイツ学生自治会連合（一九一九年に二十五大学と十三単科大学の自治会から百四十七人の代表がヴュルツブルク大学に集まった）[13]に大きな影響を与えた。二二年の第四回ドイツ学生大会で自治会連合は、会員はドイツ人の血統であってドイツ語を母語とする者に限ることを規約に盛り込むことにした。これは、自治会員はドイツ国籍をもつ者とするという、プロイセン文部省が自治会を公認する際の条件を無視するものだった。文部省の警告に対して自治会連合は、二七年九月に七七パーセントの圧倒的多数の賛成を得てプロイセン文部省の方針を拒否したのである。[14]

一九二五年ごろになると、ドイツ・アカデミック・ギルドの創設世代である前線帰りの者や義勇軍兵士のメンバーが就労して学生運動から離れ始め、次世代がギルドの中心メンバーになっていった。この変化につれて、ギルド団体は政治化し、全国組織をもつ大学同盟へ姿を変えていった。ギルド仲間は古代ゲルマンの習慣に基づいた文化的祝祭を実施する独自の生活共同体を作り、連帯を強めていった。仲間が集う主な祝祭は夏至と冬至の祭りで、ミュンヘン大学のギルド「グリフィン」は、毎学期のなかごろに山上で火をたいて祭りを催し結束を固めた。彼らは、地方ないし全国の指導者集会を、古代ゲルマン人の集会を意味する「民会《ティング》」と呼んだ。結束を固めるために、ワンダーフォーゲルの伝統から定期的な旅行も実施した。バルト地域からクロアチアまで、国境外にあるドイツ語を話す村々を訪ねたが、民族主義を信奉する学生やその先輩たちは、戦闘服やブーツを身に着け、仲間ごとに決まった色の帽子をかぶって、ドイツの民謡や学生歌を歌いながら行進したという。[15]ギルド運動の主要なグループは、エルンスト・ニーキッシュの国民革命派、テオドーア・オーバーレンダーやフリードリヒ・ヴェーバーのもとに集まった民族主義者の学生や大卒知識人グループ、それにエルンスト・アンリヒのナチ派だった。[16]

一九二六年に、ナチ党員の学生がナチス・ドイツ学生同盟[17]を党の指導を受けずに自発的に結成した。急進的で民族主義的だったドイツ・アカデミック・ギルドは思想的にはナチ党と重なることが多かったが、このころはまだ、ナチス・ドイツ学生同盟への加入は拒否している。一政党のイデオロギーに縛られる集団になるよりも、ギルド・メンバー一人ひとりが多様なイデオロギーの下で自由に活動できる、一種の精神共同体であることを望んだからである。

のちにヒトラー・ユーゲントの全国指導者になるバルドゥール・フォン・シーラハが一九二七年七月にナチス・ドイツ学生同盟の指導者に選ばれてから、ナチス・ドイツ学生同盟はナチ党組織機構のなかに位置づけられるようになった。初めは会員数が少なかったが、ナチス・ドイツ学生同盟はヴァイマル共和国に不満を抱く多くの学生たちに影響を与えた。学生たちは、ドイツ民族の文化的統一、言い換えればヴェルサイユ条約が指定する国境を越えてズデーテン地方、ダンツィヒ、オーストリアを含む地にドイツ人の血統による民族の統一国家を建設することを望んだのである。ナチ党の台頭とともに、イデオロギーの実現を期待して多くのギルド・メンバーがナチス・ドイツ学生同盟に流れていった。三一年七月にナチス・ドイツ学生同盟は全国組織であるドイツ学生自治会連合の議長に選出される。こうしてナチ党の政権掌握よりも一足早く、大学内のナチ化は完了する。ヒトラーはエリート、インテリを見下していたが、ナチズムを信奉する若きエリートを喜んで迎え入れた。こうして、ナチス・ドイツ学生同盟の学生たちは将来の官僚・専門職への道を約束され、大学を卒業した者はナチ国家の官僚になり、あるいは大学で民俗学、歴史学、哲学、人種学などの専門家としてナチズムのイデオロギーを支え続けたのである。

3 「女性展望」に掲載されたゲルマン文化と冬至祭の記事

冬至祭に関連するゲルマン文化についての記事は、当然のことながらクリスマス号に集中しているが、ここではまず、直接クリスマスに関係しないゲルマン人の文化や生活についての専門的な記事を読んでみたい。とはいえ、その数は決して多くはない。「女性展望」の創刊から廃刊までの全二百八十二号のなかで該当する記事が一つ以上掲載されているのは、全部で七号だけである。「ドイツの太陽信仰――至についての考察」の記事が載る一九四三年七月号が最後だが、それ以外の六号はすべて第二次世界大戦開戦前の短期間に集中している。

クリスマス号以外に掲載されたゲルマン民族に関する記事

最初の記事が載る一九三三年四月十五日号は復活祭号だった。詩「復活祭の朝」[18]には自然の復活、自然の生命の回帰がロマン主義的に歌われているが、それはキリスト教の神の御業として理解されている。記事「ドイツの復活祭」[19]も神の復活を信じるという結論に至っている。しかし、記事「古代ゲルマン人の再生信仰」[20]では、春の訪れに関わるゲルマンの神々を紹介し、ゲルマン神話はギリシャ神話の深さ純粋さを凌駕していると賛美しながらも、重要なのは神々の物語ではなく、そこに永遠の再生信仰という思想を読み取ることだとしている。同様に、「オスタラ　春のメルヒェン」[21]と「復活祭のウサギと復活祭の卵」[22]では、前者は復活祭（英語のイースターは、ドイツ語ではオースターン）の名がゲルマン民族の春の豊穣の女神オスタラに由来していると説明し、後者は復活祭のウサギと卵も豊穣のシンボルで、古代ゲルマン人はそうした習慣を知っていたと紹介している。こうした記事は、決してキリスト教の祝祭を否定するものではなく、むしろ現在、無意識に祝われている習慣や名前の歴史的由来を伝える記事であって、読者に「目から鱗が落ちる」ような新鮮な関心を呼び起こすものだった。

それ以降の号に掲載される学術的なゲルマン民族関係の記事は、執筆にあたって典拠とした史料によって二種類に分類できる。一方は、古代ゲルマン人の伝説を描く散文作品群『サガ』や北欧神話初期の形態を伝える文書群『エッダ』を情報源としている[23]。他方は、ゲルマン人についての歴史研究、とりわけナチス・ドイツ期に推進された民族考古学による発掘調査の成果に基づくものである。いずれも作家や歴史研究者自身によるもので、読者のために女性の視点から解説しようとする工夫はみられるものの、内容の専門性はかなり高い。

①ゲルマン民族社会の女性像

ゲルマン関係の記事を掲載する戦前最後の号にあたる一九三九年一月第二号は、ゲルマン人の生活・文化の特集号だった。そのため、表紙にも本文の内容に関連した絵を掲載している（図2―1）。この特集号の記事をみてみよう。

表紙裏には『エッダ』から「フンディング殺しのヘルギの歌」が表紙の絵と関連して掲げてある。一九三三年にディーデリヒス出版社からフェーリクス・ベンツマーの現代ドイツ語訳による『エッダ』が出版されたことで、北欧神話の理解が進んだ。「ヘルギの歌」とその情景を表す表紙を解説するのは作家のDr.リューディア・カートである。

図2-1　「私たちの先祖の永遠の遺産」
（出典：「女性展望」1939年1月第2号、表紙）

カートは「ヘルギの歌」について、ヴァイキングの生き方とその英雄ヘルギを賛美し、同時に、ヘルギとともに闘った愛妻ジーグルーンを称賛する歌だと説明している。ジーグルーンは部族の原則を違えて自分にふさわしい夫を自ら選んだ女性であり、表紙の絵では、夫が戦いに向けて出帆するヴァイキング船を子どもたちとともに見送っている。

夫の留守中は妻が女主人となって家を守り、夫の無事な帰還を待つのである。[24] ゲルマン時代を現代の手本にしようとする強い意図は見受けられないが、先祖のゲルマン社会を引き合いに出して、夫を仕事に送り出し、子どもを育てながら家を守るという、ナチズムのジェンダー理解は長い歴史のなかで育まれた伝統であると受け取れる記事になっている。カートは、すでに一九三三年十月十五日号の「古北欧の賢明なる教え」に続き、一九三四年二月十五日号の「古北欧民族の生活における女性」でも古アイスランド・サガから北欧の女性像について叙述していて、この分野の常連執筆者である。[25]

この特集号で六ページという破格の紙幅を割いている記事「慣習と法における北欧女性の地位[26]」は、個人主義がはびこって人々の絆を分断している現在では、家族や民族という共同体の意味を再認識し、その価値を北ゲルマンの考え方に学ぶ必要があると指摘している。まず、北欧民族は女性の尊厳をないがしろにしているという従来の考え方を否定している。ヴァイマル共和政的な数量的にしか評価しない男女同権ではなく、自然が男女に与えた性差を尊重し、女性は自分の領分で仕事をすることで社会的尊敬を受けるゲルマン社会こそが女性を尊重していると主張している。これは、男女別の世界にあって、相互に補完しあう男女の「同等」というヒトラーが繰り返すジェンダー理解をなぞっている。

さらに、結婚については、同じ身分同士の結婚によって純血が守られ、ゲルマン法ではハンセン病、全盲、精神障害など不治の病がある場合は婚約を取り消せたことを挙げて、ナチ政権の婚姻健康法を支持している。北欧民族にとって女性の価値は子どもを産んで立派に教育することにあった。これこそが、部族を強大にするからである。常に、個人の幸せよりも部族が繁栄することを優先し、部族の掟を破れば奴隷に転落するか死罪になる場合もあった。そのかわり、夫とのトラブルや夫の死に際しては、女性は部族の、つまり民族共同体の保護を受けることができたと説明している。妻に対して夫からの離婚理由が認められるのは、妻に不貞があったときだけだった。一方、夫が妻を侮辱した場合、それを理由に妻から離婚を請求することができた。

古代ローマ人は、娘と息子に同等に土地を遺産として分配したが、ゲルマン人の娘には相続権がなかった。こうしたことがゲルマン人の権利意識の欠如と批判されるが、農耕民族として土地を細分できなかった事情を説明している。そして、女性が高い地位にあった例も挙げている。女性預言者は、部族の尊敬を集め、ローマの使者を迎えたり、自らローマへ赴くこともあった。また、領土獲得の行軍を守護者として女性が導いたりした。北欧の人々にとって自由と名誉が最高の価値であり、戦闘で族長が殺害されると、妻が名誉回復のために部族に復讐を呼びかけることもあった。こうした復讐行為が「野蛮なゲルマン人」というレッテルを貼る根拠にされるが、復讐の目的は、死んだ族長が引き続き部族共同体に参加し、その法を守り続けることで生きている者との絆を証明するためだったと説明している。そして、ゲルマン民族の女性は忠誠義務を怠る者へ聖なる真剣さを示すという、重大な役割を担っていたと解説している。

同様の内容は先に挙げたカートの「古北欧民族の生活における女性」にもあるが、カートがもっぱら『サガ』を史料として使っているのに対して、「慣習と法における北欧女性の地位」の執筆者Dr.ゲルダ・メルシュベルガーは、記事のなかで「文学史料は、考古学的発掘によって完全なものとなった[27]」と述べているように、当時の有名な墓の発掘調査の成果をいくつも紹介している（図2―2）。出土品は、ゲルマン民族が実在したことを証明し、豪華な副葬品はその文化レベルの高さを主張する根拠になった（図2―3）。人種差別的主張はみられないものの、ゲルマン民族の優秀さを考古学の立場から伝えようとしている点で、ナチ政権の考え方を推奨する姿勢は文学者のカートよりも

図2-2　「墳丘墓のなかのオーセベリ船」
20世紀初頭にノルウェーで発掘された。9世紀に埋葬された2人の女性の遺骨が発見され、1人はヴァイキング時代の女王オーサといわれている。もう1人については女王の埋葬の際に犠牲とされた奴隷だったという説もあるが、はっきりしない。船首には見事な彫刻が施され、豪華な車、ソリ、ベッド、木彫りの立派な埋葬品が多数発見された。
(出典：「女性展望」1939年1月 第2号、465ページ)

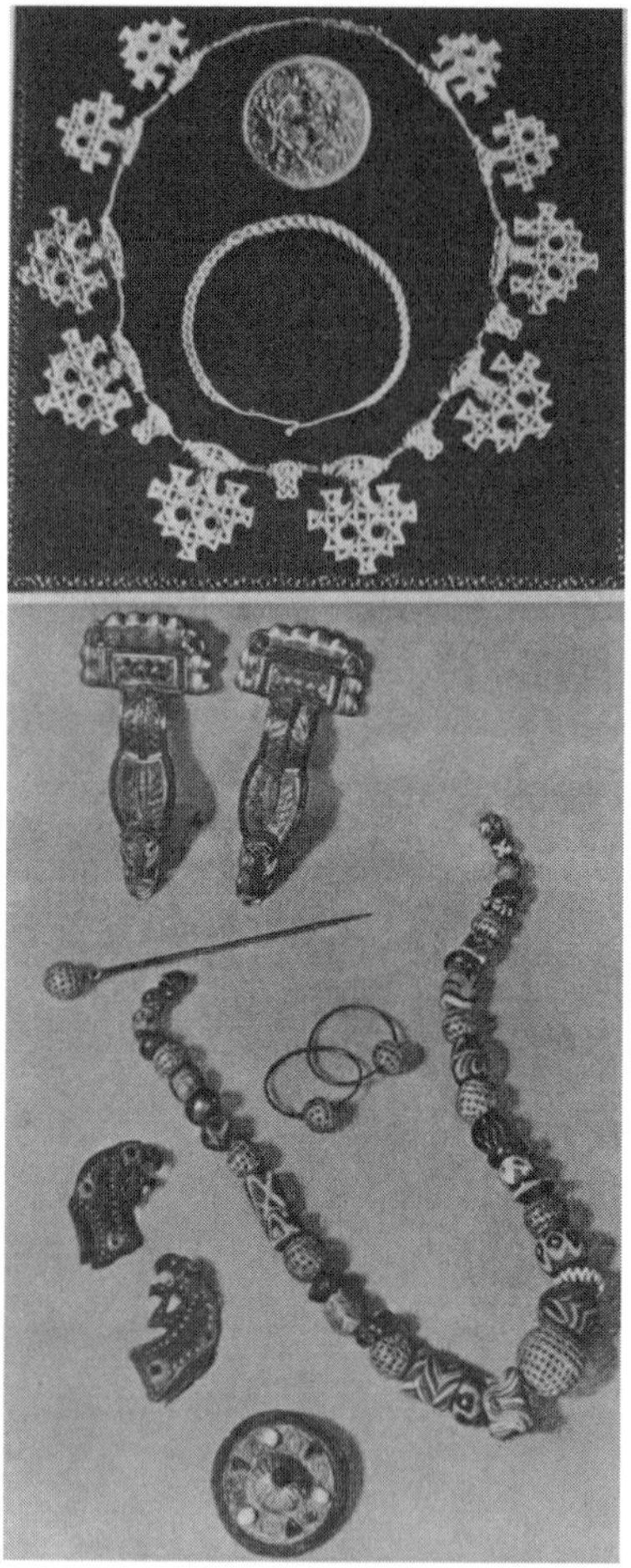

図2-3　左：「ライン地方と北フランスから出土したフランク人の装飾品。民族大移動時代の紀元600年ごろ」、右：「蛇の頭部の装飾があるゴート人の銀製の腕輪」
（出典：同誌472-473ページ）

ずっと際立っている。メルシュベルガーは、ローゼンベルク部局の「ナチ党の全国先史学局」の共同研究員であり、いわゆるナチ・エリート研究者の一人だった。彼女には『ゲルマン人女性の法律上の地位』（一九三七年）や『われらの民族の発展について――ドイツの先史および原史時代』（一九四〇年）などの業績があり、それらは当時すでに公刊されていた。

次の記事「ゲルマン人女性の日常生活の一日」[28]とそれに続く「先史時代の手仕事における女性」もそれぞれ数ページの長さで読み応えがある。

前者は、大農の娘エーデルベルガの一日を追い、物語風に語られていて読みやすい。父親には七人の息子がいて、それぞれ結婚して子どもたちがいる。各家族は自分たちの家に住むが、食事は一つのテーブルでみんなそろって一緒にとる。その日は午前中に重要な来客を迎えるために、エーデルベルガは食事作りの手伝いに追われ、客が到着すると、美しい服に着替え、装飾品を身に着けて宴のテーブルに着く。客人たちが帰ると仕事着に着替えて、下働きの女たちと一緒に機織り小屋で糸を紡いだり、亜麻の繊維を裂いたり、毛糸作りをしたりする。冬季に大切な仕事は、布を織り、服を縫うことである。それよりも重要なのは、ベーコンやバターの貯蔵、乾燥肉や燻製肉の防虫、野菜や果物の乾燥保存、蜂蜜が十分かの確認で、そのほかにも子どもたちの世話がある。鹿の毛も保存され、羊毛に混ぜ込んで織る。そうすることで布の防水効果を高めるという細かい説明もある。道具小屋には鍬などの農具と一緒に、剣や槍もそろっている。夕方、男たちと一緒に雇われ農婦も牛乳が入った木製のバケツを手に戻ってくると、エーデルベルガは牛乳をヨーグルト用、カッテージチーズ用、チーズ用に分ける。決まった日には、小麦をひいてパンを焼く。パンが焼き上がると、母親がやってきて、繁栄の印を押す。

ゲルマン時代に生きる女性の姿を写実的に描写するこの記事は、プロパガンダ的要素を感じさせず読者には興味深い読み物だっただろう。執筆者のアネマリー・フォン・アウアースヴァルトは、一九三三年十月十五日号でも「ゲルマン人女性の墓」を執筆している。彼女は修道会女性会員であり、作家であり、考古学者で、ハイリゲングラーベ修道院内のプリーグニッツ郷土博物館の館長を務めた人物である。[29]

後者の記事「先史時代の手仕事における女性」[30]は、さまざまな出土品の写真を提示しながら、織機の構造が石器時代に一定の完成度に達していたことを説明している。紀元後については文書史料が存在し、タキトゥスではゲルマン人が亜麻布のマントを着用していたことがわかっている。プリニウスでは亜麻布の服を作製する特別な部屋があったこと、エウナピオスの三七六年の報告には、ドナウ河を越えてきたゴート人の豪華な亜麻布の服がギリシャ人の注目の的になったことが記録されている。縄や棒を使って、あるいは指で押して紋様を描いた紀元前一二〇〇年ごろの器類や副葬品として出土した青銅器時代の技巧的な装飾品の紹介もある。のちには鉄、銀、金製の装飾品には鋳造されたものだけでなく、鍛造工法もみられたという説明がある。要するに、先のメルシュベルガーの記事と同じくここでも、他民族と比較して、手工業分野でのゲルマン人の技術的・芸術的レベルの高さを強調しているのである。

②記事を執筆した専門家たち

この記事をまとめたDr.エルンスト・ニッケルも、国民社会主義を支えるエリート考古学者の一人だった。彼は一九三〇年にベルリン大学で学び始め、三八年に、新石器時代をテーマにハンス・ライナートの指導のもと博士号を取得している。その後ただちにローゼンベルク部局の先史学局のライナートのもとで指導的地位に就き、ドイツがポーランドを占領した三九年九月には、早くもポーゼン博物館の先史時代部門長としてポーゼンに赴任している。その地で、姿を消したポーランド人の考古学者ユゼフ・コストシェフスキィが所蔵していた専門書をニッケルは奪ったといわれている。戦後、ニッケルはナチズムとの関わりを不問とされ、四八年から六七年まで、戦災を被ったマクデブルクの中世以来の旧市街地の発掘を指揮し、ベルリン学術アカデミーの先史および原史学協会マクデブルク支部の代表を務めた[31]。

ゲルマン民族特集号に掲載されたこれらの記事は、特定の政治的枠組みのなかに置かれると、当然濃厚なプロパガンダにみえてくる。メルシュベルガーの「慣習と法における北欧女性の地位」以降の記事を先導するように、巻頭には三ページにわたるヨアヒム・ベネケの「先史時代と現在」[32]が置かれている。
ベネケは、ドイツ人の歴史を振り返って以下のように述べている。政治的激動の時代にはいつでも、ドイツ人は民族の進むべき方向を見極めるために、原史時代に形成されたドイツ民族の特性を探し求め、同時代人たちに先祖を手本として現状の再構築をおこなう勇気を与えてきた。

出発点としてベネケは、宗教改革と農民戦争の時代にルターを支持した帝国騎士ウルリヒ・フォン・フッテンを引き合いに出している。フッテンは一五一八年にトルコ軍に対する防衛をドイツの諸侯に呼びかけた際、トルコ軍をゲルマン人に打ち負かされたローマ人に例えている。また、二〇年にフリードリヒ賢侯に宛てた公開状のなかで、フッテンは、ローマ軍を打ち破ったゲルマン民族の一部族であるケルスキ族の族長アルミニウス（ドイツ名、ヘルマン）の同国人として、教皇の思い上がりに屈してはならないと檄を飛ばしている。二〇年から二一年にフッテンが執筆した対話劇『アルミニウス』では、冥界の裁判官ミノス王が、ローマ軍に勝利したアルミニウスこそ史上最高の民族解放者だとして、アルミニウスをスキピオやアレクサンダー大王の上に位置づけている。ここには、歴史的・神話的モチーフを使ってドイツ国民としての自己理解を呼び覚まそうとする意図が読み取れる。アルミニウスはのちに、ゲルマン人の英雄、偉大な解放者として繰り返しドイツ文学に登場する。その素地を作ったのは、アルミニウスをその創作のなかで最初に美化したフッテンだったことは間違いない[33]。当然のことながら、「女性展望」も一九三三年十月十五日号で、ヒトラーをドイツとドイツ人の解放者としてヘルマンに例えている[34]。

その後、ゲルマン人熱が高まるのは、対ナポレオン戦争の時期である。ライプツィヒやワーテルローの戦いに勝利した時期には、ドイツ文学、哲学も全盛期を迎え、ドイツ・ロマン派の精神はゲルマン民族研究を誕生させた。一流の哲学者、芸術家、愛国主義者が、ゲルマン人がローマ人を撃破したトイトブルクの森の戦いを取り上げ、先祖の偉業を思い出させた。ハインリヒ・フォン・クライストの史劇『ヘルマンの戦い』（一八〇八年）やクリスティアン・ディートリヒ・グラッベの史劇『ヘルマンの戦い』（一八三八年[35]）などの舞台作品が生まれ、グリ

図2-4　「3人の等身大の人物は、私たちに青銅器時代のゲルマン民族の祖先の衣服や装備品をリアルにわかりやすく理解させてくれる」
（出典：「女性展望」1939年1月第2号、457ページ）

ム兄弟は童話や伝説の徹底的な収集をおこない、ゲルマン的世界に新たな生命を吹き込んだ。

グリム兄弟の童話収集は彼らの仕事の一部でしかないが、それが大きな影響を及ぼしたのは、それらが民族学研究に根差していたからである。しかし、彼らの後継者が生まれず、その後ゲルマン文化は、古代ギリシャ・ローマ文化の陰に隠れてしまう。再びドイツ民族史が注目を集めるのは、国民社会主義が登場するころだった。フッテンの周囲に集まった人々や、解放戦争時に「ドイツ」という理念をもった人々のように、政治指導者の呼びかけに応え、グスタフ・コッシナと彼の研究者グループは、先史時代の墓や集落跡の発掘をおこない、ゲルマン民族の歴史的起源を求めるために出土品を評価することで、ゲルマン民族の文化史のはじまりが紀元前三〇〇〇年であると証明した。このことを記事の執筆者ベネケは、それまでローマ人の文献のなかで支配的だった「野蛮なゲルマン人」という理解を覆したと称賛している。

コッシナは一九三一年に亡くなるが、その後継者であるライナートによる発掘の成果についてベネケは、武器や農具、美術品や手工業品、村落の建築術の新しい様式が先史時代には生まれていて、その技術の高さがうかがえると説明している。こうした発掘成果の一部が、前述した記事のなかで具体的に紹介されているのである。ライナートが三三年から指導者を務めるドイツ先史学連合は、太古の力が再びドイツ人のなかに生き生きとみなぎるまで、どの大管区も野外民族博物館を開館するようにと要請している（図2―4）。

この記事には、コッシナの言葉が掲げられている。「とりわけ不可欠なのは、ドイツ人が自らの価値、先祖の文化的創造力、そして北欧の種族全体を意識することである。それを知れば、正当な誇りに満たされ、揺らぐことなく自分の民族に奉仕できるようになるだろう[36]」。ここからは、政治的混乱の時代にあって、ドイツ民族というアイデンティティを持ち出し、それを根拠に国家をまとめようとするコッシナの民族主義的姿勢が読み取れる。

彼は民族主義的で反ユダヤ主義のさまざまな集団に属していた。例えば領土拡張主義、汎ゲルマン主義で国粋主義的な全ドイツ連盟の幹部役員であり、一九二八年には「ドイツ文化のための国民社会主義協会」（のちに「ドイツ文化のための闘争連合」に改名、さらにローゼンベルク部局に統合された）の創設者になった。一九〇二年にはベルリン大学の「ドイツ考古学」教授に就任している。彼は、古代ローマ人が残した文書を情報源にするよりも、発掘による出土品のほうがゲルマン人の居住地をもっと明確に示すことができるとした。そして一定の領域から発見される出土品を時間的にさかのぼれば、ゲルマン民族の文化のはじまりを突き止められるはずであり、したがって、ゲルマン人の歴史は青銅器時代までたどれるとした。さらに、ヨーロッパの遺跡の分布を根拠に、ゲルマン人がかつて占領した土地に対してドイツには所有権利があると論じた。このようにして、チェコスロバキアやポーランドへのナチス・ドイツの拡張政策の学術的・精神的根拠を整えた[37]。

コッシナの学問手法は、生前には激しい異論を呼び起こした。しかし、国民社会主義にとって彼の研究がもった政治的意味と、彼の後継者であるライナートの驚くべき影響力によって、批判の声は下火になった。ライナートは一九三四年からコッシナの後任として「ドイツ考古学」教授になり、複数のゲルマン史関係の雑誌を出版するかたわら、「ドイツ文化のための闘争連合」の後継組織、国民社会主義文化協会の先史・原史学部門の指導者も務めた。三六年からはベネケの記事にもあったように、考古学野外博物館の建設に関わっている。三九年にはローゼンベルクの「ナチ党の精神と世界観に関わる包括的研修および教育を監督する総統代理」での先史学局指導者になった。四〇年からは先史学特別指導部の指導者として全国指導者ローゼンベルク特捜隊（ＥＲＲ）に所属し、ユダヤ人所有者が姿を消したあとの文化財の略奪にも手を染めている。四一年にドイツがギリシャを占領すると、テッサリアで原史時代の入植地の発掘を指揮し、ゲルマン人が北部からギリシャに入植していたと主張して、出土品を勝手にドイツに持ち帰っていた。

戦後、ライナートは死去するまでボーデン湖畔のウンターウールディンゲン杭上家屋博物館館長を務めたが、ナチズムとの関わりから戦後に学者としてのキャリアを継続できなかった数少ない考古学者の一人である。彼は、客観性を欠き特定の意図に偏った先史学研究をおこなったことを理由に、一九四九年に先史・原史研究者の学術協会から除名されている。除名を求めた会員のなかには、ローゼンベルク部局と競合関係にあった、ヒムラーの「先祖の遺産《アーネンエルベ》」の指導的メンバーであったにもかかわらず、戦後ゲッティンゲン大学の先史・原史学教授になったヘルベルト・ヤンクーンのように、かつて親衛隊メンバーだった研究者が何人もいた(38)。「女性展望」に掲載されたゲルマン民族史に関わる学術的な記事の数はわずかでしかない。そうした記事に接し、読者がどの程度、先史・原史時代の考古学的成果と現代政治を結び付けて理解していたかを誌上で確認することは難しい。

その一方で、「女性展望」には、主婦向け雑誌のクリスマス号には欠かせない家庭で準備するクリスマスについての実用記事に交じって、ちょうど前述のゲルマン民族文化を扱った考古学の記事が掲載されるのとほぼ同じ時期、すなわち一九三七年ごろから三九年の開戦までの期間に、ゲルマン信仰に根差す冬至祭や、ゲルマン的慣習に由来するクリスマス飾りについての記事が載るようになる。次項では、家庭で祝う伝統的なキリスト教的クリスマスを守ってきた「女性展望」の読者が、冬至祭やゲルマン的クリスマスツリー飾りを紹介する記事にどう反応したのか考えてみたい。

クリスマス号にみる冬至祭に関する記事の変遷

「女性展望」のクリスマス号を通観すると、表紙に掲載された絵や写真と本文の内容から、三つの期間にはっきりと区分できる。伝統的な「家族の祝祭」であるキリスト教的クリスマスを伝えることに集中する時期、ゲルマン的冬至祭の記事が併載される時期、そして開戦後の「戦時のクリスマス」へと転換する時期である。

官製雑誌だった「女性展望」は、巻頭に国家の祝日や行事についての特集記事を置き、表紙にはそれに関連する写真や絵を掲載した。戦没将兵慰霊の日（三月）、ヒトラーの誕生日（四月）、メーデー（五月）、母の日（五月）、ミュンヘン「ドイツ芸術の家」で開催された大ドイツ美術展（八月）、党大会（九月）、収穫祭（十月）、一九二三年十一月八・九日のミュンヘン一揆の殉死者をたたえる死者追悼の日（十一月）など、暦上固定された行事のほか、時事的出来事を伝える記事に関連した表紙、あるいは季節感を伝える花々や風景の表紙も好まれた。クリスマスや、移動祝日である復活祭も暦上の重要な祝祭として表紙を飾った。ただし、「女性展望」の表紙は、創刊号から一九三六年四月第二号までは誌名のNS Frauen Warteをデザイン化し、ベージュの紙に濃い茶色で描いている（図2—5）。途中表紙の空白部分に同系色で写真が載ることもあったが、デザインが変わり、絵や写真がメインの表紙になるのは一九三六年五月第一号からである。一九三七年二月第一号から二色刷りになり、[39]その後すぐに七月第一号からフルカラーに変わる。戦況の悪化からモノクロに戻るのは、一九四四年一月号からである。

図2-5　創刊号から3年半以上にわたって使われた表紙
（出典：「女性展望」1935年1月第1号、表紙）

したがって、クリスマスに関わる絵が最初に表紙に掲載されたのは一九三六年十一月第二号で、天井からアドヴェント・クランツ（アドヴェント・クリスマスリース）をつり下げたテーブルで母親と二人の子どもがクリスマスの準備をする様子を描いた木版画である。キャプションには「一九三六年のアドヴェント」とある。この号には、子どもたちのためにクリスマスを待つ幸せな時期を演出する記事が複数続いている。経済的改善がみられるようになった時期だけに、子どもや

図2-6　「クリスマスは近い」
（出典：「女性展望」1937年12月第1号、表紙）

大人向けのさまざまな贈り物、クリスマスの食べ物の提案、大切な人のためにクリスマスの小包を作ることまで、「楽しいクリスマス」一色の特集号になっている。次号の一九三六年十二月第一号も、表紙はまだ単色で地味ではあるが、「いたるところで、モミの木の頂きにロウソクの光がある」というキャプションをつけて、光を放つ大きなロウソクの写真を掲載している。表紙をめくると、「陶器製のキリスト降誕の厩」の写真に家族で歌えるように讃美歌「きょう私たちのもとに御子はお生まれになった」の歌詞と楽譜が載っていて、ゲルマン的要素は全く感じられない。

クリスマスを描くフルカラーの最初の表紙は一九三七年十二月第一号で、エルツ山岳地方の木製の人形を思わせる素朴な人物が配置されたクリスマス市の場面で、ここにもゲルマン的要素はみられない（図2―6）。しかし、本文には徐々にゲルマン的要素に触れる記事が掲載されるようになる。さらに、同年十二月第二号の表紙には、小麦粉で焼いたゲルマン的シンボルがつり下げられたクリスマスツリーが現れる（図0―2を参照）。これ以降、ゲルマン的要素や自然崇拝的冬至祭のイメージを描いた表紙が続く。一九三七年はゲルマン的冬至祭のイメージが強まる年と見なしていいだろう。

①第一期――キリスト教のクリスマス（一九三三―三六年）

創刊から一九三六年のクリスマスまでのクリスマス号には必ずクリスマスの詩が掲載され、ときには楽譜も添えられた。「聖母マリア」（一九三三年十二月十五日号、二六七ページ）、「幼児キリストが来ようとしているから」（一九三三年十二月一日号、三〇五ページ）（図2―7）、生まれたばかりの幼児キリストを見にいくようにという内容の「クリスマスの羊飼いの歌」（一九三三年十二月十五日号、三五〇ページ）、「聖なるキリストが私たちのところにやってくる」（一九三五年十一月第三号、三七八―三七九ページ）、「一輪のバラが咲いて」（一九三六年十一月第二号、三七二―三七三ページ）、「きょう私たちのもとに御子はお生まれになった」（一九三六年十二月第一号、四〇一ページ）などのキリスト教的詩が並ぶ。

クリスマスツリーの下に飾る降誕の厩についての記事も多い。アッシジの聖フランチェスコを嚆矢として一般家庭に広がっていく降誕の厩の歴史や、ミュンヘンの「降誕の厩市」のレポート、オーバーアマガウで作られる木彫りの降誕の厩や教会、博物館に残る美術的価値が高い大規模な降誕の厩から現代の作品までを紹介する記事[40]に加えて、図解入りで降誕の厩を手作りしようと呼びかける記事も、毎年クリスマス号を埋める欠かせない要素になっている。

図2-7　子どもたちの家にプレゼントを持ってくる幼児キリスト
（出典：「女性展望」1932年12月15日号、265ページ）

一九三二年と三三年の「手作り」の勧めには、クリスマスに必要なものを購入することができない困難な経済的背景が垣間見える。一九三二年十二月一日号の「私たちのクリスマスの厩[41]」では、短い棒、色とりどりのワックス、布や針金、苔を材料にして縦・横・高さが、三十センチ×三十センチ×三、四十センチサイズの厩を作る方法を説明しているが、一九三三年十二月一日号の「私たちはクリスマスの厩を作る[42]」では、イラスト付きの指導書の末尾に、一度に人物全員をそろえようとせずに、一年目は誕生のシーンだけ、二年目は羊飼い、三年目は三人の賢者たちというように、順番に増やしていけばいいとある。クリスマスの雰囲気を作り出す大切さを伝えながらも、読者の経済状況にも配慮していることがわかる。

図2-8　「クリスマス深夜礼拝」のため教会に集う人々
（出典：「女性展望」1933年12月15日号、表紙裏）

一九三二年十二月十五日号の巻頭記事「クリスマス」[43]は、七年の間、子どもに恵まれなかったマリアとヨセフに、ようやく神の子イエスが生まれたという内容の民謡を掲げている。七年間、茨の森をいくマリアの不安を、三二年当時の、六百万人に及ぶ失業した人々、借金に苦しむ人々、運命に翻弄される人々、住む家をもたず不安にさいなまれる人々の不安に重ね、ベツレヘムの厩でマリアに明るい光が輝いたように、自分たちにも新しい光が必要だと執筆者クララ・シュロスマン＝レニスは書いている。この記事は、愛の力と生を賛美するキリスト教信仰が、ドイツ国民に困難な状況を乗り越える力を与えるという確信に満ちている（図2―8）。

家族で祝うキリスト教的祝祭が当たり前だった第一期に、ゲルマン的内容の記事はなかったかというと、そういうわけではない。掲載がない号もあるが、各号に一つか二つ載っている。民俗学的研究によって明らかにされたという前置きがあって、現在では全く意識されていない、クリスマスに残るゲルマン的ルーツを説明するもので、先に取り上げた復活祭号と同じ啓蒙記事である。

クリスマスにレープクーヘンをはじめ、さまざまなクリスマスクッキーを焼く習慣は、怒れる神々をなだめる供物に由来していた。かつては実際に馬や牛、雄ヤギや雄イノシシ、あるいは果物や穀物など、多大な供物を捧げていたが、それが次第にパン生地で焼いたシンボルに変化した。動物のさまざまな角がかたどられているのは、捧げられた動物の一部でそれを表現するためだった。クリスマスプレゼントの交換も、冬至祭でプレゼントをする習慣があったことに由来している。クリスマスの豪華な食事の習慣も、冬至祭の宴会に豪華なイノシシの首を供したことにある。現在、マルチパン（アーモンドの粉を砂糖で固めたお菓子）で豚の姿を作るのも、ゲルマン文化以来の習慣である。クリスマスにリンゴやナッツ類を飾り、その種を食べることは、種に宿った新しい生命につながるというゲルマン時代の約束の表現だという。モミの木のツリーに火がともるロウソクを飾るのも、ゲルマン時代の光への信仰の名残である。また、グリム童話の世界に残る、例えば「ホレおばさん」のような、キリスト教によって追放されたゲルマンの神々も紹介している。そのほか、熱した錫を水に垂らして固まった形から結婚を占うなど、いまに残るクリスマスに楽しむ占いのルーツの説明もある。[44]

こうしたクリスマスに残るゲルマン的ルーツを解説する記事は、十九世紀末に活況を呈する主婦向け雑誌にもみられた。十九世紀初め以降のドイツの言語研究や民俗研究に基づいて愛国心を呼び覚ます「ドイツのクリスマス」という意識は、十九世紀末には家庭内でも醸成されていたのである。「女性展望」も同様に、クリスマスの祭事を通して自らの民族に対する自負心を根付かせようとしたと考えられる。

ゲルマン信仰のキリスト教化は、七世紀から八世紀にかけてドイツ人の先祖がキリスト教を受け入れたことに始まる。人々の間に深く根付いた異教的しきたりを根絶することを諦めたキリスト教会は、それまでの慣習を解釈しなおしてキリスト教的考えを注入した。このため、古くから存在したゲルマン的伝統がそれと意識されずに現在まで生き残ることになったと、牧師クラウゼは記事「ドイツ民族のクリスマスの祝祭における宗教的習俗について」[45]で解説している。ここには、クリスマスが、ほかの国々とは違って、ドイツ人にとって特別な意味がある祭事だという理解がある。

確かに、クリスマスがドイツの古い歴史から生まれたという捉え方は愛国心の涵養につながったが、しかし、ドイツが千年以上の長きにわたってキリスト教国であることを考えれば、ドイツ国民にとって、キリスト教的クリスマスとそのゲルマン的ルーツの間に摩擦は起こるはずもなかった。キリスト教の祝祭を冬至祭に置き換えようとするナチ指導部の強引な動きは、国民が共有する堅固な宗教的基盤に阻まれることになる。

第一期で、クリスマスと敵対関係にあったのは、リベラリズム、マルクス主義やボルシェヴィズムを信奉する無神論者たちであり、[46]キリスト教的クリスマスの意義などかまうことなく、百貨店や小売店でクリスマス飾りやプレゼント商品を売りまくって暴利を貪るユダヤの資本主義だった。一九三三年十二月十五日号の記事「ドイツのクリスマスの歌」のなかで執筆者エルンスト・ゾマーは、ユダヤ人の商店や百貨店のショーウインドーに、電気式のロウソクが飾られたモミの木、サンタクロース、天使、降誕の厩が並べられ、聖なるシンボルが宣伝に利用されていると嘆き、キリスト教の祝祭の本当の意味をもう一度家庭で問い直す必要があると訴えている。

②第二期──冬至祭に関わる記事の登場（一九三七―三九年）

キリスト教的クリスマスから逸脱して、ゲルマン的慣習と結び付いた冬至祭に関わる記事が登場する第二期は、一九三七年のクリスマス号からである。

一九三七年十二月第二号で、ゲルマン的シンボルを飾り付けたツリーが表紙に登場すると、一九三八年十一月第二号でも、それまで全くなじみがなかったゲルマン的シンボルを飾り付けた「クリスマスアーチ」のイラストが掲載され、本文の記事でも手作りの「クリスマスアーチ」を家庭で飾り付けるように提案している（図2―9）。すると、次号の一九三八年十二月第一号には、山中の雪をかぶったモミの木と赤々と輝く太陽の絵が掲げられている。キャプションには「いまや太陽の永遠なる運行が、木霊のように次々と人地からエネルギーを噴出させる」とある（図2―10）。キリストの誕生を祝すのではなく、生命の再生を待ちながら季節の変わり目を祝う、自然崇拝としての冬至祭のイメージに変わっている。一九三九年十二月第一号の表紙は、クリスマス飾り用の色とりどりのガラス玉に色付け作業をするテューリンゲン地方の若い女性の写真（図2―11）だが、十二月第二号の表紙ではまたもや太陽の運行を象徴する太陽のソリが巨大なモミの木がそそり立つ雪山の上空を疾駆している（図2―12）。そこに象徴的に表現されているのは、前年のクリスマス号同様、冬至祭であって、キリスト教の祝祭という意味合いは姿を消している。キリスト降誕の祝祭を押しのけて冬至祭が前面に出てくるプロセスは、この号の太陽信仰を象徴する表紙でピークに達する。すでに詳しくみた一九三九年一月第二号の、考古学か

図2-10 「いまや太陽の永遠なる運行が、木霊のように次々と大地からエネルギーを噴出させる」
(出典：「女性展望」1938年12月第1号、表紙)

図2-9　クリスマス飾りとしての「クリスマスアーチ」
(出典：「女性展望」1938年11月第2号、表紙)

図2-12　太陽のソリが冬の天空を疾駆する。
(出典：「女性展望」1939年12月第2号、表紙)

図2-11　ツリー飾り用の美しいガラス玉に色付けをするテューリンゲン地方の女性。ガラス玉は、当時新しく登場したツリー飾りだった。
(出典：「女性展望」1939年12月第1号、表紙)

らみたゲルマン文化特集号もこの第二期に発行されている。

この時期の冬至祭やゲルマン信仰についての啓蒙記事は、民族主義的色彩が濃くなっている。例えば、一九三七年十二月第二号の記事「ドイツのクリスマス」は次のように述べている。ドイツ独自のものを異郷的なものから解き放ち、ドイツの血とは、ドイツの特性とは何なのかを学ばなければならない。それを見極める明晰で覚醒した目を、クリスマスは与えてくれる。過去の遺産をもつ喜びを覚え、ドイツの未来をみる季節だからである、と。執筆者のアウグステ・レーバー＝グルーバーは、クリスマスツリーを「光の樹《リヒターバウム》」と呼び、アドヴェント・クランツもキリストの降誕を待つためではなく、冬至を待つ気持ちを高めるための道具として解釈しなおしている。[47]以前は「降誕の厩」を体験するために簡単な劇をすることが推奨され、その準備と上演の仕方を説明していた。しかしこの時期には「一つの民族が生命を祝う[48]」と謳って、若者たちが村の丘の上に集まり、火をたいて歌を歌い、スピーチをする祝祭が紹介されている。これは、一九二〇年代にドイツ・アカデミック・ギルドの第二世代が連帯を固めるためにおこなっていたゲルマン回帰の祝祭だった。室内劇についても、「一九三八年のドイツのクリスマス劇[49]」では、前口上に続いて十二人の客が順番に登場して韻文のセリフを語る。それぞれが一月から十二月の季節にふさわしい姿で登場する。伝えたいのは、人間と自然の一年間を通しての営み、つまり自然とともに生きる民族の永遠性である。

クリスマスツリーの下に飾る「降誕の厩」の代わりを果たすのは、「生命のアーチ」になった。そして、幼児キリストをたたえる詩や楽譜の代わりに、筋金入りの民族主義作家クルト・エガースの詩「十二月に[50]」をはじめ、自然崇拝と光への賛美を歌い上げる詩が並ぶようになった。

この時期の各号に掲載されたこうした民族主義的傾向の記事は、数としてはせいぜい一つか二つでしかない。しかし、強い違和感は、キリスト教的クリスマスの歌や「降誕の厩」やクリスマス劇が、ゲルマン的要素に取って代わられてしまったことから生まれる。それにはいくつかの理由が考えられる。

ナチスの政権掌握前から青年運動にはゲルマン回帰の傾向があり、自然を愛好する愛国的・民族主義的な団体が多かった。そのなかには、ナチ化を受け入れた歴史研究のエリートが多数いた。ナチ政権が成立すると、ナチ的世界観を学問的に正当化しその普及に寄与する目的で、国家の研究機関として、一九三四年にはいわゆるローゼンベルク部局が誕生し、翌年にはローゼンベルクと対立関係にあったヒムラーが「先祖の遺産《アーネンエルベ》」を開設している。両機関は、学問の政治利用を推進するために優秀な研究者を集めた。三六年のクリスマス号以降にゲルマン関係の歴史的記事がまとまって掲載されたのは、国家の方針を後押しする研究成果が発表されはじめたからだった。

　この時期の政治・外交状況をみてみると、一九三六年九月の党大会でヒトラーは四カ年計画を発表している。二九年の世界恐慌がもたらした経済危機を徐々に脱し、この年はまだ失業者はあるものの、すでに労働力不足が見込まれていた。生活にゆとりがみえはじめる時期に、ドイツの自給自足を目指すことが宣言される。自給自足とはいうが、実際は東方に生存圏を獲得するために、四年以内に軍を整え、戦争可能な状態にすることが目標とされた。三八年三月にはオーストリアを併合、十月にはチェコスロバキアにドイツ系住民が数多く住むズデーテン地方を割譲させ、三九年三月には軍を進めて結局はチェコスロバキアを解体する。そして九月一日にドイツ軍はポーランドに侵攻する。

　考古学を専門とする歴史家たちが、国家のこうした膨張政策を学問レベルで強力に後押ししたことは、「女性展望」のゲルマン人・文化特集号にも反映していた。

　一九三〇年代後半、「女性展望」にゲルマン民族の優秀さを伝える記事が掲載されたのと同じころ、宣伝省は冬至祭を祝うための詳細なプログラムを公表している。内容は、すでに実施されていた青年同盟の習慣を参考にしたもので、ツリーのロウソクを一本点火するごとに「光の言葉」を唱え、クリスマスの歌を民族主義的な内容の歌に替えて歌うなどであった。キリスト降誕劇も非ドイツ的とされ、「女性展望」でも紹介していたように「ドイツのクリスマス劇」が推奨された。

　その冬至祭のプログラムはどの程度定着したのだろうか。戦後に、クリスティーナ・ドイチュバインとニルス・コルステンは、ヴェーザー・エムス地区で冬至祭の思い出についてインタビューをおこなっている。しかし、子どものころに冬至祭について聞いたことはあっても、体験したと証言した者はほとんどいなかったと報告している。回答をいくつか挙げてみよう。[51]

「クリスマスは伝統的で、ハーケンクロイツはなかった。ひょっとすると一定の組織の共同の祝祭にはあったかもしれないが、少年団にはなかった。伝統的な祝い方をしなかった家庭など知らない。田舎で別な祝い方をしたとは考えられない」（一九二四年生まれ）

「冬至祭は一度も体験しなかった。それがあったことは覚えている。前線ではなかったし、戦前にもなかった。（略）ラジオでだけ聞いたことがあった。ラジオからは政治的なことしか聞けなかった」（一九一九年生まれ）

「冬至祭はあったと思う。冬至祭を体験したが、それが個々に何を意味したのかは私たちには理解できなかった」（一九二七年生まれ）

民族主義的グループには、冬至祭の儀式は残ったものの、冬至祭《ユール》という名称は親衛隊でだけ定着し、その後、党の祝祭を扱った出版物にも取り入れられることはなかったのである。[52]

③第三期――戦時のクリスマス（一九四〇―四四年）

第三期は、一九四〇年のクリスマス号から廃刊までである。

この時期の表紙には、まだゲルマン的シンボルを飾り付けたアドヴェント・クランツ（「モミの枝のクランツ」と言い換えられている。一九四〇年十二月第一号）やクリスマスツリーのイラスト（一九四二年十二月号）が散見される。しかし、一九四三年十二月号の表紙には突然、キリスト教的要素が復活する。第三期のクリスマス号からは、第二期とは全く異なる印象を受ける。

一九四〇年は開戦後二年目のクリスマスである。勝利を重ねている時期ではあっても、戦争は、日常生活に色濃く暗い影を落とし始めていた。確かに巻頭記事には、冒頭の数行にゲルマン的自然崇拝について言及があるが、冬至祭の説明は姿を消している。それに代わるのは、夫や父がいない家庭でクリスマスをどう祝うのか、クリスマスを利用して銃後と前線の堅固な一体感をどう作り出すのかを語る記事であり、また、女性組織の戦時奉仕活動の成果を伝える記事である。すなわち、第三期は「戦時のクリスマス」の時期といえる。かつて第一次世界大戦中に展開された、あのクリスマスプロパガンダがここでも展開される。その規模も徹底性も先の世界大戦とは比べものにならないスケールになる。したがって、この「戦時のクリスマス」については、後章であらためて取り上げて考察する。

4　ゲルマン信仰のシンボル

本節では、現在ではすっかり忘れ去られてしまったが、第二期にツリー飾りとして推奨されたゲルマン的シンボルや置物飾りの「クリスマスアーチ」について紹介しておきたい。それを知ることは、女性読者たちがゲルマン信仰をどのようにイメージし、理解したのかを想像する助けになるだろう。

クリスマスツリーに飾る小麦粉で焼いたゲルマン的シンボル

このテーマについて、最も丁寧に解説している一九三七年十二月第二号の記事「私たちのクリスマスツリーに意味をもたせて飾ろう」(53)を読んでみよう。この記事は、ゲルマン的シンボルの意味を解説するだけでなく、「正統な」クリスマスツリーの本来の飾り方を具体的に説明している。

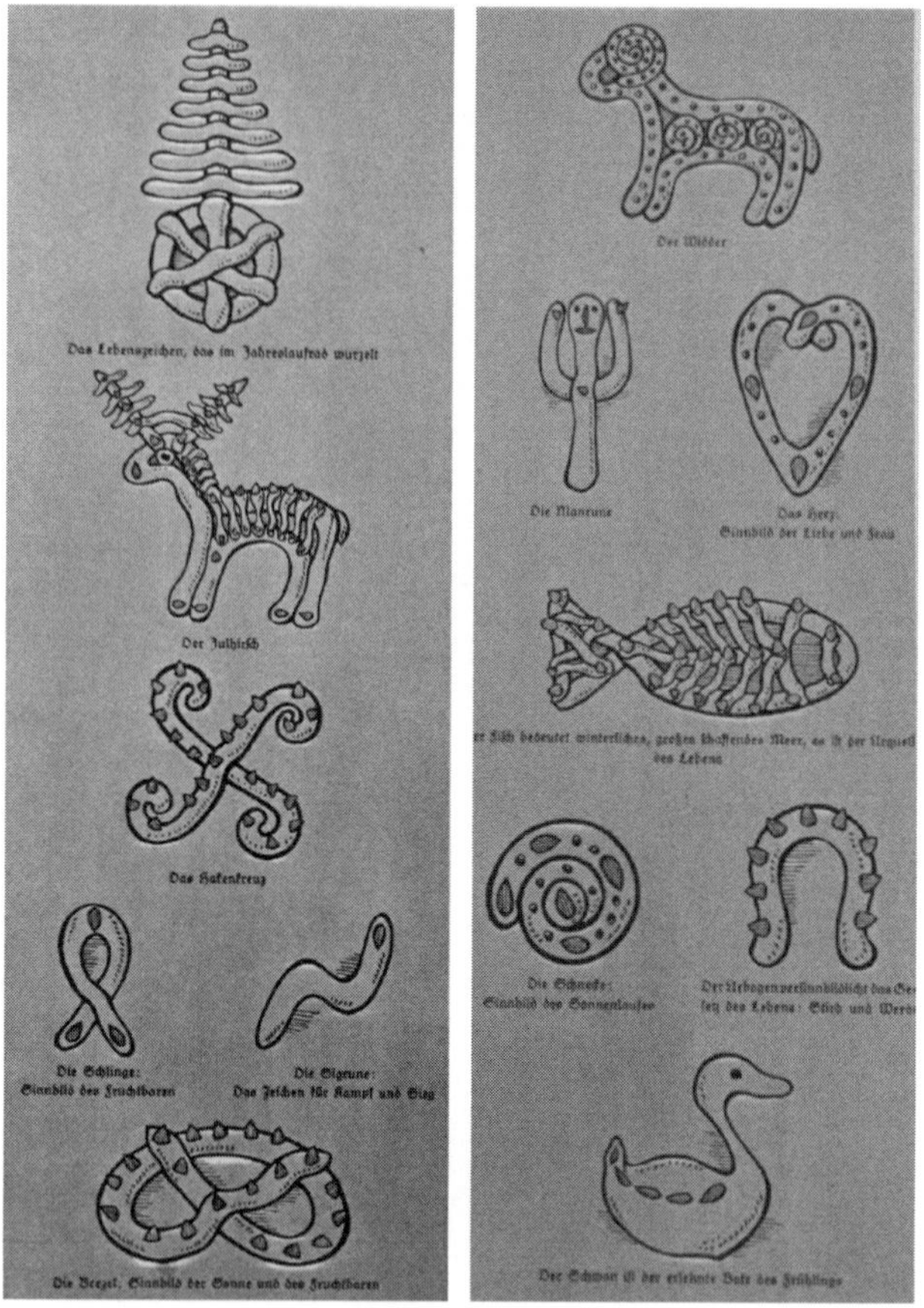

図2-13　ゲルマン的シンボルと動物

左上から、「一年の運行を表す車輪を根とする生命のシンボル」「冬至祭《ユール》鹿」「ハーケンクロイツ」、左「豊穣のシンボルである輪」、右「闘いと勝利のシンボルであるジークルーネ」、「太陽と豊穣のシンボルであるブレーツェル」

右上から「雄羊」、左「マンルーネ」、右「愛と女性のシンボルであるハート」、「魚は新しいものを生み出す冬の大海を意味し、海は生命の源である」、左「太陽の運行のシンボルである渦巻き」、右「太古のアーチは、「死して成れ」という生命則を象徴する」、「白鳥は待ち焦がれる春の使者である」

（出典：「女性展望」1937年12月第2号、366、367ページ）

ツリーに意味がないものを飾ってはいけないと注意したうえで、ツリーを本来の意味に沿って飾ることは、ドイツの家庭にとって名誉ある義務だと強調している。まず、ロウソクを取り付ける。それから色とりどりのリボンを使ってリンゴを枝につるす。そもそもリンゴはドイツで最も多く収穫される果物で、クリスマスまで保存することができた。この記事の執筆者によれば、リンゴはその香り、みずみずしさ、栄養価、そして丸い形から生命そのものであり、中心の種から樹へと成長するので「生命樹《レーベンスバウム》」にふさわしいという。次にクルミを金色あるいは銀色に塗り、同色のリボンで枝に結ぶ。冬や死を象徴するクルミの硬い殻のなかには、春を意味する強い生命力をもつ種が入っている。次いでカラフルで美しいガラス玉をツリーの上方に飾る（図2―11を参照）。地球を表すこのガラス玉を飾ることで、ツリーは「宇宙樹《ヴェルテンバウム》」になる。

　ゲルマン的シンボルと動物（図2―13）は、クッキー型など使わずに自分の手で成形し、飾りにアーモンドや干しブドウを使う。飾る二日前には焼き上げる（図2―14）。こうしたシンボルを飾ることで、ツリーは世界、太陽、生命、死、人間、動物や植物について「語り始める」という。飾る位置も指定している。いちばん上にハーケンクロイツを飾る。これは古い鉤がある十字で、今日では、その鉤は太陽の方向転換を表すと理解されている。ツリーの奥につるす冬至《ユール》祭鹿の角は、生命樹と同じ意味をもつ。その下に雄羊。その渦巻く角は、古くから太陽の運行を象徴している。いちばん下の枝に青色のリボンで魚を飾る。冬至の太陽は海に沈むが、海は生命の源である。魚は、生命を創造する冬の偉大な海を表す。そのあたりに、愛と女性のシンボルであるハート、豊穣のシンボルである輪、太陽の運行を表す渦巻き、闘いと勝利を象徴するジークルーネ[54]を飾る。六本のスポークがある車輪は永遠にめぐる年月を表している。このシンボルによって、人は自分の民族が不滅であることを理解する。簡素な太古のアーチも忘れてはいけない。これは、地上を行く冬の太陽の小さなアーチである。新しく生まれ変わるためには、生命はそのような「墓」を通過しなければならない。[55]マンルーネは、人として生きよ、と呼びかける。ブレーツェルの意味は、いまでは忘れられているかもしれないが、太陽と豊穣のシンボルである。小さな白鳥は、待ちに待った春の使者である。

　さらに、メルヘンのような雪を表現するラメッタを枝に掛け、

図2-14　「母と息子が象徴的意味をもつクリスマスクッキーを焼く」
（出典：「女性展望」1937年12月第1号、327ページ）

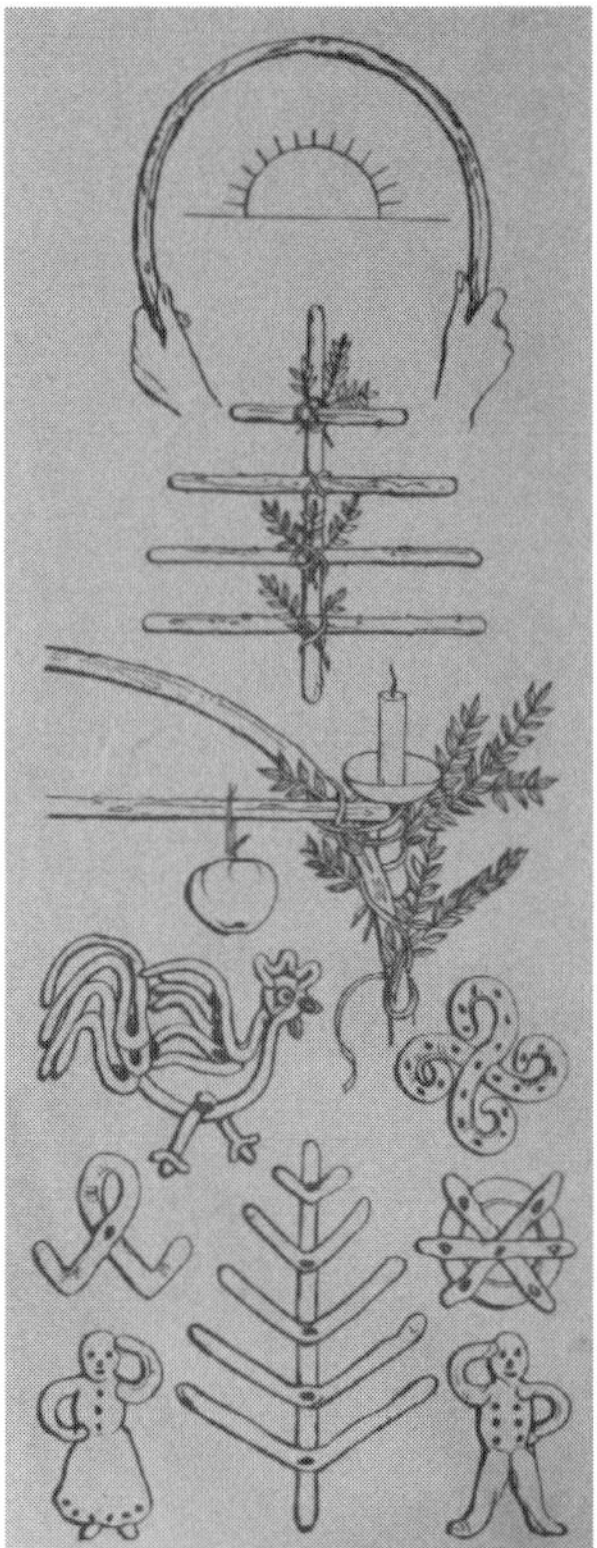

図2-15　クリスマスアーチを組み立てる。
（出典：「女性展望」1938年11月第2号、表紙裏）

装飾がない枝には砂糖やチョコレート製の小鐘をつり下げることを提案している。記事には、クッキーの材料も記載されているので書いておこう。小麦粉五百グラム、卵一個、バター大さじ一、砂糖二つかみ、塩一つまみ、牛乳二百五十cc、水少々、ベーキングパウダー一袋。火と愛情と、クッキーを焼く資質があれば、その材料から民族的なクッキーが焼き上がる、とある。

クリスマスアーチ

一九三八年十一月第二号の記事「クリスマスアーチ[56]」によると、この装飾は北海沿岸のフリースラント地方に起源があり、長きにわたって継承されてきた。フリースラント地方には、西方ゲルマン人の一部族フリース人が居住していたという。

太陽の軌道が低くなり、暗く寒い冬の季節には、不滅の光と生命の復活への信仰が新たになる。そうした信仰を明快で簡素に表現したものがシンボルである。その意味で、クリスマスアーチは、冬至祭《ユール》クランツ——アドヴェント・クランツというキリスト教の用語を避けている——やクリスマスツリーと同じ価値があるので、ドイツ全土に広げ、その意義を理解してそれぞれの家でクリスマスの時期に飾るよう推奨している。

クリスマスアーチの全体像は、図2—9を参照してほしい。アーチ状になったハシバミの枝は、冬季の太陽の低い軌道を表現している（図2—15）。そのアーチの内側には、極細のしなやかな枝で常緑の葉（ブナ、キヅタ、モミ、ヤドリギなど）を結び付けて生命樹を作る。それらの常緑の葉は、不変、忠誠、不滅を表す、冬に強い枝である。太陽のアーチの常緑の葉に、四本のロウソクを設置する。ロウソクの明かりがアーチを冬の太陽そのものにする。ロウソクは、だんだん少なくなる光のシンボルでもある。最初はすべてのロウソクに火をともし、次には三本だけ、その次は二本、最後は一本だけともすのである。こうすることで、クリスマスが近づき、新たなはじまりがやってくることが感じられる。生命樹の枝には、赤いリボンで香りがよい赤いリンゴをつるして、「生命のリンゴ」とする。

ここまでの材料はすべて庭から調達することができるが、さらにシンボルの形にクッキーを焼いて生命樹に固定する。下段の女性と男性の結婚から新しい不滅なものが生まれる。子どもと労働の成果である。二人の間の樹は成長と豊穣を表現する。上方なかほどには「血と土地」の印であるオーダールスルーネを結び付ける。その右には、現在のハーケンクロイツの太古の形である鉤十字があり、反対側には「年月、仕事そして生活」の印であり全方位を示す六芒星のハーゲルルーネがあり、一年のサイクルを表現する。頂上には雄鶏がいる。時をつくる雄鶏は、仕事に恵まれ、豊かで光に満ちた幸せな新年を呼ぶと考えられた。

クリスマスアーチを解説するこの記事は、クリスマス前の時期に美しいクリスマスアーチを眺めれば、家庭にいながらにして自分たち民族の世界観を学ぶことができる、と結んでいる。

5　読者と編集部の女性たちの受け止め方を考える

最後に、考古学の研究成果に基づいたゲルマン文化に関する記事が読者にどのような影響を及ぼしたのか、また、ゲルマン的シンボルを使ったツリー飾りやクリスマスアーチなど冬至祭に由来する要素は、実際に家庭内のクリスマスに導入されたのか、女性編集者の立場も考慮しながら考えてみたい。

女性雑誌とゲルマン研究に関わる記事

ヒトラーの権力掌握後、ジャーナリズムに対する統制と弾圧の嵐が吹き荒れるが、女性雑誌に関するかぎり、ナチ当局は従来の編集方針に介入しなかった。というのも、女性雑誌が家庭や職場での女性解放をテーマに取り上げることはなく、政治上の問題にならなかったからである。したがって、第二次世界大戦開戦によってすべてのメディアが戦時統制下に入るまでは、「女性展望」を発行した全国女性指導部も商業雑誌の編集部も、自立的で自由な雑誌作りが可能だった。

例えば、人生を楽しんでいる若い女性や結婚前でオフィス勤務の女性読者を対象にした雑誌「若い女性」は、友達とのおしゃべりの話題になる恋愛や娯楽などの記事を提供し、子どもや家事をテーマにすることはなかったし、「女性展望」では特集となる戦没将兵慰霊の日、ヒトラーの誕生日、母の日などにも注意を向けず、ドイツ民族としての義務についても無関心だった。一方、「主婦の雑誌」のような主婦向け雑誌では家事や手芸、ファッションや料理に関する実用記事、気が利いた通俗小説などが並び、一貫して政治色を排除していた。[57]したがって、読者の好みを考慮に入れれば、女性雑誌がゲルマン民族に関する考古学的専門記事を掲載することは考えにくかった。

「女性展望」も多くの読者にとって魅力的な雑誌であるために、商業雑誌同様に実用ページや娯楽記事に力を入れていたが、一方で、ゲルマン研究で業績を上げて活躍する女性研究者たちを紹介することは、官製女性雑誌としての義務であり、大きな意義があると感じていただろう。

その記事には二つの傾向があった。一つは、女性読者に関心をもってもらうために、ゲルマン社会での女性の立場や日常生活を紹介するものだった。しかし、太古の世界から浮かび上がる女性像は、部族のために子どもを産み育て、敵と戦う夫を支えるために家事一切を引き受け、部族長の夫が殺害されれば復讐もいとわない妻の姿だった。時代背景は異なるにしても、結局はナチズムが打ち出した性別役割分担に従い、民族共同体のために子どもを産み育てる母という女性像と同じだった。こうしたゲルマン関係の記事は、祖先以来の価値観を引き合いに出してナチズムの女性像を正当化するものだった。しかしここには、時代とともに変化するジェンダーという視点は抜け落ちていた。

ナチ党が選挙で躍進したころは、経済的困窮のなかで多くの女性たちが家庭を支えるために就労を余儀なくされていた。しかし、家庭に戻ることが大多数の保守的な女性たちの願いだったから、保守的女性団体の要望を受けたナチ党は、選挙公約に（女性が家庭に戻れるように）家長が職を得て十分に家族を養える経済政策を掲げたのだった。しかし、一九三六年の党大会でヒトラーが四カ年計画を発表するころには、ドイツは失業問題を乗り切り、むしろ労働者不足が見込まれていた。全国女性指導者ショルツ＝クリンクは、ヒトラーから女性を事務所や工場に送り込むよう要請されている。このころすでに、就労女性数はヴァイマル時代よりも増加していたのである。すなわち、一九三九年一月第二号にゲルマン特集が掲載されたときには、ナチズムが主張した女性像と現実の女性のあり方との間には大きな乖離があったことになる。

二つ目の傾向は、ゲルマン民族についての考古学的な記事がローゼンベルク部署の研究者たちによるものだったことである。ローゼンベルクは全国女性指導者ショルツ＝クリンクの能力を高く評価し、彼女の権限が拡大するよう、さまざまな重要会議に出席できるよう手配した。また全国女性指導者のほうでも、ナチ女性団・ドイツ女性事業団の研修会の講師をローゼンベルクに依頼していた。[58] そうした両者の交流が、執筆依頼の背景にあったと考えられる。

しかし、ゲルマン特集はこの号一度限りで、記事の総数も少ない。「女性展望」は創刊当時、先行の女性雑誌と肩を並べ、さらに販売部数でリードするために実用・娯楽ページを増やし、付録の型紙を無料にするなどの戦略を立てた。そのおかげで、創刊から二年目には、それまでトップだった「主婦の雑誌」に追いついている。女性雑誌の読者の関心領域を考えれば、ゲルマン特集を繰り返すことは編集部にとってリスクを伴っただろう。確かに、そうしたハイレベルの学術記事に興味を示す読者もいたかもしれないが、ナチ党は一九三三年には女子学生の大学入学を一〇パーセントに制限し（一九三五年に解除）、家庭こそが女性の居場所としていたから、深い歴史的知識を要する記事は「女性展望」でも敬遠されただろう。そして、開戦後は総力戦に女性組織がどうコミットしていくかが、「女性展望」にとってずっと重要なテーマになっていった。

浮き上がる冬至祭

家庭内で祝われてきたクリスマスをゲルマン的冬至祭に塗り替えようとするローゼンベルクやヒムラーの思想の根底には、ユダヤ人であるイエス・キリストとユダヤ教から生まれたキリスト教の排除があった。しかし、こうしたナチ指導部の一部にみられる狂信的イデオロギーは、一般にドイツ国民には受け入れられなかったといえるだろう。

イエスの排除が、ドイツ人の間にどのような反応を引き起こしたのか、十字架撤去令が出された際に起こった事件をみるとよくわかる[59]。

一九三七年一月のトリーア検事長の報告によると、フンスリュックの村で、学校の教室正面の壁に総統の写真を掲示するスペースを空けるためにキリストの十字架像を撤去せよという命令が下った。すると三七年一月六日の午後に、数十人の村民が学校になだれ込み、撤去された十字架像を総統の写真の左上部に取り付けた。その際、総統の写真は取り外さず掲示された場所にかかったままだった。

主犯格には一九三七年一月九日に逮捕状が出された。ところが、開始されたすべての刑事訴訟手続きは、総統布告によって何の説明もなく打ち切られている。十字架撤去令への反対運動はあってはならず、その存在が明らかになれば、従順なるドイツ人同胞の民族共同体に亀裂が入りかねなかったからである。

この撤去令はほかの市町村でも激しい論争の的になっていて、撤去令が全く遵守されなかった市町村もあった。一九三九年五月のナチ党トリーア管区内地区支部の報告によると、地区の人々からは、こうした措置はナチ党の下部機関がおこなったもので、総統自身はきっと何も知らされていないにちがいないという意見が聞かれたという。人々にとって、キリスト像の撤去は許容しがたいことだったが、総統の写真がキリスト像と一緒に飾られることは何の問題もなかったのである。

同じ報告に、ナチ党員の地区農民指導者が反対運動の指揮をとって十字架像を戻すようにという申請を出し、ナチ女性団員の彼の妻も、十字架を学校から撤去するなどもってのほかと憤慨して、家族ぐるみで反旗を翻したケースも記録されている。党員であることと、キリスト教排除に反対することは全く矛盾しなかった。バイエルン州でも断固たる抵抗運動が起こり、十字架撤去令は、その後うやむやのうちに撤回されることになった。

ドイツ国民に根付いている宗教的日常を思い、さらには、女性たちがキリスト教の道徳律に従って良き妻、良き母になるよう十九世紀から教育されてきたことを考えれば、ヒトラーが国民の抵抗に対して穏便な対応をとる理由ははっきりしていた。それなのに「女性展望」の編集部があえて、クリスマスの祝祭に冬至祭の要素を取り入れるよう読者に強いるだろうか。編集部の姿勢は、誌面から見て取ることができる。

図2-16　「クリスマスの夜は子どもにとって至福のとき」
（出典：「女性展望」1937年12月第2号、365ページ）

クリスマスツリーに飾るゲルマン的シンボルやクリスマスアーチについては、第二期（一九三七年から三九年のクリスマス号まで）に啓蒙されているが、注意を引くのは、誌上に掲載されているのはすべてイラストであって、図2—14のような写真が例外的に存在するが、ゲルマン的シンボルを飾り付けたクリスマスツリーやクリスマスアーチの写真は全くない。大部分の人々はプロパガンダ臭がする勧めには関心を示さず、ゲルマン関係の記事が併載された第二期

図2-17　「扉が勢いよく開くと、すべての子どもたちの目は、クリスマスツリーのロウソクの明かりよりももっと輝く。家族みんなが、ほのかに光るモミの木を喜ぶ」
（出典：「女性展望」1938年12月第1号、369ページ）

でも、これまでどおり、火がともされたロウソクと銀色に輝くラメッタでクリスマスツリーを伝統的なやり方で飾り付けていたのである（図2―16、2―17）。料理のページに載るクリスマスクッキーのレシピも、レープクーヘンやシュトレン、さまざまなクリスマスの定番クッキーであって、ゲルマン的シンボルのレシピは全く掲載されていない。つまり、本文記事の執筆者と料理のページの執筆者の連携が全くとれていないのである。

　開戦の年以降の第三期（一九四〇年のクリスマス号から）にはまだ、冬至祭やゲルマン的シンボルについての言及がみられるものの、イデオロギー的主張は後方に退き、誌上のテーマは、戦争遂行のために銃後をどう団結させていくか、銃後はどう国家に奉仕することができるのか、銃後と前線との連帯をどう作り出していくかという実際問題に移る。クリスマスは「戦時のクリスマス」として政治利用されていく。家庭の内外での女性たちの戦時奉仕活動について伝えることで手いっぱいの「女性展望」には、第二次世界大戦開戦後にドイツが連戦連勝を続けていたときでさえ、戦前に領土奪還・拡大の際にみせた熱狂的な記事を掲載する余裕はなかった。

　一九四三年一月のスターリングラード戦でのドイツ軍精鋭部隊の敗北は、世界大戦の趨勢を決定づける出来事だった。戦況の悪化で次第に追い詰められていった時期の一九四三年十二月号をみると、表紙にはまだ「一九四三年の冬至」とキャプションが付いているものの、表紙裏にはアルブレヒト・デューラーの聖母子像が掲げられ、幼子イエスの誕生に寄せた詩が添えられている。大切な人を失い、空爆で焼け出され、食料も手に入らない苦境にあって、人はいったい何に祈るのだろうか。それを「女性展望」は素直に表現しているようにみえる。

最後に注目しておきたいのは、この時期に誌上に掲載されたヒトラーの言葉である。戦前にも、ヒトラーの言葉は重要な年中行事、例えば戦没将兵慰霊の日、母の日、収穫祭、冬期救援事業などの記事に添えられた。そうすることで、記事に書かれていることは総統の呼びかけであり、総統の考えであるという権威づけができたからである。開戦後は、ヒトラーの言葉の掲載回数が増えている。ようやく豊かな生活を送れるようになっていた国民に、戦争の遂行に賛同してもらわなければならなかったからである。

ヒトラーの言葉のうち、神に言及しているものをいくつかみてみよう。戦前では、冬至祭の記事が掲載されている第二期にあたる一九三八年一月第三号で、ヒトラーは国民からの敬愛と信頼に応えて、次のように語っている。「神がこの世で私に与えてくれた最高のものとは、私の国民である。そこに私の信念はある」[60]。開戦後、フランス侵攻がドイツの圧倒的勝利で終結すると、一九四〇年六月二十二日に休戦協定を結んだヒトラーは、パリを視察する。兵士とともに写る写真「パリ、モンマルトルの総統」が一九四一年四月第二号のヒトラーの誕生日号に掲載され、キャプションにはヒトラーの言葉がある。「これまで同様、この戦争は神の摂理によって祝福されたのであり、将来も祝福されると確信する」[61]。奇跡的な国防軍の連勝をヒトラーは「神の摂理」だと解釈している。そして、一九四四年二月の記事「平和への希望」の冒頭に置かれた言葉が、「女性展望」に掲載されたヒトラーの最後の言葉になる。少し長いが、引用してみよう。

一九四四年という年は、すべてのドイツ人に重く厳しい要求を強いるだろう。大規模な戦争の遂行が危機のこの年に迫るだろう。我々は、その要求を成功裏に乗り越えられるという確信に満ちている。

神への我々のたった一つの祈りは、我々に勝利をくださるようにというものであってはならない。我々の勇気、勇敢さ、勤勉さにおいて、我々の犠牲に従って、正当に判断を下してほしいということである。我々の闘いの目的を神は知っておられる。その存在を持続させるのは、神ご自身が創造された我々民族のほかにない。我々の犠牲的精神、我々の勤勉さが神に理解されないままにはいない。我々は神に仕えるために、すべてを与えすべてをおこなうつもりでいる。神が判断を下すことができるまで、神の正義は我々を試すことになるだろう。我々の義務は、神の目にあまりにも軽いと映るのではなく、「勝利」を、すなわち生きることを意味する神の慈愛に満ちた審判を聞けるよう心を砕くことである。

（一九四四年一月一日　アードルフ・ヒトラー）(62)

ヒトラーの言葉のなかの神は、いうまでもなくキリスト教の神である。演説のなかでもヒトラーは巧みに宗教的雰囲気を作り出して、聴衆の心をつかむ術を心得ていた。そして、経済的困窮から国民を救い出し、ヴェルサイユ条約で奪われた領土を奪還し、ドイツ国民に自尊心を取り戻してくれたカリスマ的指導者は、国民の目には、神がこの世に遣わした「救世主」にみえた。(63)ヒトラー自身は、教会と精神的つながりはないといっているが、教会は強力な政治的統治者を求め、統治者はキリスト教を使って国民を掌握し国家を安定させることができた。ドイツ特有の、教会と為政者の歴史ある関係である。確かに、対外膨張で確保した東部生存圏からユダヤ人を筆頭に異民族を排除し、ドイツ人を入植させて領土とするゲルマン化政策は、ヒトラーの考えだったにせよ、宗教としてのゲルマン信仰は問題にならなかっただろう。だからこそ、ゲルマン人の遺跡の発掘に血眼になり、ゲルマン的儀式を自分が管轄する親衛隊内で実施するヒムラーをヒトラーは冷笑したのだった。(64)

こうしたことを考え合わせると、確かに一部の地方には冬至祭の習慣が伝承され、ナチ組織のなかではデモンストレーションとして屋外で冬至祭が実施され――とはいえ、灯火管制で開戦後は禁止された――、民俗学や考古学は国家の民族主義的イデオロギーを後押ししたが、しかし大多数の国民は、キリスト教のゲルマン回帰を望んでいたわけではなかったということである。冬至祭の実施は、ごく限られたナチ組織内で、あるいは学校などで部分的に導入されるにとどまったのである。

むしろ注目すべきは、クリスマスツリーの歴史的・精神的ルーツはドイツにあるというドイツ人の自負心であり、その控えめにみえながらドイツ人の心に深く根差したナショナリズムである。この「ドイツのクリスマス」という意識は、すでに十九世紀後半から雑誌という大衆メディアを通して市民階級のなかに「想像の共同体」を構築しつつあったが、それは、ナチス・ドイツの全体主義の時代に、徹底したメディアの力を駆使したプロパガンダによって、ドイツ民族共同体の強化に寄与することになった。

注

（1）ローゼンベルクとヒムラーについては、以下を参照。“Alfred Rosenberg,” *Wikipedia* (https://de.wikipedia.org/wiki/Alfred_Rosenberg)［二〇二三年八月二十二日アクセス］、“Heinrich Himmler,” *Wikipedia* (https://de.wikipedia.org/wiki/Heinrich_Himmler)［二〇二三年八月二十二日アクセス］

（2）前掲『戦争と教会』一七ページを参照。

（3）同書一八―一九ページを参照。

（4）教会闘争と抵抗運動については、同書三四―三六、八八―九六ページを参照。

（5）アルベルト・シュペーア『ナチス軍需相の証言――シュペーア回想録』上、品田豊治訳（中公文庫）、中央公論新社、二〇二〇年、一八六ページ

（6）同書一八六ページ

（7）同書一八七ページ

（8）“Die evangelische und katholische Kirche im nationalsozialistischen Staat,” *NS Frauen Warte*, 2. Jg. H. 9 (1. November 1933), S. 247.

（9）インゴ・ハール「「修正主義的」歴史家と青年運動――ケーニヒスベルクの例」、ペーター・シェットラー編『ナチズムと歴史家たち』所収、木谷勤／小野清美／芝健介訳、名古屋大学出版会、二〇〇一年、三八ページ

（10）同書三九ページ
（11）"Wandervogel," *Wikipedia*（https://de.wikipedia.org/wiki/Wandervogel）［二〇二二年六月十二日アクセス］
（12）前掲「「修正主義的」歴史家と青年運動」三九ページ
（13）田中栄子『若き教養市民層とナチズム――ドイツ青年・学生運動の思想の社会史』名古屋大学出版会、一九九六年、三〇九ページ
（14）同書三一三ページ
（15）ギルド運動については、前掲「「修正主義的」歴史家と青年運動」四一ページを参照。
（16）同論文四二ページ
（17）ナチス・ドイツ学生同盟については以下を参照。"Nationalsozialistischer Deutscher Studentenbund," *Wikipedia*（https://de.wikipedia.org/wiki/Nationalsozialistischer_Deutscher_Studentenbund）［二〇二二年六月十五日アクセス］
（18）Emanuel Geibel, "Ostermorgen"（1874）, *NS Frauen Warte*, 1. Jg. H. 20 (15. April 1933), S. 457.
（19）Inga Russel, "Deutsche Ostern," *ebd.*, S. 464.
（20）"Die Auferstehungsglaube der alten Germanen," *ebd.*, S. 458-460.
（21）"Ostara Ein Frühlingsmärchen," *ebd.*, S. 461-463.
（22）Gertrud Mauermeier, "Vom Osterhäslein und dem Osterei," *ebd.*, S. 468-469.
（23）記事ではないが、全国著述院初代会長（一九三三―三五年）ハンス・フリードリヒ・ブルンクが翻案した物語「グードルン伝説」が、一九三八年四月第一号から八回にわたって連載されている。連載三回目の一九三八年五月第一号から付録の「私たちの余暇時間」に移され、一九三八年七月第二号で終わっている。グードルンの母の代から話が始まり、女性を主人公としている点では女性読者の興味をそそるが、結末ではグードルンの提案で敵味方が和解するとはいえ、北欧の王族たちが自由と名誉をかけて繰り広げる復讐と闘いの物語である。
（24）*NS Frauen Warte*, 7. Jg. H.15 (2. Januarheft 1939), U.(=Umschlagseite) 2.
（25）Dr.リューディア・カート（一九〇六―七八）は、ナチ系の「若い世代」出版社から刊行された著作『アウト、あるヴァイキング女性の物語』（一九三四年）、『ヨームスブルク、ヴァイキング物語』（一九二四年）、『女性の祖ウン、古

北欧女性をめぐる物語』（一九四三年）、『シュルツェン家のカトリーン』（一九四三年）、A・バーゲル出版社から刊行された『古北欧民族の生活における女性』（一九三四年）（以下のサイトで閲覧可〔https://dokumen.pub/lydia-kath-die-frau-im-altnordischen-volksleben-1936-41-s-scan-fraktur.html〕〔二〇二四年十月十二日アクセス〕）の計五冊が、戦後すぐにソ連占領地区の「排除すべき文学リスト」（一九四六年）に載った。カートは、一九五〇年代なかごろから児童文学作家として成功を収めた。

（26）Dr. Gerda Merschberger, "Die Stellung der nordischen Frau in Brauchtum und Recht," *NS Frauen Warte*, 7. Jg. H.15 (2. Januarheft 1939), S. 460-465.

（27）*Ebd.*, S. 465.

（28）Annemarie von Auerswald, "Ein Tag im Alltagsleben der germanischen Frau," *ebd.*, S. 466-469.

（29）アネマリー・フォン・アウアースヴァルト（一八七九—一九四五）の作品のなかで、ナチ系の「若い世代」出版社から刊行された『アイルランドのトーマス』（一九四二年）、『ゲルヴァルト農場の娘』（一九四二年）および『永遠の秩序——青銅器時代のゲルマン人の生活』（一九四三年）の三冊が、戦後、ソ連占領地区の「排除すべき文学リスト」（一九四六年）に載った。

（30）Ernst Nickel, "Die Frau im handwerklichen Schaffen der Vorzeit," *NS Frauen Warte*, 7. Jg. H.15 (2. Januarheft 1939), S. 470-473.

（31）ポーゼンでのニッケルの職務領域は、一九三九年末には、ローゼンベルク部局との競合に打ち勝ったヒムラーの「親衛隊アーネンエルベ」に明け渡された。ニッケルについては以下を参照。"Ernst Nickel," *Wikipedia* (https://de.wikipedia.org/wiki/Ernst_Nickel)〔二〇二三年七月七日アクセス〕

（32）Dr. Joachim Benecke, "Vorgeschichte und Gegenwart," *NS Frauen Warte*, 7. Jg. H.15 (2. Januarheft 1939), U.2-S. 459.

（33）フッテンの対話劇『アルミニウス』と当時の政治的背景については以下を参照。桑原ヒサ子「ドイツ史劇におけるヘルマン・モチーフの受容(1)——J・E・シュレーゲル『ヘルマン』(1740/41)、F・G・クロップシュトック『ヘルマンの戦い』(1769)の考察を中心に」、敬和学園大学編「敬和学園大学研究紀要」第四号、敬和学園大学人文学

部、一九九五年、五三―八七ページ

(34) "Hitlers Erscheinung in der Geschichte," *NS Frauen Warte*, 2. Jg. H. 8 (15. Oktoberheft 1933), S. 222-224.

(35) クライストとグラッベの『ヘルマンの戦い』とその政治的背景については、以下を参照。桑原ヒサ子「ドイツ史劇におけるヘルマン・モチーフの受容(2)――ハインリヒ・フォン・クライスト『ヘルマンの戦い』(1808年)の考察を中心に」、敬和学園大学編「敬和学園大学研究紀要」第七号、敬和学園大学人文学部、一九九八年、四七―六九ページ、同「ドイツ史劇におけるヘルマン・モチーフの受容(3)――クリスティアン・ディートリヒ・グラッベ『ヘルマンの戦い』(1838年)の考察を中心に」、敬和学園大学編「敬和学園大学研究紀要」第十四号、敬和学園大学人文学部、二〇〇五年、二三七―二五三ページ

(36) *NS Frauen Warte*, 7. Jg. H.15 (2. Januarheft 1939), S. 457.

(37) グスタフ・コッシナについては以下を参照。"Gustaf Kossinna," *Wikipedia* (https://de.wikipedia.org/wiki/Gustaf_Kossinna) [二〇二二年七月十日アクセス]

(38) ハンス・ライナートについては以下を参照。"Hans Reinerth," *Wikipedia* (https://de.wikipedia.org/wiki/Hans_Reinerth) [二〇二二年七月十日アクセス]。ナチ体制に奉仕した歴史家をはじめとする専門家たちのうち、戦後、長期的に職を失ったのはごく少数で、そのほとんどがキャリアを重ね尊敬を集めていた。この事実については、前掲『ナチズムと歴史家たち』を参照。

(39) 一九三七年一月第一号と第二号は原存するのがマイクロフィルムのため、単色から二色刷りに変わったかどうか判断できない。

(40) Dr. Ludwig Nockher, "Weihnachtskrippen," *NS Frauen Warte*, 2. Jg. H. 11(1. Dezember 1933), S. 311-312, Dr. Lydia Kath, "Schöne deutsche Krippenknst," *NS Frauen Warte*, 3. Jg. H. 13 (2. Dezemberheft 1934), S. 311-312.

(41) "Unsere Weihnachtskrippe," *NS Frauen Warte*, 1. Jg. H. 11 (1. Dezember 1932), S. 250-251.

(42) "Wir bauen eine Weihnachtskrippe," *NS Frauen Warte*, 2. Jg. H. 11 (1. Dezember 1933), S. 313-314.

(43) Klara Schloßmann=Lönnis, "Weihnacht," *NS Frauen Warte*, 1. Jg. H. 12 (15. Dezember 1932), S. 267-268.

(44) キリスト教のクリスマスに見いだせるゲルマンの名残については、以下の記事を参照。Dr. Lydia Kath,

“Advent,” *NS Frauen Warte*, 1. Jg. H. 11 (1. Dezember 1932), S. 241-242, Lothar Görke, “Deutsche Weihnachten,” *NS Frauen Warte*, 2. Jg. H. 12 (15. Dezember 1933), S. 345-347, Dora Hausmann, “Unser Weihnachtsgebäck und seine Jahrtausende alten Ahnen,” *ebd.*, S. 348-350, Lore v. Recklinghausen, “Die Wunder der Julnächte,” *NS Frauen Warte*, 3. Jg. H. 13 (2. Dezemberheft 1934), S. 394-395, Dr. Siegfried Lehmann, “Das Nachleben der germanischen Julfeier in unseren Weihnachtssitten,” *ebd.*, S. 396-397.

（45）Pfarrer W. Krause, “Über das religiöse Brauchtum in der Weihnachtsfeier des deutschen Volks,” *NS Frauen Warte*, 2. Jg. H. 12 (15. Dezember 1933), S. 342-344.

（46）“Der Sinn der Adventszeit,” *NS Frauen Warte*, 2. Jg. H. 11 (1. Dezember 1933), S. 306.

（47）Auguste Reber＝Gruber, “Deutsche Weihnachten,” *NS Frauen Warte*, 6. Jg. H. 12 (Dezemberheft 1937), S. 361. レーバー＝グルーバー（一八九二―一九四六）は教育学者で、一九三二年にナチ党員になり、三三年から国民社会主義教員連盟の全国女性教育部局担当官になる。三六年にはパージングのハンス・シェム教員養成大学の教授に就任。ナチ政権では、全国女性指導者ゲルトルート・ショルツ＝クリンク、ドイツ女子青年団指導者トゥルーデ・モーア、モーアの後任になったユッタ・リューディガーと並ぶ指導的女性幹部だった。三四年に出版されたレーバー＝グルーバーの講演集『国民社会主義教員連盟における女子教育』は、戦後ソ連占領地区の「排除すべき文学リスト」に載った。レーバー＝グルーバーについては、以下を参照。“Auguste Reber-Gruber,” *Wikipedia* (https://de.wikipedia.org/wiki/Auguste.Reber-Gruber)［二〇二二年七月二十一日アクセス］

（48）Reinhart Drabsch, “Ein Volk feiert das Leben,” *NS Frauen Warte*, 6. Jg. H. 12 (Dezemberheft 1937), S. 362-364.

（49）Ruth Westermann, “Ein deutsches Weihnachtsspiel 1938,” *NS Frauen Warte*, 7. Jg. H. 12 (1. Dezemberheft 1938), S. 366-367.

（50）Kurt Eggers, “Im Dezember,” *NS Frauen Warte*, 6. Jg. H. 11 (Dezemberheft 1937), S. 325. 一九三八年十一月第二号（*NS Frauen Warte*, 7. Jg. H. 11［2. Novemberheft 1938］, S. 329）にも再掲。エガース（一九〇五―四三）は、十代半ばから、スパルタクス蜂起の鎮圧やカール・リープクネヒトやローザ・ルクセンブルクなどの殺害に関与した義勇軍に加わっていて、一九二〇年のカップ一揆にも関係した。ユダヤ人に対する激しい暴力行為から、学校では「ユダヤ人殺しのエガース」と渾名された。義勇軍と行動をともにし、学業をおろそかにしたため退学になったが、のちに大学入学資格を取得し、大学でサンスクリット、考古学、哲学、プロテスタント神学を専攻した。卒業後、ノイシュトレーリッツとベルリンで副牧師になるも、三一年に執筆に専念するためにプロテスタント教会を離れた。執筆活動の初期から激しい愛国主義的作品を発表して、ゲッベルスの文学サークルの一員になる。三三年に国立放送ライプツィヒ、三六年には親衛隊の人種と定住中央局の「祝典構成」課を指導した。ドラマ、放送劇、山歩きの歌《ワンダーリート》、軍歌、祭式用シュプレヒコールなど人種差別的・反ユダヤ的傾向の多数の作品がある。第二次世界大戦が始まると、自らの理想に従って志願し、親衛隊第五戦車師団ヴァイキングの戦車中隊長として従軍し、四三年八月十二日に戦死している。戦後、彼の作品はソ連占領地区とドイツ民主主義共和国の「排除すべき文学リスト」に載った。エガースについては以下を参照。"Kurt Eggers," *Wikipedia* (https://de.wikipedia.org/wiki/Kurt_Eggers)［二〇二二年七月二十一日アクセス］

（51）Deutschbein und Korsten, *a.a.O.*, S. 102.

（52）Foitzik, a.a.O., S. 232.

（53）"Wir schmücken unsern Weihnachtsbaum sinnvoll," *NS Frauen Warte*, 6. Jg. H. 12 (Dezemberheft 1937), S. 366-367.

（54）「ジークルーネ」は「ジーク」と「ルーネ」に分けられる。ルーネはゲルマン人最古の文字であるルーネ文字を指していて、ジークは本来のつづりである Sig の同音異義である Sieg すなわち「勝利」と解釈されている。「ジークルーネ」のデザインは、ヒトラー・ユーゲントの下部組織である少年団の徽章に使われ、「ジークルーネ」を横に二つ並べた徽章は、一九三五年から親衛隊が使った。なお、「マンルーネ」も同様に、「マン＝人」とルーネ文字の「ルーネ」を合わせたものである。

（55）ブレーツェルは、塩の結晶を表面に散らした8の字形のパンで、クリスマスに限らず、現在でも食べられている。

（56）Gerhard Drabsch, "Weihnachtsbogen," *NS Frauen Warte*, 7. Jg. H. 11 (2. Novemberheft 1938), U.2.

（57）ここに簡単に紹介する「若い女性」と「主婦の雑誌」については、前掲『ヒトラー独裁下のジャーナリストたち』一〇六—一二七ページを参照。

（58）ショルツ＝クリンクとローゼンベルクとの交流については、Massimiliano Livi, *Gertrud Scholtz-Klink Die Reichsfrauenführerin*, Münster (LIT), 2005, S. 113-114を参照。
（59）以下の十字架撤去令とそれに対する抵抗運動については、H・フォッケ／U・ライマー『ヒトラー政権下の日常生活――ナチスは市民をどう変えたか』（山本尤／鈴木直訳、社会思想社、一九八九年）一五八―一六三ページを参照。
（60）*NS Frauen Warte*, 6. Jg. H. 15 (Januarheft 1938), S. 471.
（61）*NS Frauen Warte*, 9. Jg. H. 20 (2. Aprilheft 1941), S. 321.
（62）"Die Hoffnung auf Frieden," *NS Frauen Warte*, 12. Jg. H. 6 (Februar 1944), S. 75.
（63）桑原ヒサ子「「女性展望」が伝えるヒトラー像」『ナチス機関誌「女性展望」を読む――女性表象、日常生活、戦時動員』青弓社、二〇二〇年、参照
（64）前掲『ナチス軍需相の証言』上、一八五ページ

第3章

家庭で祝うクリスマス

現代のドイツでは、どのようにクリスマスが祝われているのか、タニヤ・ツェヒが紹介している。[(1)] クリスマスはイエス・キリストの誕生を祝うキリスト教の祝祭だが、信仰をもたないドイツ人もクリスマスを祝っていて、その割合は七八パーセントにのぼるという。ほとんどのドイツ人にとってクリスマスは、宗教行事ではなく、家族で祝う大切な習慣になった。それでも、四人に一人はクリスマスに教会へ行く。クリスマスイブの真夜中にクリスマス礼拝に参列する人も多い。

ドイツ人にとって、クリスマスのさまざまな習慣のうちどれが重要かを問うアンケート調査がある。インターネット・ベースの市場調査・分析会社 YouGov《ユーガブ》 が実施したものだが、ツェヒによればその結果は、上位からロウソクをともすこと、モミの木を飾ること、クリスマスクッキーを焼くこと、プレゼントを購入することだった。二〇二〇年には、およそ二千五百万本のクリスマスツリーがドイツ人の居間に飾られたという。ツリーはもちろん「本物」でなければならず、プラスチック製の紛い物はタブーだった。

それでは、現代のドイツ人はクリスマスをどのように過ごしているのだろうか。ツェヒによれば、十二月二十四日のクリスマスイブの午前中はクリスマスプレゼントを買う最後の機会であり、お祝いの食材もそろえなければばならない。そのあと、クリスマスツリーをロウソクやカラフルなガラス玉で飾り、プレゼントを包み、食事の準備をする。午後には家族が実家に集まる。一緒にクリスマスの歌を歌ったり、音楽を演奏したりする慣習を守る家庭もある。食事が終わると、ツリーの下に並べられたプレゼントを開ける時間になる。プレゼントを持ってきてくれると信じている幼児天使に宛てたカードに何週間も前から希望するプレゼントを書いていた子どもたちにとっては、その願いがかなうかどうか、わくわくする瞬間である。

現在、ドイツの家庭で毎年祝われるクリスマスはナチ時代に推奨され、ほとんどマニュアル化されたといってもいいクリスマスの祝い方と寸分たがわない。ナチ時代のクリスマスが現代と大きく異なるのは時代背景で、一つは、国民の間にみられる経済格差である。一九二九年の世界恐慌は中産階級にも打撃を与え、ヒトラー政権が成立した時期にもまだ本来あるべきクリスマスを祝うことはできず、労働者階級の家庭の貧困は筆舌に尽くしがたい状況だった。労働者階級の家庭でも中産階級と同様にクリスマスを祝えるようになるのは、経済がようやく安定する三六年以降である。そして、もう一つの違いは戦争である。出征した父や夫の不在、女性たちにのしかかる戦時奉仕活動、物資の不足や戦争末期の空爆は、「家族のクリスマス」を不可能にしていった。そして三つ目は、全体主義国家のなかで、クリスマスも徹底的にプロパガンダに利用されたことである。

クリスマスプロパガンダは、家庭と社会という二つのフィールドが絡み合ってはじめて効果を発揮するが、本章では、前者の家庭に注目する。家庭内でクリスマスの祝祭を準備し成功させる務めを担った女性たちに、「女性展望」はクリスマスのあり方をどう伝達したのか、そして戦争のさなかにさえ家庭内でクリスマスを祝うことに置いた意味は何だったのかを考察する。

まず、家庭で祝うクリスマスのあるべき姿について「女性展望」はどう考えていたのかを理解しておきたい。次いで、当時の人々がクリスマスを迎えるためにどんな準備をしていたのかをみていく。具体的には、クリスマスツリーをはじめとするクリスマス飾りについて、クリスマスプレゼントの変遷について、どんな種類のクリスマスクッキーを焼いていたのか、そしてクリスマス当日に何を料理していたのかである。手がかりにするのは、ナチ政権成立の半年前の一九三二年七月に創刊された「女性展望」である。この雑誌が一九四四年／四五年号で廃刊になるまでの十二年半の社会的・経済的変遷をたどることになる。そのためまず、当時の四つの社会的・経済的画期を確認しておきたい。

社会的・経済的指標からみた画期は、おおよそ次のようになるだろう。第一期は、ナチ政権が成立する前後の、まだ一九二九年の世界恐慌のあおりを受けて失業者があふれている時期から、失業者はいるものの経済的改善がみられはじめる三六年までである。第二期は三六年以降さらに経済が発展し、ドイツが最も豊かになる開戦直前までの時期である。三八年には二人に一人が預金通帳を所有できるようになっていた。第三期は、第二次世界大戦開戦（一九三九年九月一日）から四一年六月二十二日の独ソ戦開戦までである。ドイツの連戦連勝が伝えられ、開戦と同時に配給制が導入されながらも、国民からまだ不満が聞かれなかった時期である。独ソ戦が始まり最初の冬を迎えると、戦況は悪化の一途をたどる。四一年の冬から敗戦までが第四期である。

1 どのようにクリスマスを祝うのか——中産階級にとってのクリスマス

十九世紀後半に富裕な市民層の家庭が「家族の祝祭」として祝うようになったクリスマスは、ドイツの国家統一につながった独仏戦争によって、またその後の第一次世界大戦によってドイツ全土に広がっていった。しかし、第一次世界大戦敗戦後のヴェルサイユ条約によってドイツが精神的・経済的打撃を受けた時期から、ヴァイマル政府の努力で徐々に国際関係と経済状況の改善がみられたものの、一九二九年に起こる世界恐慌がもたらした経済的危機の時期までは、一部の富裕な市民層を除いて、多くの失業者を出した労働者階級や下層中産階級の家庭がクリスマスを祝うことは考えられなかった。クリスマスは、経済格差を如実に表す階級闘争の武器になり、経済恐慌のなかでも利益を上げ続ける百貨店に代表される資本主義の象徴になった。

そうした社会情勢を背景に、「女性展望」の一九三三年と三四年のクリスマス号の記事には、当時の退廃したクリスマスの様子が描き出され、「女性展望」編集部の失望と、家族の祝祭としての本来のクリスマスを取り戻そうとする願いが読み取れる。

ドイツ人は失業に苦しんでいるというのに、ユダヤ資本の百貨店やユダヤ人の店のショーウインドーには聖なるシンボルであるクリスマスツリーに電気仕掛けのロウソクがともされ、サンタクロースや天使、降誕の厩も商業主義に悪用されている。喫茶店では、流行歌に交じってクリスマスの歌が流れている。[2]子どもたちは、プレゼント目当てに、大人の団体のクリスマス会を次から次へとグループで渡り歩いている。子どもたちはあちこちの食堂で光り輝くクリスマスツリーに目を輝かせるが、モミの木やロウソクの香りはビールや紫煙のにおいと混ざり合い、教会の鐘の代わりにビールジョッキが打ち合わされる音が響くばかり。両親がいくつの団体に所属しているかが、プレゼントの数に影響する。学校や教会が宗教教育に努めても、キリスト教の祝祭の意味を理解せずモノだけを与えていては青少年の心は空洞化するばかりだという嘆きの声が聞こえてくる。[3]

一九三四年に入って経済的に一息つけるようになった家庭では、天井まで届くツリーを飾り、子どもには錫製の兵隊や人形、ドールハウス、新しいコートを買い、大人には、ソファ、掃除機を買う。ラジオもほしいと、希望は年々膨らむ。クリスマスは「プレゼントの日」というが、それでいいのかと「女性展望」は物質主義に警鐘を鳴らす。母親は大掃除をしてクリスマスクッキーを焼き、特別な料理を作るなど仕事が増えて疲れ果て、父親は財布の中身を憂えて頭が痛い。それでも、「なんと楽しい、なんと幸せな」（賛美歌二一―二六〇）を歌っていると、「女性展望」は皮肉交じりにクリスマスを祝う家族の様子を活写する。[4]アドヴェントの期間を重視せず、慌ただしくクリスマスを準備し、神の存在を身近に感じることなく、プレゼントの交換で終わってしまうクリスマスを批判する記事は、一九三六年十二月第一号[5]にもみられる。

家庭でクリスマスをどう準備し、祝祭の当日をどのように迎えたらいいのかを教える記事は、一九三三年以降三七年のアドヴェントまで毎年のように掲載されている。第一次世界大戦敗戦以降、本来のクリスマスの祝祭か

図3-1　アドヴェント期間の長い夜、母親は子どもたちに「グリム童話集」からお話を読み聞かせる。
（出典：「女性展望」1940年12月第1号、166ページ）

ら逸脱し退廃してしまった現状を何とか回復させたいという「女性展望」編集部の断固たる意志が感じられる。三六年ごろから経済に明るい兆しがみられるようになり、実際人々の生活は豊かになりはじめる。経済的に最も豊かになる三八年には、読者に執拗に繰り返し教えなくとも、理想的なクリスマスの祝い方は各家庭に定着してきたと考えられる。その一方で、第二次世界大戦が始まって家庭環境が変化すると、クリスマスの本来の形は保てなくなる。その際、「女性展望」がどのような助言や提案をしたのかもみてみたい。

それでは、家庭ではクリスマスをどのように祝っていたのか。

子どものための家族の祝祭

祝祭の中心は子どもである。クリスマスは子ども時代の最高に幸せな「奇跡の体験」でなければならない。静謐な雰囲気のなかで感じる光と歌、香りとおいしさ。その感動は生涯忘れられない記憶になり、大人になってからもクリスマスは家族が集まって家族の絆を繰り返し確認する行事になった。そして、子どものときに受けたその感動は、自分が親になったときに自分の子どもにも体験させたいと願うことで繰り返され、伝統になっていった。

子どもの祝祭に関して「女性展望」が重視するのは、「奇跡の体験」の演出と子どもの教育的意味の二つである。前者は、とりわけクリスマスの奇跡をまだ信じることができる幼い子どもに対する母親の配慮と演出が重要になる。後者は、子どもも家族と一緒にクリスマス飾りを作りクッキーを焼くことで、楽しみだけでなく協働の喜びを体験し、プレゼントをもらうだけでなく、自分も手作りのプレゼントを作製することが自己の能力の発見につながり、他者に喜びを与えることを学ぶ好機になると考えられた。

例えば、「グリム童話」を夜に読み聞かせたり、クリスマスの歌を歌ったり、楽器を演奏したりすることは情操教育につながる（図3―1、3―2）。要するに、祝祭そのものもすばらしいが、すばらしい祝祭を実現するには何日も何週間もかけた準備が必要になる。しかし、その準備そのものが祝祭と同じくらいすばらしいのである。そしてそのためには、余裕をもった準備計画を立てる必要があった。

図3-2　「一生懸命にクリスマスの曲を練習する」
（出典：「女性展望」1937年12月第1号、326ページ）

一九三四年十二月第一号の記事「アドヴェントの魔法」[6]をみてみよう。古くからの風習を喪失すれば自分たちの精神生活が貧しくなってしまう。そうならないよう、大切な慣習を残すことは女性の務めだと記事は説く。そして読者に、アドヴェント本来の内面的な意味を守るよう語りかけている。

具体的には、アドヴェント・クランツを作ることで、子どもたちがイエスの生誕の日を心待ちにするようになる（図3―3、3―4）。アドヴェント・クランツ

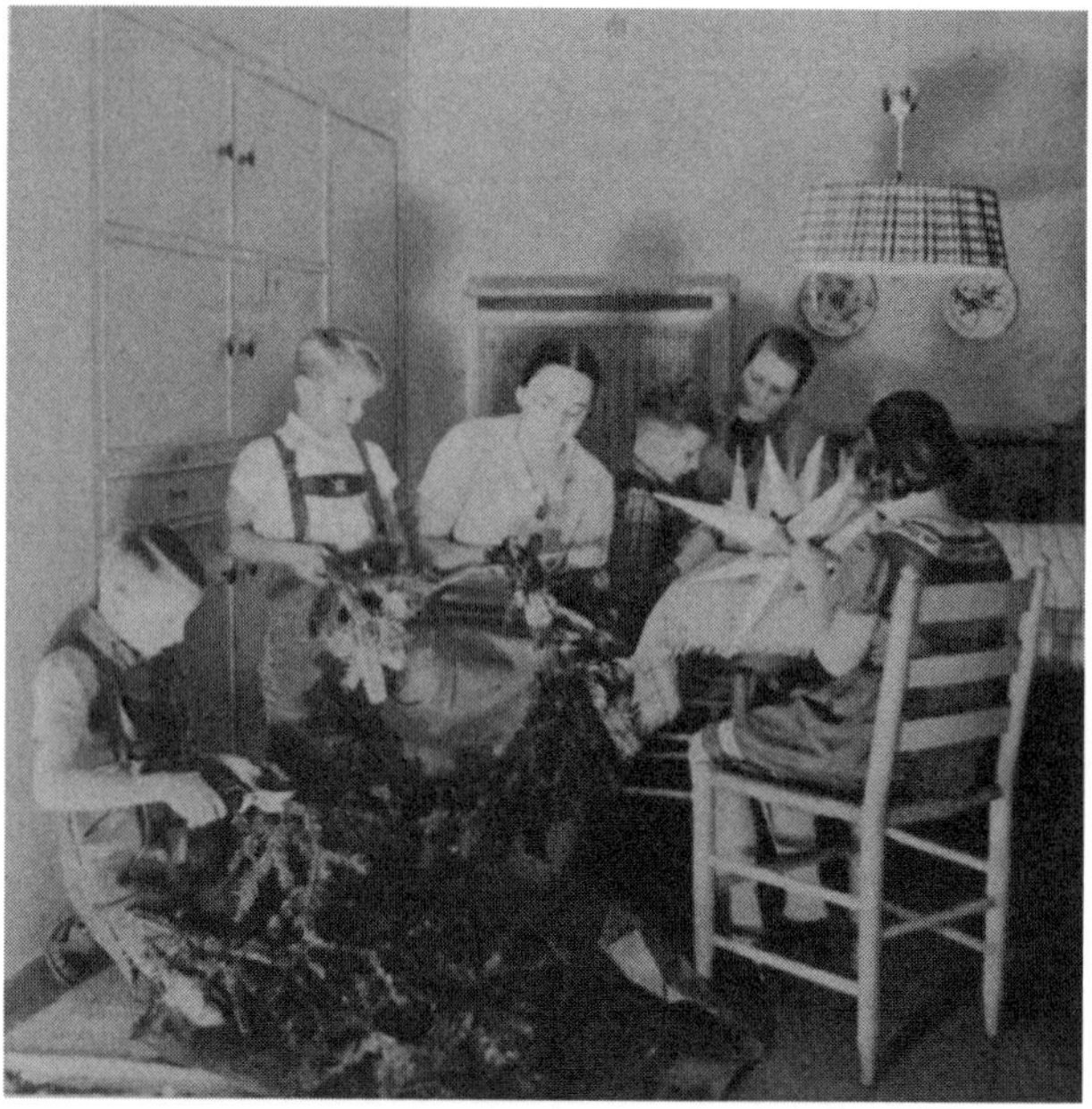

図3-3 「みんなでモミの木の枝を丸く結び、アドヴェント・クランツを作る手伝いをする」
（出典：同誌327ページ）

に両親・兄弟姉妹が集まり、幼子イエスの物語を語り、母親や父親が自分の子どものころのクリスマス体験を話す。古いクリスマスの歌を歌う。楽器で伴奏できれば、なおいい。降誕の厩の劇の練習も、アドヴェントの意味ある時間の過ごし方として提案されている。

子どもたちに、クリスマスにほしいプレゼントを書く「希望カード」を用意させるのはクリスマスの伝統になっている。財政事情から希望を全部かなえられない場合もある。子どもは、かなえられないこともあることを学ばなければならない。子どもを失望させないように、やんわりと事前に伝えることも必要だった。高価なプレゼントを贈れなくても、子どもの希望とは少し違うものをプレゼントすることで、逆に喜ばれることもある。希望カードは子ども部屋の窓枠に置かれるが、翌朝、カードがなくなっていることに気づいた子どもの喜びは大きい。廊下や玄関に「天使の銀色の髪の毛」が落ちていたら、どうだろう。早晩、冷静な分別がそうした信仰を壊してしまうまで、子どもたちには信じさせておこう、と子どもの想像力を培う演出を勧めている（図3—5）。

クリスマスクッキーを焼くときは、子どもに手伝いをさせる。それが、クリスマスを待つ喜びにつながるからである。クッキーを丁寧に缶に詰めたり、残ったクッキー生地や壊れたクッキーのつまみ食いをしたりするのも楽しい思い出になる（図3―6）。ツリー飾りや、年齢が高い子どもであれば降誕の厩を一緒に作ることも、クリスマスを待つ喜びにつながるとされた。

最後にこの記事の執筆者は、家庭のなかだけでなく、キリスト教の隣人愛を重んじる立場から、困窮している

図3-4　天井からつるす大型のアドヴェント・クランツの下で、クリスマスの準備に余念がない。
（出典：「女性展望」1938年11月第2号、329ページ）

図3-6 「同じようなことをしなかった人はいるだろうか」
(出典:「女性展望」1937年12月 第1号、328ページ)

図3-5 大きなクリスマスツリーが立ち、クリスマスのために飾り付けがされた「魔法の部屋」を、子どもたちは驚きの表情で鍵穴からのぞく。
(出典:「女性展望」1938年12月第1号、369ページ)

人々にも何らかの行動で、小さな贈り物で、あるいは誰にでもできる励ましの言葉をかけることで、「アドヴェントの魔法」をもたらすことも忘れてはならないと付け加えている。

一九三六年十一月第二号の記事「子どもたちのために幸せなクリスマスの時期を作り出そう」(7)では、アドヴェント・カレンダーをプレゼントすることを勧めている。これも、クリスマスを待つ喜びを高める小道具だった。そして、アドヴェントの準備に追いまくられることだけは避けなければならないと忠告している。クリスマスのテーブルクロスの刺繍は少し手を抜いて、蜂蜜ケーキを焼く数や飾り付けを少なくし、そのかわりに午後に子どもと一緒に工作などしたりして、アドヴェント・クランツの下で過ごす静かな瞑想の時間をもつほうがずっと大切だと助言している。そうすることで祝祭の雰囲気が家中に広がり、子どもたちは明るく喜ばしいことが起こると予感し、家族相互の愛を感じられるからだった。この記事の筆者であるルート・ツァイトリンは、子どもと一緒にアドヴェント期間をどう過ごしたらいいのかという提案が満載の、全国母親奉仕団から出版された『楽しい子ども部屋』や『少女のための工作の手引』の著者でもある。「女性展望」のクリスマス記事だけでなく、こうした書籍の影響もあって、「ドイツの家庭の最大の祝祭」(8)は着実に浸透してい

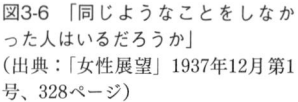

った。

戦時のクリスマス

しかし、戦争はそうした家族の祝祭のあり方を破壊し、クリスマスの準備期間にも暗い影を落とした。クリスマスを迎えるために、家を掃除して磨き上げ、クリスマスツリーを立てて、決まった飾りを準備し、クリスマスクッキーを焼くのは母親の仕事であることに変わりはなかったが、一九三九年十二月第一号の「戦時の夕べ」[9]は、父親が戦場にいるいま、アドヴェント期間の長い夜をどう過ごすかは母親にかかっているとし、戦時だからこそ、戦争をテーマにするべきだと、この男性執筆者は具体案をいくつも挙げている。

自分たちはどんな民族なのか、戦争はどのように遂行され、敵は誰なのかを子どもたちにも伝えなければならない。知識が不十分であれば、本の力を借りて、重要な部分を朗読したり、物語ってみる。新聞も重要な情報源になる。子どもたちと一緒に新聞に掲載されている写真を見て、子どもが興味をもつ写真は切り抜いてスクラップし、その子なりの「戦争本」を作ってみる。写真だけでなく記事の部分も一緒に貼れば、子どもにとって戦争について深く考える機会にもなると助言している。

銃後での忘れがたい体験を子どもにつづらせて、軍事郵便を出してみる。父親や兄弟から返事がきたら、兵士の魂が表れているその手紙を書き写させて、友人や隣人にプレゼントさせてみる。手紙は保存して本にし（「戦争日記」の作製）、子どもの考えも記入させる。第一次世界大戦を母親と子どもたちで共有してみる。アルバムを開いたり、戦争の写真を見たり、本を読んだりすれば、当時の国民の頑張りを理解できる。第一次世界大戦についての本は多数あるので、子どもたちに二つの大戦のつながりを理解させるといいと、提案している。そして、前線にクリスマス小包を送ることも忘れてはならない。また、クリスマスは個々の家庭で祝うのではなく、できれば二、三の家庭が一緒に、つまり友人や親戚と一緒に祝えば、少しは孤独を感じにくくなり、楽しく心強い気持ちになれると書いている。

図3-7 「長い冬の夕べには、音楽で時間をつぶします。私たちはたいてい民謡を歌います。私の小さな合唱団は、飽くことなく新しい歌の練習に励みます。私たちみんなにとって、それが1週間でいちばんすてきな時間です」
母親はリュートで伴奏している。
（出典：「女性展望」1939年12月第1号、257ページ）

　翌年の一九四〇年十二月第一号の記事「クリスマス前の時期」(10)は先の記事と違って書き手が女性のせいか、ずいぶん趣が異なる。食料切符や衣料切符の導入による生活物資の制限、求められる戦時活動の負担、家庭の責任を一手に引き受ける重圧に配慮をみせながら、それでも何とか、子どもたちがこれまでどおりの「クリスマスの奇跡」を体験できるよう努め、静謐な時間をつくることを求めている。執筆者のDr.ヘルタ・オーリング(11)は、「ドイツの母たち」に向かって、昼間の就労で疲れきって、夕方の時間に子どもたちを喜ばせる力は残っていないといわないように、必要なのは体力ではなく、魂や精神の力であり、子どもとの時間から生まれる喜びが翌日の仕事のエネルギーになり、重荷を半減させてくれる、と励ましている。子どもたちがクリスマスの奇跡を感じられるようにしようと呼びかける内容だが、戦時体制のなかで負担を強いられる母親の姿を彷彿とさせる記事である。

　戦時のために冬の長い夜は平時よりももっと暗い。灯火管制のために道路の明かりや窓から漏れる光が消えてしまったからだ。しかしその分、家のなかの光が一層暖かく感じられるようなさまざまな提案をオーリングはしている。夕方の時間に子どもたちとおしゃべりすることを彼女も勧めているが、先の「戦時の夕べ」とは打って変わって、戦争の話をするのを止めている。戦争の話は、日中に十分聞き、そのために活動しているからだ。むしろ、平穏のなかで深慮し喜びのときとするために、子どもたちと一緒にクリスマスの歌を歌い、家族や遠くにいる大切な人のためにちょっとしたプレゼントを作ってみる。昼間は静まっているピアノ、バイオリン、ギターを鳴らしてみる（図３―７）。例えば「ホレおばさん」「白雪姫」「野ばら姫」のようなグリム童話を読んでみる（図３―８）。子どもたちと一緒にクッキーを焼いて、前線に送る。お金をかけないでツリー飾りやアドヴェント・クランツを手作りする。そして、ある朝、子ども部屋のドアの前にモミの木の小さな枝と赤いロウソクを発見し、部屋に銀色のモミの球果が一つ、金色のリボンがついたクルミが一つ、あるいはピカピカのリンゴが一つあるのを見つけたら、子どもたちは、サンタクロースが落としていったのかな、とわくわくするだろうと結んでいる。父親不在の戦時であっても、子どもたちのクリスマス体験の喜びを優先させようとする姿勢がうかがえる。

図3-8　「お父さんが戦時休暇で戻ってきて、夕暮れどきにメルヘンを朗読してくれる」
（出典：「女性展望」1940年12月第1号、161ページ）

そのオーリングが一九四一年十一月第二号の「日常生活と祝祭」(12)で、前線に手紙を書く際のマナーについてまとめている。戦時下の家庭生活に不安や苦労があるからといって、日常生活の大きな苦労を伝えて前線にいる兵士に精神的負担をかけないようにと、細かい

図3-9 「たとえ父、息子、兄弟そして友人たちがクリスマスの夜に遠い彼方の前線にいようとも、私たちの心は彼らの心と出会えるという憧れと愛に満ちた願望を抱けば、彼らは私たちとともにいてくれる」
（出典：「女性展望」1943年12月号、43ページ）

注意をしている。そして、前線から届いた手紙をクリスマス前の時期にあらためてみんなで読んでみることを提案している。子どもの心に父親の思い出がよみがえり、父親の行為に誇りを感じるようにするのが目的である。地図を開いて家族がどこにいるか確認することも大切で、写真集や旅行記があれば、公共図書館から借りて補助資料にする。外国にいる夫や息子、兄弟を心配する気持ちを、クリスマスの時期には静かな深い喜びに変えなければならない。なぜなら、母親と子どもたちが夕方に短い祝祭の時間をつくれば、出征している人も時空を超えて家に帰ってくることができる。これが祝祭の時間をもつことで得られる最も美しく、最高の収穫なのだと語りかけている。戦時下にクリスマスを祝う気持ちになれないという読者の声に、オーリングは、時節に合わせて祝うクリスマスは、会いたくとも会えない家族を呼び戻して一緒に過ごすことができる神聖な機会だと答えた。困難な時代を生きる銃後の女性たちに精神的慰めを与えようとしたのである（図3―9）。

一九四一年六月二十二日に始まった独ソ戦は、開戦直後はドイツ軍の勝利が続いたが、冬を迎えると戦況は悪化しはじめる。四三年一月末のスターリングラード戦でのドイツ軍の壊滅的敗北は、第二次世界大戦の趨勢を占う出来事だった。その直前のクリスマス号で「女性展望」は、クリスマスが「母と子の祝祭」であるにもかかわらず、多くの母親たちから息子の命とともにクリスマスの輝きが奪われてしまった厳しい現実を直視している。しかし、クリスマスは愛の祝祭であり、闇を乗り越える光の回帰の祝祭であると説いて、未来を信じ、必要とする人すべてに愛をもって援助の手を差し伸べれば、その行為によって自分もまた希望をもって生きていけると励ましている。[13]

家族の出征や戦死で家族の絆が断ち切られただけでなく、一九四二年の春以降、イギリス・アメリカ軍によるドイツ本土への空爆が本格化すると、「家族の祝祭」の場である家という空間さえ破壊された。家庭で祝うクリスマスは、開戦とともにその本来の形を保てなくなって久しかった。戦争末期、「女性展望」を含む大衆メディアは、戦死した兵士たちは民族の未来のなかに生き続け、たとえいまが闇に包まれていても光は必ずめぐってくるという、信仰にも似た言説を拡散した。こうした信仰にすがらなければ、人々の心は萎えてしまっただろう。人のために尽くすことが、生きていくうえでのせめてもの精神的な支えになっただろうが、それはまた戦争続行のために銃後を下支えすることでもあった。

「女性展望」は、こうした絶望的状況でも、廃刊直前まで、手に入る材料で作るクリスマス飾りや子どものための小さなプレゼントの作り方、代用品を使ったクリスマスクッキーのレシピを掲載しつづけた。

図3-10　エルツ山岳地方のクリスマスピラミッド。外側に立つロウソクに火をつけると、熱が上昇して頂きのプロペラが回転する。
（出典：「女性展望」1935年11月第3号、376ページ）

2　クリスマス飾りを準備する

家庭のクリスマスの飾りに欠かせないのが、今も昔もアドヴェント・クランツと飾り付けられたクリスマスツリーである。クリスマスツリーの下には、キリスト生誕の場面を人形で描く「降誕の厩」が置かれた。今日では一般的なアドヴェント・カレンダーやクリスマスピラミッドも、頻繁ではないにせよ「女性展望」

にも登場している（図3―10）。そのほか、クリスマスの雰囲気を醸し出すために作られる小さな飾りやロウソク立ても多数紹介されている。ここでは、クリスマスツリーとアドヴェント・クランツを中心に、ナチス時代を通してみられるクリスマス飾りの変遷を追ってみたい。

アドヴェント・クランツ、アドヴェント・カレンダーなど

アドヴェントは、イエス・キリストの降誕を待ち望む期間のことであり、「待降節」と呼ばれる。その「待降節」（クリスマス前四週間の期間で、十一月二十七日以降の日曜日から始まる）を目に見える形にしたものが、アドヴェント・クランツである。

待降節には長い歴史があるが、アドヴェント・クランツそのものはそれほど古くはない。ルター派の神学者であり教育者だったヨハン・ヒンリヒ・ヴィーヒャンが初めて作ったといわれている。彼は、工業化の初期に孤児たちを集めたハンブルクの施設の祈禱室の天井に、一八三九年に初めて「ヴィーヒャンのクランツ」をつり下げた。車輪に、クリスマスまでの四回の日曜日に点火する白い太いロウソクと、その間に週日用の細い赤いロウソクが立っていた。ヴィーヒャンの意図は、イエスの降誕への子どもたちの期待を高め、同時に数を数えることを学ばせることだった。のちにロウソクは四本の太いロウソクだけになり、六〇年からはクランツの輪を緑のモミの枝で飾るようになった。

カトリック教会で初めてアドヴェント・クランツがつり下げられたのはさらにあとのことで、一九二五年のケルンでだった。三〇年にはミュンヘンで最初のアドヴェント・クランツが飾られた。しかし、カトリック教会とカトリック教徒の家庭にアドヴェント・クランツが定着するには、第二次世界大戦後まで待たなければならなかった。(14)「女性展望」のような女性雑誌がクリスマスの祝い方を熱心に伝達したことはアドヴェント・クランツの普及に寄与しただろうが、一方で「女性展望」で確認できるように、三七年のクリスマス以降、クリスマスツリー《ヴァイナハツバウム》を「光の樹《リヒターバウム》」(15)、三八年からはアドヴェント・クランツを「冬至祭《ユール》クランツ」(16)あるいは「モミ《タンネン》の

クランツ[17]」と呼び換えてゲルマン的解釈を当てはめたことは、キリスト教徒であるドイツ国民に抵抗感を与えたはずである。

経済的に困窮していた一九三二年、三三年には、「女性展望」はアドヴェント・クランツを手作りすることを勧めている。一九三三年十二月一日号では、アドヴェント・クランツを買うお金がない読者のために、少しの材料費で手作りする方法を紹介している。子どもと一緒に作り、作業中に古いクリスマスの歌を歌うと、クリスマスを迎える気持ちも高まるとしている。つるすタイプは、二つの部屋の間の扉のフレームに固定するか、天井から下げる。皿の上に置くタイプやスタンドタイプも紹介している。ロウソクは、赤、白あるいは黄色を使うとある。寒い部屋であればモミの枝は長持ちするが、暖かい部屋では葉に霧吹きで水をかけるとクリスマスまでもつという助言もある[18]。

ただし、経済的安定期に入った一九三六年十一月第二号でも、アドヴェント・クランツは手作りすべきものだとしている。つるす大きなタイプ（図3―4を参照）とは別にスタンドタイプ（図3―11）もあったが、同号では、小さなスタンドタイプのアドヴェント・クランツの作り方を図解している（図3―12）。経済的理由からではなく、「手作りする時間がない人のため」に皿にモミの枝を置いてロウソクを立てる簡易なタイプも紹介している[19]（図3―13）。

この年、失業問題を乗り越え、労働力不足が問題になりはじめていた。ヒトラーはこれまで失業対策の一環として、家族を養う収入がある夫や父がいる女性を労働市場から追い出す政策をとっていたが、それを無効にし、全国女性指導者ショルツ＝クリンクに女性を事務所や工場に送るよう指示したのだった。こうして経済的安定期に入ると、家事全般を担ったうえに事務所や工場で就労する女性が増加することになった。「女性展望」は、クリスマス飾りを手作りする時間がなくなった女性のために、時間をかけなくても作れるアイデアを提供したのである。

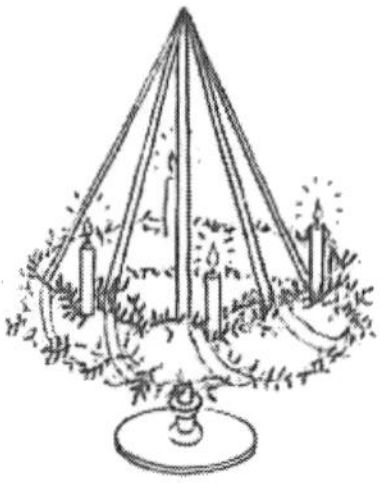

Abb. 1. Holzteller und Garn-
rolle geben den Ständer

図3-12 「木の丸い底板と糸巻きの芯をスタンドにしたアドヴェント・クランツ」
（出典：「女性展望」1936年11月第2号、362ページ）

図3-11　スタンドタイプのアドヴェント・クランツ
「はじまりとおわり、生命、一年そして太陽の運行の永遠回帰と再生を象徴するロウソクが立つクランツは、北欧ゲルマン的伝承世界の太陽のシンボルである。ロウソクの点火方法は、12月の最初の日曜日に4本ともし、その後の日曜日ごとに1本ずつ少なくしていく。そうすることで、冬至までに太陽の光が減少するのと同様の意味を表す。冬至の日には、クランツの4本すべてのロウソクを同時に燃やすか、それまでとは逆に、その後の日曜日ごとに1本ずつ点火していってもよい」
キリスト教の祝祭をゲルマン的冬至祭に置き換えようとする啓蒙記事が掲載された時期のキャプションである。
（出典：「女性展望」1937年12月第1号、325ページ）

図3-13　モミの枝をあしらいロウソクを立てた、皿の上に置くタイプの簡易なアドヴェント・クランツ
（出典：「女性展望」1939年12月 第1号、256ページ）

図3-14 「お母さん手作りのアドヴェント時計と毎朝短い手紙を受け取って読むことができるアドヴェント・カレンダー」
（出典「女性展望」1936年11月 第2号、362ページ）

この号では、クリスマスを待つ楽しみが大きくなるよう、手製のアドヴェント時計やアドヴェント・カレンダーを子どもたちにプレゼントすることも提案している（図3―14）。

今日のドイツではさまざまなタイプのアドヴェント・カレンダーが販売されたり手作りされたりしていて、アドヴェントの時期に欠かせない。しかし、「女性展望」では、このあとアドヴェント・カレンダーの記事はみられなくなる。

アドヴェント・カレンダーの歴史もそう長くはない(20)。一八五一年にプロテスタント信者が手作りのカレンダーを考案したことに始まるという。一九〇二年になると、プロテスタントのフリードリヒ・トリュムプラー書店がハンブルクで印刷したアドヴェント・カレンダーを発売する。最初はクリスマス時計のタイプだったらしい。翌年にはミュンヘンでも印刷したカレンダーが発売された。印刷されたアドヴェント・カレンダーは、二〇年代に全盛期を迎える。今日一般的になっている、日付が書かれた小窓を開くとなかに絵が見えるタイプは二〇年以降に発売された。印刷されたアドヴェント・カレンダーは第一次世界大戦前からオーストリアやイギリスに輸出されていたが、ズデーテン地方のような辺境地方では三八年まで、その存在は知られていなかったという。

第二次世界大戦が始まると、戦時統制で紙も割り当て量に従って制限された。新聞は十二ページ、グラビア雑誌は二十八ページまでとされ、それまで三十二ページだった「女性展望」もページ数の縮減を迫られた。同様に、アドヴェント・カレンダーを発行していたキリスト教系の出版社も、より重要な出版物を優先せざるをえなくなり、一九四〇年を最後にアドヴェント・カレンダーは販売されなくなった。

一九四一年からは、ナチ党の全国プロパガンダ指導部中央文化局がカレンダーを発行するようになった。アドヴェントという表現を避けて、そのカレンダーは「クリスマス前の時期」と呼ばれた。[(20)] モチーフは選り抜きのメルヘン、国民社会主義的なクリスマスの歌、それにゲルマン的シンボルのクッキーなどだった。四二年からは、青少年の教化を意図した軍事色が濃厚なカレンダーになり、大西洋からアフリカ、ヨーロッパ東部からノルウェーの前線の軍事状況をカレンダーにした。四三年も全く同じ形式で、軍事状況の変化によって絵は修整された。[(21)] ナチ党が出したカレンダーは戦争一色であって、キリスト教的アドヴェント・カレンダーとは似ても似つかなかった。この軍事主義的カレンダーについては、「女性展望」をはじめ、どの女性雑誌にも関連記事はみられなかった。

クリスマスツリーとクリスマス飾り

クリスマスにクリスマスツリーは欠かせない。しかし、一九三六年のクリスマスを迎えるまでは、大きなクリスマスツリーを居間に飾る家庭はわずかだったと推測できる。ヒトラーが首相に就任する直前の一九三二年十二月十五日号の記事「うちのクリスマステーブルはどのように設えようかしら」[(22)] では、クリスマスツリー、プレゼントを並べるクリスマステーブル、そして「降誕の厩」の配置を説明しているが、記事の意図はクリスマスツリーがなくとも、クリスマスの雰囲気を盛り上げる具体的な工夫にあった。

①クリスマステーブル

テーブルクロスも掛けずに、花も飾らずにプレゼントを並べるのは邪道であって、くつろげる雰囲気を出すには伝統的なテーブルの飾り付けが欠かせなかった。経済的に豊かになった時期には、年かさの娘にクリスマス用テーブルクロスにクリスマスにふさわしい刺繍をさせることを提案する記事もあるが、失業者があふれていた時期には、テーブルクロス用に、クリスマスモチーフを施したちりめん紙を文房具店で安価に購入できるという情報を提供している。時節柄、プレゼントは手製のリサイクル品だが、リボンをかけ、小さなモミの枝を添えて心を込めて包装する。プレゼントを並べるテーブルには、クルミ、リンゴ、ナツメヤシを盛った皿を置いてみる。プレゼントテーブルの中央に天使を立てて、プレゼントを見つめているようにしてみる、などの提案が続く。

ロウソク立てを手作りして、テーブルや食卓の真ん中に立てる（図3―15）。テーブルクロスが白の場合は、小さな花瓶やロウソク、リボンや小さなモミの枝を飾って個性を出す。茎を針金で巻いて金や銀に彩色したケシ

図3-15　「美しくアイシングしたクッキーの中央にロウソクを立てれば、1つできあがり」
（出典：「女性展望」1937年12月 第1号、328ページ）

図3-16　左側に複数そして右のモミの枝元に見えるのが金や銀に彩色したケシの胞子嚢。モミの枝に松かさがつり下げられている。こうした飾りをテーブルに置くだけで、クリスマスツリーがなくても雰囲気は十分出せる。
（出典：「女性展望」1932年12月15日号、279ページ）

図3-17 「私たちは降誕の厩を作る」の図解入りの作り方による完成図。小屋のサイズは、縦横高さが数十センチ程度
（出典：「女性展望」1933年12月1日号、313ページ）

の胞子嚢を、クリスマスツリー代わりの少し太いモミの枝に飾り付けてみる（図3―16）。あるいは、ビャクシンの枝を花瓶に高くさして、クリスマスの星や小さな銀のベルをつるすのも伝統的な飾り方である。部屋のコーナーに置く花瓶には、ヤドリギ、アブラヤシ、セイヨウヒイラギ、クリスマスローズを飾ってみる。もう少しお金を出せるなら、ミモザの枝を薦めている。ミモザは長いことクリスマスの部屋を甘い香りで満たしてくれるからである。こうして、プレゼントテーブルや食卓をクリスマス風に設えれば、クリスマスツリーがなくても大丈夫と記事は結んでいる。

②クリスマスツリー

翌一九三三年十二月十五日号も、その翌年の一九三四年十二月第二号も、クリスマスツリーの歴史とその意味について述べる知識伝達型の記事である。三三年の記事では、クリスマスツリーの起源は一六〇四年としている。エルザス地方のシュトラースブールで初めてクリスマスツリーがクリスマステーブルに飾られた。その習慣は、クリスマスの歌「モミの木」とともにすぐに南ドイツに広がったという。[23] 最新の研究では、シュレージエンにも一六一一年にクリスマスツリー《クリストバウム》の風習があったことが確認されている。一九三四年の記事は、一五〇〇年ごろに出版されたセバスティアン・ブラントの風刺小説『阿呆船』に、クリスマスの季節にエルザス地方の部屋にモミの木を飾ったという記述があると紹介している。[24] 二つの記事が示す年代には相違があるが、どちらともモミの木を飾り付けて部屋に立てる習慣には長い歴史があるわけではないことがわかり、クリスマスの習慣にみられるゲルマン神話の名残については触れているものの、ツリーとゲルマン信仰のつながりについての言及も一切ない。

大きなクリスマスツリーを居間に飾れなかったこの時期、家庭内で子どもと一緒にクリスマスに向けて準備したことといえば、前述したアドヴェント・クランツや、クリスマスツリーの下に飾る降誕の厩を作ること、プレゼントを何にするか考え、クリスマスクッキーを焼くことだった。

図3-18　「エルツ山岳地方の降誕の厩」
（出典：「女性展望」1935年11月第3号、385ページ）

図3-19　同時代の女性彫刻家マルタ・ヒンケルダイ＝ヴィトケの「降誕の厩」
（出典：「女性展望」1934年12月第1号、401ページ）

図3-20　屋外に立つクリスマスツリー（フライブルク・イム・ブライスガウ）
（出典：「女性展望」1934年12月 第2号、389ページ）

③降誕の厩

降誕の厩を自分で作ることは、一九三七年以降に冬至祭の記事が掲載されるようになるまでは、熱心に勧められていた。厩の建て方（図解入り）や聖家族、羊飼いたち、三賢王の人形の作り方を丁寧に説明している[25]（図3―17）。特に、年かさの子どもと一緒に作ることは、神の存在を感じるためにも大切だった。[26]もしも降誕の厩が作れない場合は、有名な画家の絵葉書だけでも飾ることを勧めている。[27]そのほか、エルツ山岳地方の降誕の厩や美術的価値が高い作品を紹介する記事もある（図3―18、3―19）。三三年から三五年にかけては、子どもたちが簡単な衣装を着けて、降誕の厩の場面を演じる「キリスト降誕劇」の具体的な演出方法も説明している。[28]

④屋外に立つクリスマスツリー

個々の家庭でクリスマスツリーを立てることが難しかった経済的困窮期にも、屋外には巨大なクリスマスツリーが立っていた（図3―20）。

世界で最初に屋外に巨大なツリーが飾られたのは一八九一年、ワシントンのホワイトハウス前[29]で、それ以降、アメリカやヨーロッパの街の広場にツリーが立てられるようになった。ドイツでも、一九二〇年代に大型百貨店や企業が大きなツリーを立てて広告手段として使っていたが、ナチスが政権を掌握した三三年のクリスマスシーズンにはシュヴァルツヴァルト（＝黒い森）、オーバーバイエルン、オストマルクから運ばれてきた巨大なツリーに明かりがともされ、ベルリンの宣伝省前や、ほかの都市の教会あるいは市庁舎前に立てられた。家庭ではツリーを飾れない人々のために、「みんなのクリスマス」というスローガンが作り出された。貧しい同胞のために「冬期救援事業」と銘打って寄付を集め、その寄付を使って用意された公的プレゼントが「みんなのクリスマスツリー」の下で貧しい人々に渡された。クリスマスを福祉政策の一環として位置づけ、ポジティブな国家を演出しようとしたのである。ナチ指導部が目指したのは、民族共同体の互助精神を強化するためのドイツの祝祭だったのである。

しかし、そうした「みんなのクリスマス」は、本来の「家族のクリスマス」とは相いれず、経済的安定期に入って各家庭で大きなクリスマスツリーを飾れるようになると、「女性展望」もツリー飾りの提案やツリーに関わる実用的アイデアを伝える記事を多数掲載するようになる。その傾向が顕著になるのは、一九三六年のクリスマス号からである。

⑤クリスマスツリー飾り

一九三六年十一月第二号はアドヴェント号だったが、記事「みなさんクリスマスおめでとう[30]」は、子どもたちと一緒にツリー飾りを作ることを勧めている。色紙で飾り用のリボンを作ったり、ナッツを金色に着色したり、リンゴをピカピカに磨いたり、ツリー用の星の作り方も具体的に提案している。

同号では、ツリー飾りにも変遷があり、かつては焼き菓子を枝につるしていたが、衛生上の理由からツリーに飾るのはよくないと禁止し、クッキー類は皿に盛り合わせるよう指示している。これは、このあとまもなくすると掲載される、ゲルマン的シンボルを焼いてツリーに飾るよう指導する記事とは正反対の内容である。ツリーに飾るよう推奨しているのは、白いロウソクとキラキラ輝くたくさんのラメッタである（図2―16、2―17を参照）。リンゴと金色に彩色した木の実は枝につるさず、枝分かれしている部分にピンで留めると、ツリーの緑が長持ちするとある。新しくて美しい飾りとして、色彩豊かなガラス玉や模造金箔の飾りを紹介している。ほかにも、赤や緑、青く彩色した王の人形、金の星、白い雪の結晶飾りもあった。

一九三六年十二月第一号では飾り付け方について、子どもたちに自分で作った飾りを見つける喜びを与えられるよう、ツリーを飾りすぎないよう注意している。あくまでもクリスマスは、子ども中心の祝祭であることが肝要だった。[31]

一九三七年十二月第二号「主婦のための小さなクリスマスＡＢＣ」[32]では、クリスマスツリーやクリスマス飾りについてよくある困りごとに具体的に回答している。クリスマスツリーを飾る習慣がどの家でも当たり前になったことの証左である。当時の主婦に以下のようなアドバイスをしている。①ロウソクが太すぎて、ツリーのロウソク立てに入らないときは、お湯に浸けると入る。②ツリーを新鮮に保つには、水を二、グリセリンを一の割合で注入した缶にツリーを入れると、落葉せず緑が新鮮に保てる。③じゅうたん、あるいは床にロウソクが垂れたら、吸収紙を当てて上から温めたアイロンを走らせる。④木製のロウソク立てが破損しないようにするには、ロウソク下部にアルミ箔を巻くといい。⑤ロウソクを最後まで燃やすには、ワインコルクに針金を刺し、針金の上部に短くなったロウソクを刺して、ロウソク立てに入れる。⑥ロウソクが垂れないようにするには、使用前に塩水に浸し、乾かしてから使う。

クリスマスツリーの飾り付けについての記事は、ここでピークを迎える。一九三八年のクリスマス号でも子どもに夢を与えるロウソクを点火したクリスマスツリーの記事はあるし、開戦の年の三九年にもまだ通常どおりのクリスマスの飾り付けがおこなわれていたようである。しかし、翌四〇年には、「ツリー飾りにお金をかけずに」の表現がみられ、再び節約を目的とした手作りが推奨されはじめる。クリスマスツリーの飾りについての記事が最後に登場するのは四三年のクリスマス号である。戦況の悪化を反映するように、藁や紙製の質素な飾りを紹介しているが、そもそもこの時期にまだ家庭でツリーを立てることができたのか、大いに疑問である。

開戦後もクリスマスを祝うことは「女性展望」で欠くことができないテーマだった。しかし、毎年のように、「戦時なのにクリスマスを祝っていいものなのか」という読者の気持ちを汲んだ問いを立ててから、クリスマス関係の記事は始まる。飾り付けを指南する具体的な内容は影をひそめ、戦時でのクリスマスの意義を語り、ナチ女性団やドイツ女性事業団、ドイツ女子青年団、少女団が「戦時のクリスマス」のために活躍する様子を報告している。そうした記事に紙幅を割くしかない事実のなかに、家庭内でクリスマスを祝うことが非現実的になっている状況が表れている。

3　クリスマスプレゼントを用意する

家族で祝うクリスマスでは、どんなプレゼントを交換していたのだろうか。プレゼントの変遷を追っていくと、これまでみてきたように、ここでも当時のドイツの社会情勢の移り変わりが見て取れる。すなわち、ナチスの権力掌握時の「経済的困窮期」から一九三六年以降の「経済的安定期」へ、そして三九年九月の第二次世界大戦開戦以降の戦時期である。戦時下でも連戦連勝を続け、経済統制が敷かれたとはいえ日常生活でまだ不満が聞かれない「戦時前半期」と、四一年六月二十二日の独ソ戦開戦後の冬以降戦況が悪化していく「戦時後半期」に分けることができる。この四段階を念頭に置いて、まず子どものためのプレゼントと、子ども自身が手作りするプレゼントについてみてみよう。そのあとに、大人用のプレゼントについて概観する。「女性展望」の記事ではもっぱら手作りを勧め、購入する場合はドイツの民芸品を推奨しているが、広告ではどんなクリスマス商品が宣伝されていたのかについても、比較のために押さえておきたい。

そして最後に、クリスマスプレゼントとしての書籍についてまとめる。そもそも「女性展望」では、良書の紹介記事は定番であって、クリスマス号になると、その紙幅は増加した。娯楽のなかでも特に読書は、テレビやラジオがない時代に余暇を過ごす重要な手段だった。確かにナチ時代にはラジオが普及するが、読書の伝統は根強く、読者を引き付ける連載小説を掲載できるかが雑誌の販売部数を左右する時代だった。

図3-21　「カスパー（左）とお姫さま（右）が楽しいお芝居で向かい合っているところ」
（出典：「女性展望」1942年11月第2号、113ページ）

図3-22　革の端を利用して手作りした小動物
（出典：「女性展望」1938年11月第2号、351ページ）

子どものためのプレゼント

「女性展望」が創刊された一九三二年からナチ党が政権を掌握した三三年一月にかけては、就労者のほぼ三人に一人にあたる六百万人もの失業者があふれている経済的混乱期だった。「女性展望」は、窮乏生活のなかでも、子どもたちに手作りのクリスマスプレゼントを用意するよう強く訴えている。

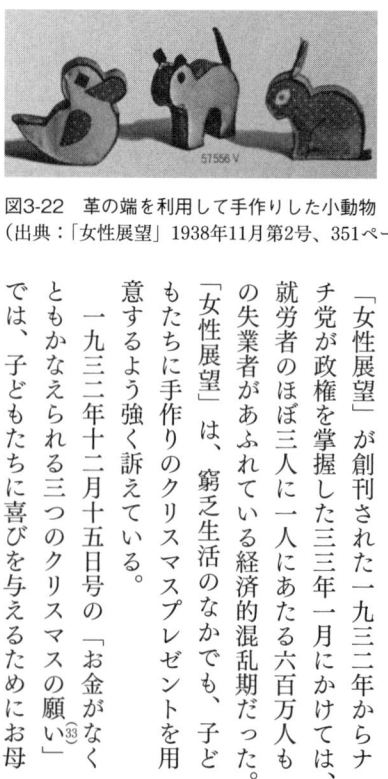

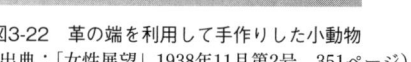

一九三二年十二月十五日号の「お金がなくともかなえられる三つのクリスマスの願い(33)」では、子どもたちに喜びを与えるためにお母さんに必要なのは創造力と器用さだけとして、三つのプレゼント案を出している。

①残り布から作るカスパー人形(34)は、頭部に肌色の布を使い、中身に古布や古ソックスを詰める。首や指の部分には段ボールを使用し、目や口は刺繍を施し、頬は絵の具で彩色する。そして、髪をつける（図3―21）。お芝居のときは、開けたドアの下から半分まで幕を張ると舞台になると解説している。②古い木材から作るシーソー木馬。作り方が掲載されているが、組み立てるのはかなり難しそうである。お父さんの大工仕事と考えているのだろう。③空のマッチ箱をいくつも使った商店。マッチ箱のなかに商品を入れて、商店ごっこ遊びができる。

翌年の一九三三年十二月一日号も、お金をかけずに子どものためのプレゼントを作る方法を紹介している。材料は新聞紙、古ソックス、古シャツ、針金、革、色とりどりの端切れだが、カスパー人形のほか降誕の厩の人形や動物の作り方も載っている（図3―22）。中級向けには、新聞紙で紙粘土を作り、その粘土で人形の顔を成形

図3-23　「天使たちの音楽隊」
エルツ山岳地方の木のおもちゃ
（出典：「女性展望」1934年12月第1号、357ページ）

する方法も紹介している。[35]

一九三五年のクリスマスは、経済的安定期の入り口にさしかかっていて、失業者数は二百五十万人まで減少しつつあった。一九三五年十一月第三号のファッションページ、五ページのうち一ページは「喜んでもらえるプレゼント[36]」になっていて、革の婦人用ジャケット、紳士用スポーティーシャツ、実用的な紳士用パジャマ、婦人用ウインタースポーツ・スーツ、子ども用コート、半ズボン、赤ちゃん用つなぎ服、セーター、手袋、帽子が手作りできるように作り方を説明し、型紙が付いている。手作りとはいえ、だいぶ経済的に豊かになってきたことがわかる。戦時後半期に素材を手に入れるのが難しくなるまで、子ども向けプレゼントはおもちゃと衣類が中心だった。

翌一九三六年、経済的安定期に入った十一月第二号になると、「子どもへのプレゼントのやりすぎは控えなければなりません。甘いクッキーをいちばんたくさんもらった子、おもちゃをいちばん多くもらった子、いちばん大きな人形の乳母車をもらった子、高価な兵士の装備をもらった子がいちばん幸せというわけではありません。子どもに対する愛と理解をもって見つけ出したわずかなものだけが、子どもたちが理解できる範囲のものであることが重要なのです[37]」と注意している。言い換えれば、この時期はすでに「愛情を込めた手作りのプレゼント」ではなく、プレゼントの数や高価であることに価値を置く物質主義的な傾向が顕著になっていたのである。

一九三七年十二月第一号では、プレゼントを購入するのであれば、エルツ山岳地方やテューリンゲン、シュレ

図3-24　「エルツ山岳地方から直送」
さまざまな種類のロウソク立て、アドヴェント・クランツ、くるみ割り人形、煙出しサンタクロース人形など。通信販売で5日で届くとある。購入金額が10マルク以下の場合は、送料が60プフェニヒかかる。
（出典：「女性展望」1939年10月第2号、裏表紙）

ージエン、東プロイセン、オーバーバイエルンの人々が作り出す民芸品がいいと勧めている。これらの地域では、先祖からの伝承を忠実に守っているので、その形や意味にゲルマン・ドイツ的世界観が表れていること、そして、子どもたちに「ドイツの木製おもちゃ」をプレゼントすることで、国内の困窮地域に生活する人々を経済的にも支えることができるという意義を挙げている（図3―23、3―24）。

好況を背景に、この時期どんなおもちゃが販売されていたのだろうか。「女性展望」の広告欄をみてみよう。[38]クリスマス広告のなかの子ども向け商品には、「女性展望」の執筆者も苦言を呈しているように、母親が子ども服を手作りするための服地を除けば、手作りを想定したものはなかった。繰り返し掲載される広告のなかで、高価な品では、子ども用自転車がある。エルツ山岳地方の木のおもちゃの宣伝も頻繁に掲載されてはいるものの、きわめて小さい広告で目立たない。少年向けには、ニュルンベルクのおもちゃとして、三マルクで「総統の自動車」が販売されている。そのほか、兵士、要塞、戦車、飛行機、汽車、大砲、武器、拳銃などのおもちゃが売られている。少女向けには、子ども用ミシンや人形の乳母車がある。

ミシンは、第一次世界大戦前から家庭内に浸透しはじめ、内職の道具としても必要とされていたが、既製服には手が出せず、下着からコートまで手作りするほかない経済的困窮期には特に手に入れたい家事道具だった。少女は、おもちゃのミシンで母親のミシンをまねて洋服を手作りすることを学び、おもちゃの乳母車で子育てを体験することができた。こうした少年・少女向けのおもちゃには、保守的で伝統を重んじるナチス・ドイツ時代のジェンダー観がはっきり表れていた。

そのなかで、数も多く広告の大きさからも目立つのは人形である。現在、世界中で知られている「耳にボタン」をトレードマークにしたテディ・ベアのブランド、シュタイフも頻繁に広告を打っている。しかし、少女向けに特化したテューリンガーヴァルトの複数の人形製造会社の広告はひときわ大きく、たびたび掲載されることから特に目立っている。「クリスマスの心からの願いは、この新しいすてきなオリジナル・ルータ人形です」「少女たちみんなの夢はハネローレです」「あなたのお嬢さんは、オリジナル・ツィッマン人形をどんなに喜ぶこと

図3.25　人形の広告。ルータ人形（左上）、ハネローレ（左下）、ツィッツマン人形（右）
（出典：「女性展望」1938年11月第1号、315、327、318ページ）

でしょう」と親の購入意欲を掻き立てている（図3―25）。メーカーによってサイズや価格に若干の差はあるものの、人形の構造や装身具は似たり寄ったりである。一例として、ルータ人形の解説をみてみよう。

軽くて子どもでも持ちやすく、洗うことができ、壊れにくい。球体関節によって四肢は前後左右に動く。自然な形態の指、手、足、そして頭は回すことができる。子どもらしいかわいいほほ笑みをたたえた表情に白い歯、舌もあり、本物のまつ毛、輝くクリスタルの瞳。髪形は、左右に長い三つ編みを垂らしているか、巻き毛のショートカットを選択できる。立つことも、座ることも、眠ることも、「ママ」とはっきり呼びかけることもできる。エナメルの靴、ソックス、下着もすべて着せ替え可能。暗いなかでも四色に光るビーズのネックレスをしている。すてきな晴れ着は花柄の絹のクレープ地で、襟はレース、それに帽子をかぶっている。そのうえ、柔らかいウールのコート、ハンドバッグ、絹のスカーフ、毛皮の手袋や帽子に着替えさせることができる。人形を手にした子どもは間違いなく大喜びするだろう。これらすべてが付いて、身長四十四センチで六・八五マルクから身長八十六センチで十一・八五マルクまで、サイズは五種類ある。オプションで、櫛を入れることができる柔らかな人毛と、閉じて眠るだけではなく、あらゆる方向に動く目に替えたい場合は、四マルク価格に上乗せされる。価格に送料と梱包料を加えた合計金額は着払いで、もし気に入らなかったら返却も可能、とある。

人形の価格がどの程度のものか知るために、一九三七年当時の物価をいくつか挙げてみると、牛乳一リットルが二十三プフェニヒ、ビール一リットルが七十五プフェニヒ、女子青年団のブラウスが八マルクから十マルク、スポーツシューズが十四マルクから二十マルク（一マルク＝百プフェニヒ）だった。[39]人形のサイズにもよるが、ブラウス一着からスポーツシューズ一足分であれば、好況の時期に子どものために大型の人形を奮発しただろう。開戦の年のクリスマス号、一九三九年十二月第一号のファッションページには人形のための、南ドイツやオーストリアの民族衣装、オーバーコート、パジャマ、男の子の人形用の半ズボンやシャツ、蝶ネクタイの型紙が載っている。[40]購入した人形の着せ替え服をクリスマスプレゼントにする提案だろうから、やはり大型の人形は家庭に浸透していたと考えていいだろう。

ちなみに、このタイプのしゃべることができる大型の着せ替え人形は、第一次世界大戦前から販売されていて、「主婦の雑誌」にも広告がみられる。同誌のファッションページには「クリスマス人形」という項目を新設して、さまざまな用途のファッショナブルな人形用の服の型紙を掲載している(41)。しかし第一次世界大戦後の物価高騰期には、人形の価格が数百マルクに上昇して購入不可能になる。この人形が再び人気になるのは、ナチ時代に経済が安定しはじめる一九三六年のことだった。

　戦争が始まって二年目の戦時前半期には、伝統的なおもちゃに加えて戦車や戦闘機、大砲を積んだトラックなど戦争に関わるおもちゃや、大砲や戦艦を組み立てる積み木を一九四〇年十二月第二号で紹介している(42)。前号では手作りのプレゼントを提案していた「女性展望」だったが、今号では、戦時下の生活や奉仕活動で忙しく、手作りする時間がないので仕方がないという言い訳をしている。そのうえで購入する際の注意として、

Ein bunter Weih

Auf unserm bunten Weihnachtsmarkt zeigen wir in Wort und Bild eine Auswahl von gutem, praktischem und lustigem Spielzeug.

In Gedanken sehen wir ihn vor uns, den lieben, alten Weihnachtsmarkt aus der Kindheit mit seinen heimeligen Buden und den bunten Auslagen, sehen das Glitzern und Leuchten der goldenen und silbernen Kugeln im schwankenden Licht, die baumelnden Puppen und Hampelmänner am schwebenden Seil, riechen den Lebkuchen und türkischen Honig und hören die werbende Stimme der Budenfrau. Da spüren wir das aufgeregte Zittern eines Kinderhändchens in unserer großen, schützenden Hand und sind glücklich über das Leuchten der Kinderaugen über soviel Herrlichkeiten.

Wir bringen ihnen im Bilde Spielzeug aus den verschiedensten Gauen des Reiches, wie aus Oberbayern, Niederbayern, Erzgebirge und Ostpreußen, Spielzeug, das von Heimarbeitern und Künstlern hergestellt wird und in seiner Einfachheit und Natürlichkeit vorbildlich ist.

Bezugsquellen für dieses Spielzeug sind: das Heimatwerk Sachsen, Dresden; Deutsches Heimatwerk Berlin, Potsdamer Str.; Deutsches Heimatwerk, München, Maffeistr.

In der vorhergehenden Nummer unserer Zeitschrift gaben wir mancherlei Anregung zur Herstellung von selbstgebasteltem Spielzeug und Beschäftigungsmaterial. Doch es gibt auch viele Frauen, die wenig Zeit haben, diese Dinge zu arbeiten. Da ist es wichtig, genau zu wissen, was schenke ich meinem Kind, mit was kann ich ihm die größte Freude machen.

Auf dem Wunschzettel der Kinder stehen viele große und kleine Wünsche. Da muß die Mutti aussortieren und überlegen, was am besten ist.

Schauen wir einmal zu, was es alles gibt.

Gleich fallen uns die stabil gearbeiteten, hübschen Nachziehtiere auf aus der Spielzeugwerkstatt Kurt Seifert, Ammersee. Klar und einfach in der Form, sprechen sie in ihrer Natürlichkeit sofort das Kind an. Sie sind abwaschbar, und das Kleine kann richtig mit ihnen spielen.

Seine erste Reitergarde bilden die Holzpferdchen mit Reiter, ostpreußische Heimarbeit, die in ihrer Einfachheit nicht die Phantasie des Kindes verbildet.

Es wäre ein großer Fehler, dem Kind in diesem Alter schon technisch vollendetes Spielzeug zu geben. Dadurch wird es spielfaul, weil die schönste Gabe seiner Kindheit, die Phantasie, brach liegenbleibt.

Wie stolz wird das Kind auf dem festen Schaukelpferd reiten. Es kann auch wild dabei zugehen, denn „hoch vom Roß" kann der Reiter nicht fallen, und der Gaul hält was aus.

Wie lieb sind die Zwillinge mit ihren Holzköpfchen in der reizenden Wiege. Da kann kein neugieriges Fingerchen ein Loch in den Kopf bohren. Das sind Dickköpfe, die gegen eine Wand anrennen

Technisches Spielzeug aus Nürnberg

Unzerbrechliche Holzpuppen mit weichem, biegsamem Körper aus der Württemberger Künstlerwerkstatt

図3-26　戦時のおもちゃ
（出典：「女性展望」1940年12月第2号、196-197ページ）

三歳から六歳の子どもはまだ想像力の世界にいるので、リアルなおもちゃではなく、想像力を膨らませ、創造力を刺激できる積み木のおもちゃを、もう少し年齢が高い子どもには、戦車や飛行機など技術を駆使した金属のおもちゃを推薦している（図3―26）。ただし、現実をみる観察眼をもちはじめた子どもに安っぽい模造品を与えてはならないと、おもちゃ選びにも教育的観点から助言を加えている。

戦時後半期にあたる一九四二年十一月第二号の記事「四年目の戦時にもクリスマステーブルにおもちゃを」は、冷めた視線で状況の変化をみている。子どもたちはどれから手をつけたらいいのかわからないほど、一時はたくさんのおもちゃをプレゼントされていたが、いまは、時間と体力が許す範囲で両親が手作りするしかない。それは、ある意味いいことだと述べている。この記事では、全国女性指導部の母親奉仕団が提案するプレゼントをいくつか紹介している。一歳児向けには十二センチの高さの木製の羊飼いと五、六センチの羊の群れ（図3―27）、

図3-27　「羊を連れた羊飼いは、とても喜んでもらえる」
（出典：「女性展望」1942年11月第2号、113ページ）

図3-28　「ドールハウスの家具はシンプルで耐久性がある」
（出典：同誌113ページ）

図3-29　子どもの小さな手に合うシンプルな手作り人形
（出典：同誌104ページ）

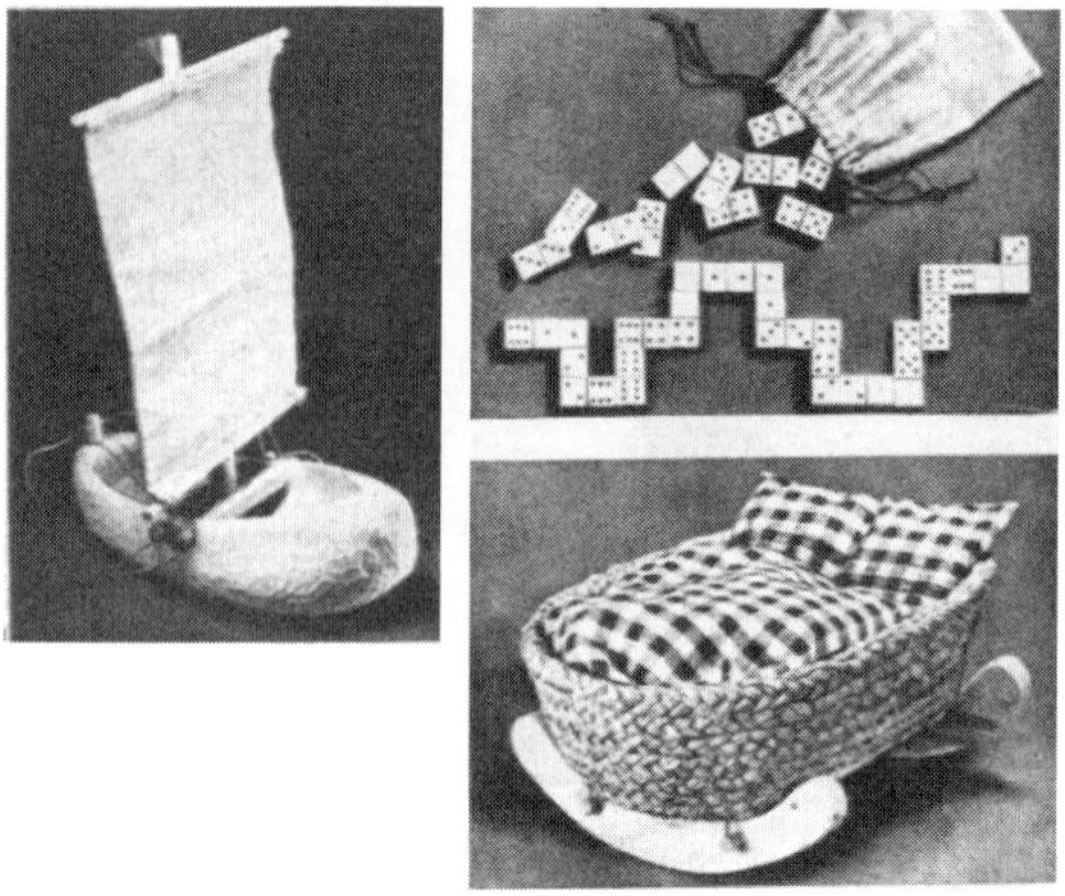

図3-30　「森や野原で集めた材料で作った船（左)、木片を加工したドミノ（右上)。イグサで編んだ人形のゆりかご（右下)」（出典：「女性展望」1944年11月号、18-19ページ）

ドールハウスの木製家具（図3―28）、ベッドに横になる手製の人形、就学している子どもがお芝居を楽しむためのカスパー人形とお姫様である。[43] ナチ時代初期の経済的困窮期を思い出させる内容である。同号の「私たちは子どもたちのためにおもちゃを作る」でも、子どもたちが気に入るのは、大人が考え出した閉じたり開いたりする目の大きな人形ではないこと、なぜならそうした人形は、子どもの遊びの必要性や内容を考えて作られていないからだ、と批判している。小さな手に合う二十センチ程度の小さな人形をプレゼントすべきだとして、柔らかくて、丸い目と赤い口だけの単純な子どもっぽい顔の人形の作り方を提案している[44]（図3―29）。人形ができあがったら、古い洋服をチェックして、ジャケットや帽子、シャツを作って、「お母さんは魔法が使える[45]」ところを見せてあげようと励ましている。軍需を優先するためにおもちゃの製造が禁止されるのは、一九四三年のことだった。

　これまでは、子ども用プレゼントの提案と大人用プレゼントの提案は別々に掲載されていたが、まもなく廃刊を迎える一九四四年十一月号では合体されている。記事に割けるページはすでに八ページにまで減少していた。ここで提案されるプレゼントは、森や野原から集められる材料で作る小さな帆船、イグサを編んだり木で作るゆりかご、ドミノゲーム、残り布で作るぬいぐるみの熊など実に質素なものだった[46]（図3―30）。続く十二月号でも、このつらい時期にクリスマスをこれまでどおり祝えるか自問しながら、子どもに手作りの小さなおもちゃを贈れるかを心配している。何もないところから愛にあふれるプレゼントを生み出し、苦しい日常から抜け出せる

時間をつくることが新たな希望へつながると諭している。(47)

子どもが作るプレゼント

「女性展望」は子どもへのプレゼントについて、自然の素材を生かし、子どもの成長に合わせた手作りのおもちゃを作ることを重視した。同様に、クリスマスに子どもが大切な人のためにプレゼントを手作りすることにも、大きな教育的意味を置いた。

一九三三年十二月一日号の記事「私たちの子どもたちはプレゼントの贈り主」は、誕生日やクリスマスが子どもたちにとって、他者のことを考え喜んでもらう大切さを学ぶ機会になるよう配慮すべきだと述べている。大人のために働くことを許されて勤勉さを身に付けたり、人に喜んでもらうためにひそかに準備をしたりする幸せを感じることができるからである。

図3-31　「折り紙にハサミで切り込みを入れて工作する姉妹」
（出典：「女性展望」1941年11月 第2号、146ページ）

ここには、両親が陥りやすい失敗例を二つ挙げている。一つはプレゼント作りが結局、子どもにとって何週間にもわたる苦痛になるケースである。子どものプレゼントのアイデアに耳を貸さず、親がアイデアを示し、子どもが上手に作れるか監視してしまう場合である。もう一つの例は、大人が購入した品物を、子どもに渡させるだけのケースである。これでは個人的なつながりは生まれない。子どもにアイデアが浮かばず、プレゼントが作れないのは、むしろ教育上のミスからくると指摘している。幼稚園や学校でも工作の時間があるので、家庭でも子どもたちの努力を支えること。両親と子どもたちが相談して、ときには手を貸すことも必要だが、材料費が高くついても叱ったりしてはいけない。特に父親は、ろくでもないものに無駄遣いするなと子どもを理解しない発言をしたりする。材料にお金をかけられない場合は、事前に節約しな

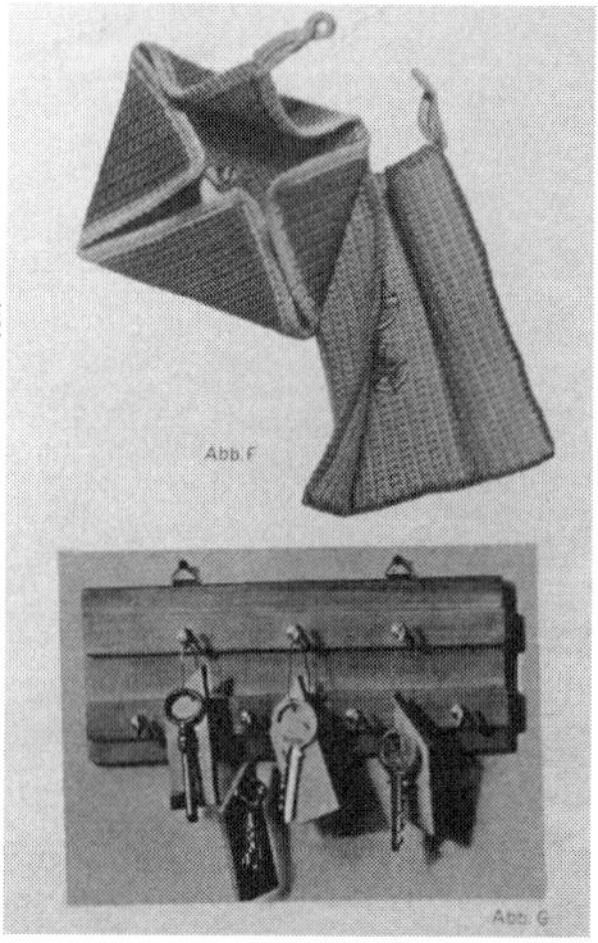

図3-32 「手編みの鍋つかみ、あるいはキーホルダーとしても（上）、壁掛けキーホルダー（下）」
（出典：「女性展望」1938年11月第2号、351ページ）

くてはならない事情を説明し、お金がかからない方法を一緒に考えるようにする。そうすれば、子どもは両親に不要な出費をさせずに現実的な目標に向かうはずだと「女性展望」は助言している。

もちろんプレゼントを評価することも忘れてはならない。子どもからの小さなプレゼントに対して、モノや金銭、お菓子で報いようとしてはならない。大切なのは、プレゼントされたものを使うことだと、この記事は結んでいる[48]。

また、アドヴェントの期間に子どもたちが一緒に一つのテーブルでプレゼント作りをすると楽しいが（図3―31）、子どもたちがプレゼント作りを内緒にしたがっているときは、作業を見ないように心がける。母親が作る子どもたちへのプレゼントは子どもたちに気づかれないように、と細やかな注意が続く[49]。

子どもたちは何をプレゼントできるだろうか。経済的安定期に入った一九三六年十一月第二号では次のような提案をしている。三、四歳の子どもであれば、布でパパのタバコケースをぴかぴかに磨いたり、クリスマスツリーに飾るリンゴを磨いたり、自分で描いた絵や色紙を貼った栞を作れるだろうし、もう少し大きな子であれば、絵ハガキ、メモ帳、ネクタイピンやクリップ、安全ピンを入れるカラフルな小箱を作れる。五、六歳くらいであれば、鍋つかみを編んだり、古いベルトや不要になったハンドバッグから小さな財布やキーホルダーを作れるし、木材を使って写真立て、壁掛けキーホルダー、ペン皿などを作製できる（図3―32）。いずれも、子どもたち自身に考えさせ実行させれば、ほかの人々のために考え心配りができるようになる。愛を求めるだけでなく、与えることを体験させる教育的意味が重要だと強調している[50]。

次号の一九三六年十二月第一号では、クリスマスイブのお祝いの流れと子どもたちから母親へのプレゼントについて書いている。まず、母親がクリスマスツリーのロウソクに点火する。そうすると、みんながクリスマスの部屋に入ることができる。父親か母親が楽器で伴奏して、みんなでクリスマスの歌を歌う。歌は「なんと楽しい、なんと幸せな」や「高き天より、われは来たり」を推薦している。歌のあとに、小さな子どもにはクリスマスツリーの下でプレゼントのおもちゃを与えてもいいが、まず母親へ贈り物を渡すようにする。子どもたちは、自分がプレゼントをすることで、自分がもらう贈り物に殺到するのを抑えられる。母親へのプレゼントは、詩の朗読、モミの枝でも、自分で作った銀の星に立てたロウソクでもいい。子どもたちで練習した歌を母親のために歌うのもすてきなプレゼントになると説明している(51)。

一九三七年十二月第一号でも前年に引き続き、子ども自身がクリスマスプレゼントを作ることの教育的意義を強調しているが(52)、翌年の一九三八年十一月第二号になると、子どもたちが家族のために作るプレゼントについてはほんのわずかな言及があるだけで(53)、以後、子どもが作るプレゼントについての記事は見当たらない。

一九三八年三月十三日にドイツはオーストリアを併合し、十月一日にはドイツ系住民が住むズデーテン地方をチェコスロバキアに割譲させている。領土の拡大によって、クリスマスシーズンには困窮地域や辺境地域の一千万人を超える人々にクリスマスプレゼントを届ける必要が生じた。そのために、ナチ女性団とドイツ女性事業団に加え、ドイツ女子青年団の団員も組織的なプレゼント作りに専念しなければならなかった(54)。三八年という年は、家庭内で祝うクリスマスと、国策として推し進められる民族共同体のクリスマス、両方の記事が併存している。開戦後の三九年のクリスマスからは、家族の祝祭は戦争の影響を受けて徐々に国策としてのクリスマスの活動に圧倒されていく。三九年には、少女団と、ヒトラーユーゲントの下部組織である少年団を合わせた子ども団の団員も東部に帰還した民族上のドイツ人たちへのクリスマスプレゼント作りに追われるようになる(55)。親密な関係にある人のために個人的なプレゼントを作るのと、名も知らない人々のためにあくせくプレゼントを作り続けなければならないのとでは、その教育的意味も変わってくる。個人の利益を犠牲にし、公益を優先させることを国民に求めるのが国民社会主義だった。

図3-33　「ドイツの工芸品からクリスマステーブルへさまざま」
左上から時計回りで、旅行用の鏡と赤い革製ケース／写真立て／くしと革製ケース／ルーペと革製ケース／ハサミと革製ケース、紅茶器セット、植物内皮製カゴ、ブンツラウの陶磁器、植物内皮製の手編みバッグ、カトラリーセット
（出典：「女性展望」1938年11月第2号、344-345ページ）

大人のためのプレゼント

　一九三六年までの経済的困窮期に「女性展望」のファッションのページの見出しに躍るキーワードは、「手作り」「残り布を使って」「古いもの（手持ちのもの）から新しいものが生まれる」「実用的」である。クリスマスプレゼントを提案する記事も同様で、一九三二年十二月十五日号の「男性と女性のための時節にかなったクリスマスプレゼント」のモットーは、「実用的で安上がりですてき」である。

　提案内容をみてみると、最初に提案しているのはクッションカバーである。安上がりで簡単に作れるプレゼントの定番だが、クッションカバーを交換するだけで部屋のイメージを変えることができると、その長所を挙げている。プレゼントにする際は、相手の趣味や居間のイメージをよく知ることが大切。絹を使うときは洗えるものを。例として出されているのは、水色、ピンク、緑色の三色の布を使うダイニングあるいはベランダ用クッションと、ベージュ、茶色、黄色の居間用クッションである。太い木綿の刺繍糸のステッチで色布を連結する。足載せクッションや旅行用クッションにも応用できる。二つ目は靴袋である。年に一度は旅行するだろうから、靴を入れたり、デリケートな下着を入れたりするのに使える。洗濯できる夏の古いワンピースから短時間で簡単に作れる。紐を通してひだを寄せて閉じられるようにする。男性用にも応用できる、とある。

　男性向けのプレゼントを考えるのは難しい。百貨店では「紳士向け」としてタバコケース、灰皿、卓上時計が並んでいるが、そうしたものは役に立つとは思えないし、すでに持っている可能性が高い。それなら、ソックス

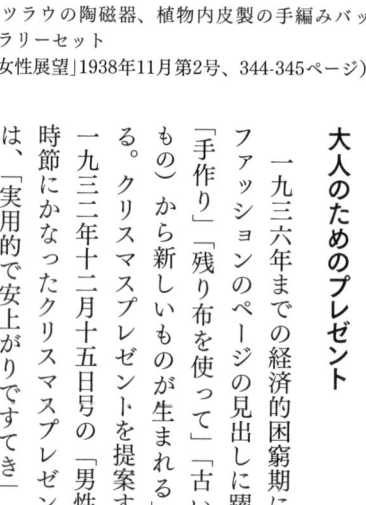

やカフス、ネクタイピンなどがバラバラにならないように分類する箱はどうか。タバコの箱に美しい色紙を貼れば、素材はわからない。気が利いたブックカバーも薦めている。すでに持っているかもしれないが、クッションカバーと同じように、本の内容に合わせて使える。素材にはビロード、ベルベット、コールテン、人工皮革、麻、裏皮を挙げている。安価であっても、相手に使ってもらえるオリジナルなものであることが重要だった。[56]

プレゼントそのものにお金をかけられないなら、個性的な包装を心がけて喜んでもらうという提案もある。店の包装は没個性的なので、そこに心を込めたアイデアを盛り込もうというわけである。具体的には、無地の紙と柄の紙を組み合わせて包み、シールやリボンで結んで、小さなモミの枝を添える。[57]

一九三三年にも、プレゼントで大切なのは高価であることではなく、相手を考えてプレゼントを決めることだとして、相変わらず節約と手作りの提案が載っている。実用的でちょっとした台所用品[58]や、残り布を使ったパッチワーク風クッションカバー、それに少なからず驚かされるのは、古い絹のストッキングや着古したトリコットの下着で編んだマットを提案していて[59]、当時の生活の大変さが垣間見える。しかし、三四年になると、手作りながらスポーティーなベストなど洋服類が増え、スカーフ、スキー用手袋が提案されるようになる[60]。三五年はさらにレベルアップしている。手作りの洋服類のなかには革の女性用ジャケット、女性用ウインタースポーツ・ジャケットが含まれている[61]。経済的困窮期にあっても、徐々に経済が好転していく様子が見て取れる。

経済的安定期に入っても、手作りは「女性展望」が最も大切と考えるプレゼント方法だった。経済的困窮期には、商品を購入できずに手に入る材料を使って手作りするしかなかったが、手作りのプレゼントは相手を思い、愛情を込めて作るこの世に二つとないもので、最高の贈り物だった。それでも、経済的安定期に入れば、それまで我慢してきた、生活を豊かにしてくれる商品を購入したくなるのは自然な感情である。「女性展望」も読者の購買意欲に譲歩するように、手作りでないクリスマスプレゼントを紹介しはじめる。一九三七年十二月第一号では「クリスマステーブルに何かドイツの美術工芸品を[62]」というタイトルで、官製雑誌らしく、伝統的な工芸品を十八種類推薦している。

図3-35 「お祝いのパーティーのために」
（出典：「女性展望」1938年12月第1号、377ページ）

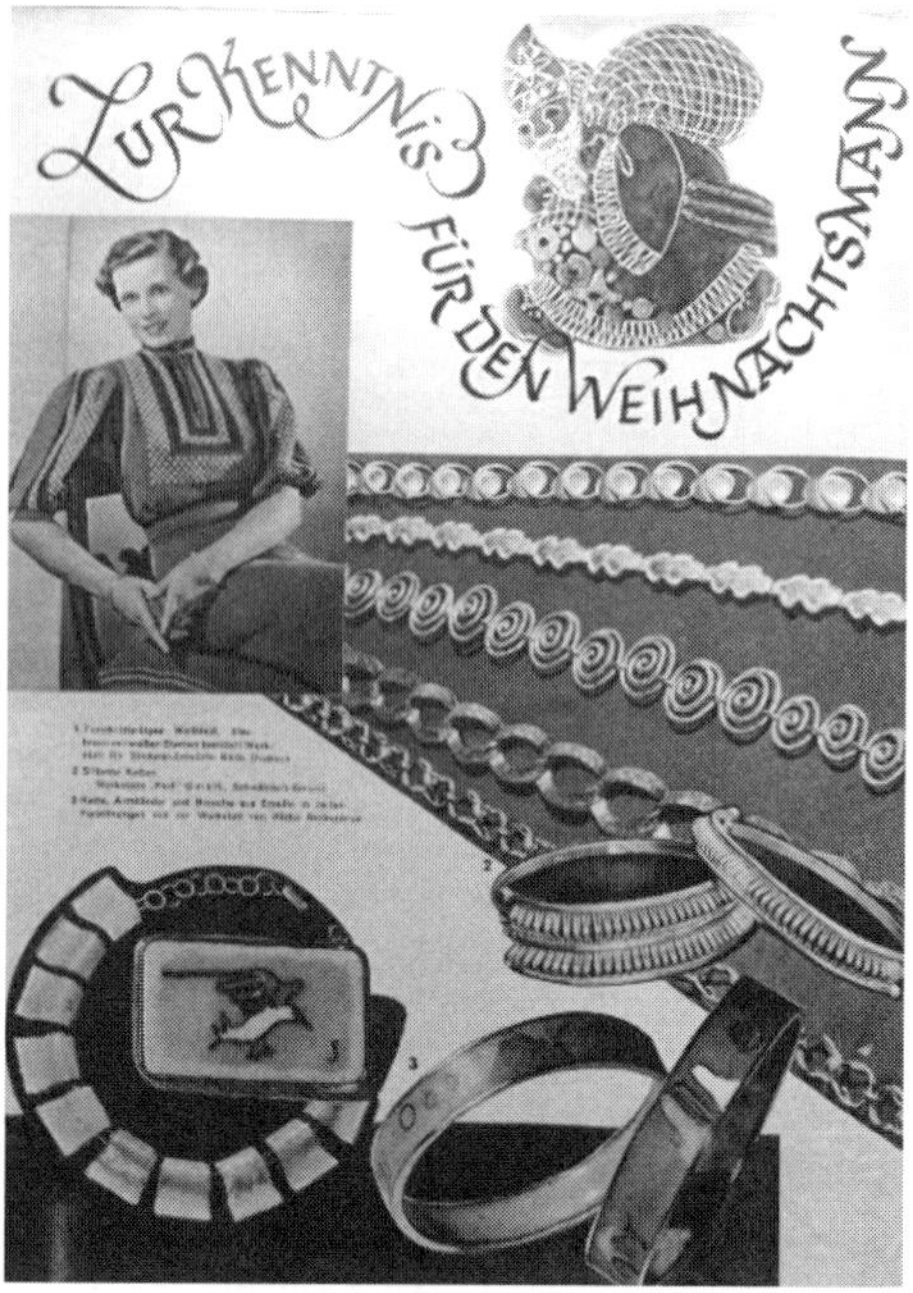

図3-34 「サンタクロースに知ってもらうために」
（出典：「女性展望」1938年11月第2号、340ページ）

図3-36 ジンガー・ミシンの広告「ジンガーでメリー・クリスマス　ドイツ製です」
（出典：「女性展望」1936年11月第2号、裏表紙）

図3-38 「磁器は喜ばれるプレゼントです。磁器は家庭の文化を表します」
（出典：「女性展望」1937年12月第2号、390ページ）

図3-37 「実際的に考えて、実用的なプレゼントを！　アレクサンダー工業のパン切り機をプレゼントしてください」
（出典：「女性展望」1936年11月第1号、361ページ）

図3-40 「シュヴァルツヴァルトの精巧な時計製作技術です」
（出典：同誌317ページ）

図3-39 「わずかな手間のお祝い料理、というのも耐熱性のイェーナ・ガラスは時間と労力、コストを節約するからです。グラタンも30分加熱して、オーブンからそのまま食卓へ」
（出典：「女性展望」1938年11月第1号、314ページ）

豊かになる購入プレゼントと広告商品

ドイツが最も豊かになる翌一九三八年十一月第二号では、五ページに及ぶ四つのクリスマスプレゼント記事のうち手作りを扱う記事は一ページだけで、ほかはすべて購入するプレゼントに充てている。「ドイツの工芸品からクリスマステーブルへさまざま[63]」では、「クリスマスプレゼントはすべて手作りするのは難しいですから」と断ったうえで、大量生産品は粗悪だから、ショーウインドーのなかに並ぶマイスターの創作品に注目しようと訴えている。前年よりも豪華な商品、例えば陶器のリキュールセット、ケース入りカトラリー、絵付けされた紅茶器セット、カエデ材の化粧道具一式などが工房名入りで紹介されている（図3―33）。同号の「サンタクロースに知ってもらうために[64]」では、ウールの刺繡入りワンピース、銀のネックレス、エナメルのネックレス・腕輪・ブローチなどの贅沢品がブランド名入りで誌上を飾っている（図3―34）。

次号のファッションのページには、クリスマスパーティーに着用するイブニングドレスが登場する（図3―35）。豪華なクリスマスの祝祭を催せる経済的安定を享受できるようになったことがわかる。一方、この時期の広告欄をみると、無料のアイデア集付き手芸材料や服地の通信販売、子どもの人形の広告はもちろん多いが、特徴的な点は、家族のための高額な商品が目立つことである。「望みが現実になります」をキャッチフレーズにしたフェニックスのミシン[65]（図3―36）、「実際的に考えて、実用的なプレゼントを！」とアレクサンダー工業はパン切り機（図3―37）、コーヒーミル、電動泡立て器やクッキー種のこね混ぜ機の広告を出している。テーブルウェア（図3―38）、オーブンにも対応する耐熱ガラス製品のイェーナ・ガラス（図3―39）、居間に置くモダンな置時計（図3―40）、それにボッシュの冷蔵庫（図3―41）の宣伝まである。モノだけでなく、「長期間にわたる価値あるプレゼントです[66]」とさまざまな保険商品もクリスマスプレゼントとして宣伝されている。

戦争が始まると、限られた消費財しか手に入らなくなる。広告には再び、「安価なプレゼントを[67]」「わずかな服地で作れます」[68]という表現が現れる。一九四〇年にはもう、「クリスマス」を強調する広告は姿を消してしまう。戦時下では、派手なお祝いムードを打ち出すことはできなかった。

同様に「女性展望」が提案するクリスマスプレゼントも、手作りであることや実用的であることが再び重視されはじめる。一九四〇年十二月第二号が挙げている万能キッチンバサミは実用的なプレゼントだが、購入品ではある。[69]しかし同年十二月第一号は、技術や知識がなくても作れる、藁や木を使った工作品を提案している。手芸では経済的困窮期に提案されていたクッションカバーやテーブルセンターが復活した[70]（図3―42）。

図3-41「2倍のクリスマスプレゼント　節電するボッシュの冷蔵庫をあなたは家族みんなのためにプレゼントします。クリスマスにみなさんで利用しはじめましょう。例えば、冷やしたワイン、スパイシーなサラダ、デザートのアイスクリーム。さあ、専門店へいらしてください」
（出典：「女性展望」1938年11月第1号、321ページ）

戦時後半期に入った一九四一年のクリスマスはすでに独ソ戦が始まっていて、戦況に陰りがみえはじめる時期だった。一九四一年十一月第二号のファッションのページは、全国衣料切符のポイントをできるだけ使わず、原料品を節約するようにと訴えている。[71]レース編みのテーブルセンターや布のテーブルセンター、ハンカチにレースの縁飾りを付ける工夫をしたプレゼントを提案している。ただその一方で、灰皿、銀の髪飾り、エナメル細工の文書箱、ブレスレットが別の記事に掲載されている。これには、現実に即しているのかと首をかしげざるをえない。[72]

一九四二年の戦時下で四回目のクリスマス関連記事

図3-42　手作りのクッションカバーとテーブルセンター
クッションカバーは手持ちの材料で簡単に作れる。テーブルセンターも布に簡単な刺繍をしたり縁飾りを工夫したりするとオリジナルなプレゼントになる。どちらも、経済的困窮期にも戦時下でも推薦されるプレゼントだった。
(出典：「女性展望」1940年12月第1号、178ページ)

には「プレゼントは子どもたちと前線のために」とあり、スターリングラードでのドイツ軍の敗戦後一年がたとうとしている四三年には、紙製のやかん敷きや鍋つかみの作り方を掲載している。最後のクリスマスになる一九四四年十一月号「クリスマスのプレゼントテーブルのための家事道具とおもちゃ」[73]では、トウモロコシの葉やイグサ、モミの枝を利用して作るプレゼントを紹介している（図3―43）。十二月号の「まだ間に合います」[74]にもイラスト付きの手作りのアイデアがいくつか載っている。記事の表題からして、空爆で焼け出され、もはや日常生活が困難になった戦時下の慌ただしさが伝わってくる。段ボールに色紙を貼り付けた手紙や書類の保存用ファイル、さまざまな残り布で作るパッチワーク風買い物袋、布やベルトの残りから作る櫛ケース、革手袋からはタバコ入れが作れると提案しているが、戦争末期のクリスマスにはたして落ち着いてプレゼントを作ることはできたのだろうか。

一九四四年十一月号の「女性展望」最後のクリスマス号で、記事「私たちの星から新たな光が私たちの朝に明るく差すまで、どんなに苦しい困難にも耐えて、あなた方の心の輝きを生き生きと保ち続けてください」を執筆したカルラ・ドラープシュは次のように語りかけている。「今年は単純なものから意義あるものを作り出そう。無から心を動かす何かを、日常と心配から抜け出せる何かを。本物でなければ、どんなすばらしい贈り物も祝祭も、冷たく孤独だろう。簡素なものが私たちを幸せにしてくれる。その夜、一人ひとりが浄化され、新たにスタートできる奇跡が起こる。孤独から抜け出して、ドイツ人の共同体のなかの一員だという認識をもてれば[75]」。厳しい戦時下で、クリスマスの奇跡が起こると人々がはたして思えたかどうかは別にして、そのような希望にすがらなくては生きていくのが困難な精神的状況だったことを、この言葉は想像させる。

クリスマスプレゼントとしての本

一八六七年にレクラム出版社から廉価版の文庫本が創刊されて、それまで高価だった本にようやく一般の人々も手が届くようになった。とはいえ、ハードカバーは相変わらず高価な時代だった。女性雑誌に書評がいつ登場するのか、「主婦の雑誌」をさかのぼってみると、一八九五年には掲載されている。ただし、料理や家事の実用本も文学作品も区別せず、わずかな書籍を紹介するにとどまっていた。しかし、一九〇八年からは、その年に出版された良書を幅広く紹介する記事が定番になり、まもなく本は最適なクリスマスプレゼントとして推薦されるようになる。(76)

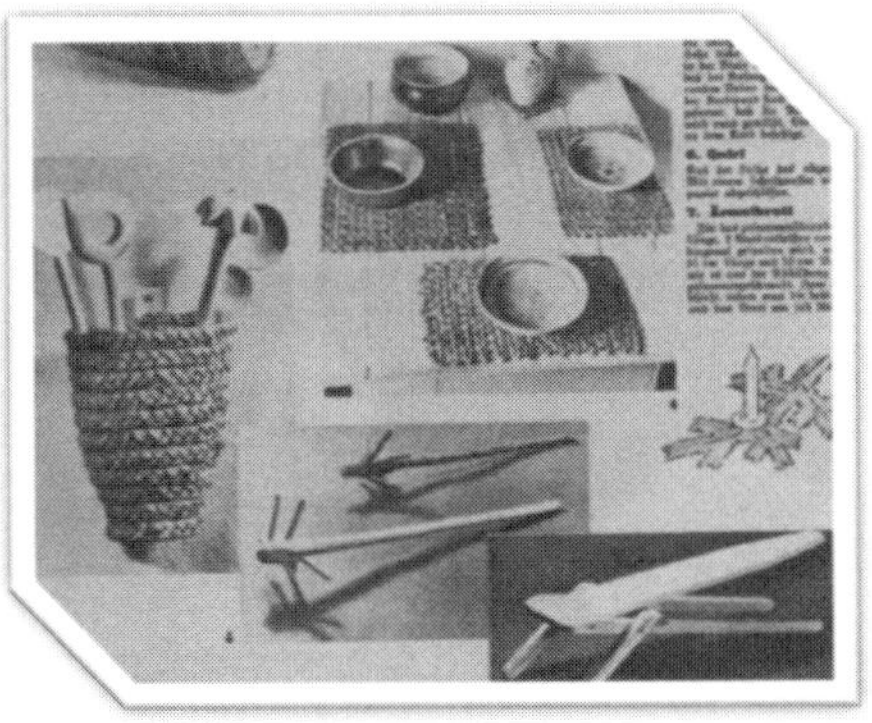

図3-43　「クリスマスのプレゼントテーブルのための家事道具とおもちゃ」から、イグサで編んだ小さなランチョンマット、料理用道具とイグサのカゴ、モミの枝を利用した泡立て器、袖用アイロン台
（出典：「女性展望」1944年11月号、18ページ）

ヴァイマル時代に書籍出版が活発になり、一九三四年の出版書籍数（タイトル数）の国際比較では、三位のフランス（一万五千三百九タイトル）、二位のイギリス（一万五千六百二十八タイトル）を抑えて、二万千二十三タイトルでドイツが第一位になっている。(77) ドイツ人の読書への関心の高さは、「女性展望」に書評欄がほぼ定期的に掲載され、時期によって紹介される新刊数に増減はあるものの、一度にかなりの数の書籍を推薦していることにも見て取れる。書評欄は創刊まもない一九三二年十月一日号に初めて掲載され、創刊後十年を経た一九四二年五月号で終わる。戦争末期の四四年にもまれに小さな書評は掲載されたが、定期的とはいえない。一九四一年十一月第二号で書評欄を担当したイングリット・ビネは、独ソ戦開戦後の戦時下で資

源は緊急性を要することに提供しなければならないため、思うように本を購入できなくなったと説明している。[78]

全集やシリーズ物もあるため正確な書籍数を知ることは難しいが、経済的困窮期と戦争末期を除くと、一回の書評欄で紹介される新刊は少なくとも二十冊、多いときには六十冊を超えた。書籍名だけブロック体で表示し、価格を含む書籍情報に加え、ごく簡単な内容紹介が細かい字でびっしり書かれている。書評欄のピークは創刊から九年目にあたる一九四〇年七月から四一年六月までの第九年度だった。「女性展望」は、戦況の悪化によって一九四二年三月号から発行頻度が三週間に一回にペースダウンするまでは、月に二回発行されていた。第九年度は、ほぼ二号に一回書評欄を掲載していたので、読者は毎月新刊書籍の情報を得られたことになる。ピークが開戦後の第九年度であることを意外に感じるかもしれない。これは、戦争が始まると、前線や占領地域にいる人々に送る軍事郵便や小包に入れやすい文庫版書籍が多数出版されるようになったためである。書籍は兵士にとって待機時間の気分転換や娯楽になり、人生について熟考したり、歴史のなかの戦争に学ぶなど、贈り物として重要な位置を占めるようになったのである。

クリスマス号の書評欄を具体的にみる前に、いくつか確認しておきたい。初期の一九三二年十二月一日号の書評欄[79]では、一年半後にはヒトラーに粛清されることになるグレゴール・シュトラッサーの演説原稿と論文集『ドイツをめぐる闘い』や、民族主義者エルスベト・ウンフェアリヒトの論文集『私たちの時代と私たち　ドイツ人女性の書』を推薦している。前者は、ナチ運動の初期から当時までの国民社会主義者の闘いを追っていて、後者は祖国の現在と将来について、女性の教育や就労の見通し、家庭生活をテーマにしている。ナチ党の権力掌握直前の時期だけあって、国民社会主義者としての気構えを伝えようとする「女性展望」の意図がうかがえる。一九三五年十一月第三号の「青少年のためのクリスマス書籍」では、カール・アロイス・シェンツィンガーの有名な『ヒトラー少年クヴェックス』[80]を推薦し、国民社会主義運動の闘いと英雄的精神を見事に描いているという賛辞を載せている。一九四〇年十二月第二号と一九四一年十一月第二号には前線の兵士向けに、一九三一年九月一日から四〇年三月十日までのヒトラーの演説集を掲載して、大ドイツの自由の闘いの根拠がわかると解説している。[81]

しかし、国民社会主義のイデオロギー色が強いこうした書籍は、意外にも書評欄が扱う膨大な書籍のなかに埋もれて目立たない。

毎年度のクリスマス号は、アドヴェントが始まる十一月末の号とクリスマスを迎える十二月に入ってからの二号である。「青少年向け」の書評記事は一九三四年から独立して掲載されるようになるが、三六年のクリスマス号を除いて、子ども・青少年向けのプレゼント用書籍の記事は常にアドヴェントが始まる十一月の号に、大人向けの推薦図書の記事はクリスマスを迎える十二月の号に掲載された。

①子ども・青少年向け書籍

子ども・青少年向けの記事からみてみよう。一九三五年以降最後まで子ども・青少年向け書評欄は一貫して小説家のローゼ・ディトマン＝フォン・アイヒベルガーが担当していて、青少年向けのあふれるような大量の書籍のなかからどんな本をクリスマスプレゼントとして選ぶべきなのかを助言している。一九三五年十一月第三号の「青少年のためのクリスマスプレゼントの本」では、社会をみる力の基盤は子ども時代に作られるが、その際、読書による影響は大きいと述べている。そして、それにもかかわらず、子どもの読書に無関心で、洋服や食べ物のほうが精神的栄養よりも重要と考えている母親が多いことを嘆いている。(82) まだ、経済的困窮から抜け出せていない三五年であれば、母親がまずは子どもの衣食を考えるのは仕方がないように思える。経済的安定期に入った一九三七年十二月第一号の「私たちはクリスマスに子どもたちのために良書をプレゼントする」をみると、母親たちも子どもたちに本を与えるようになっていることがわかる。しかし彼女は、今度は本の内容ではなく、価格で本の良し悪しを判断している点を批判している。(83) 三八年には、子どもの性格形成に大きな影響を与える書籍だからこそ、専門家による推薦書を有効に利用してほしいと述べ、(84) 三九年には、質問があれば何でも回答する用意があるので、指定された住所に返信用切手を添えて問い合わせるよう懇切丁寧な対応を申し出ている。(85)

ディトマン＝フォン・アイヒベルガーは、子どもの年齢と性別ごとに良書を推薦していてわかりやすい。例えば、一九三八年十一月第二号の「青少年のためのクリスマスプレゼントの本」からいくつか紹介してみよう。[86]

二歳から四歳までの小さな読者には楽しい韻文絵本『シュニク、シュナク、ドゥーデルザック』と、『自然界からの物語』所収の特にクリスマスの時期にぴったりの「モミの木のちいさな種のこと」のほか「餌台に集まる鳥たち」と「動物たちが寝る場所」を紹介している。四歳の子どもには、すばらしい挿絵が入った『パン物語』がいいと述べている。この年は、メルヘン集の出版が少なかったらしいが、『グリム童話集』のなかから銅版画の挿絵が入った「長靴をはいた猫」と「幸せのハンス」の新版が出たとある。併合されたオストマルク（オーストリア）への理解を深めるために、ドナウ河伝説や、古ウィーンの伝説や物語が紹介されているほか、ハンス・フリードリヒ・ブルンクの『ドイツ英雄伝説』も載っている。

低学年の児童向けには、ゲーアハルト・ドラープシュの『インディアン物語』、幼い少年がみる世界を描いた『メキシコからのトーマスの手紙』、中学年以上の少女向けには労働奉仕活動をテーマにした『ブリギッテの仲間』。少女にも少年にも向いている本として、『スヴェン・ヘディンと行くゴビ砂漠』、北極圏でのアザラシや白熊狩りを描いた『氷海での狩猟の冒険』、サーカスの世界を描いた『二十頭のゾウと世界を巡る』を挙げている。歴史関係では、中世の傭兵時代を描いた『フルンツベルク』『軽騎兵の大将』を紹介している。この時期ゲルマン民族の歴史研究の成果が誌上でも発表されていたが、少年・少女の読み物としてもドイツの原史時代の物語を推薦している。そのほか、国境外の、例えばジーベンビュルゲンのドイツ人の運命を描いた歴史小説など、読み応えがある作品が並んでいる。

開戦後の一九三九年十二月第一号の「青少年のためのクリスマスの良書」ともなれば、推薦書も戦時色を免れなかった。二歳から八歳の年齢が低い子どもたち向けには絵本、童話、伝説、動物物語、ロビンソン物語など、基本的な書籍が並ぶものの、それより年上の子どもたちには、女子向けには、子どもっぽい少女が共同体の一員に成長する様子を温かく描写する『グリータ、ある小さな女の子の物語』や、大都市の少女が農村の女子青年キャンプで体験したことを描く『ハイダースドルフの夏の日々』、第一次世界大戦の体験を成長期の少女たちにわかりやすく語る『前線の少女』などを推薦している。少年向けには、近代的な戦術とさまざまな部隊の協働を描く『第三十七師団は攻撃する』(87)を紹介している。この書籍は、新しい陸軍のほか、空軍や海軍の兵員や将校について国防軍内の生活の生き生きとしたイメージを伝えるものだった。戦争を押し付けるのではなく、大きな戦争のなかで生きる青少年が抱く、時代の出来事を知りたい、総統について、兵士たちについて読みたいという欲求に応えるために、良書を推薦する必要があるとしている。もちろん、ハラハラドキドキする楽しい読み物も併載され、戦争一色に染まっていたわけではない。

②大人向け書籍と前線向け小型版書籍の興隆

それでは、大人向けにはどのような書籍をプレゼントとして推薦していたのだろうか。「女性展望」の書評欄に変化が現れるのは、開戦後のクリスマス号からである。一九三九年十二月第二号も一九四〇年十二月第二号もタイトルは「前線と、故国のクリスマステーブルのための書籍」で、前線の兵士に贈る書籍と自宅用書籍を分けて推薦している。最後の大人向け書評記事となる一九四一年十一月第二号では、タイトルには前線と故国の区分はないものの、本文中では前線用書籍と自宅用書籍を分けて紹介している。そして、各号とも圧倒的に前線用書籍に重点が置かれている。開戦前の一九三八年十二月第一号からクリスマス号の大人向け書評は、ローレ・バウアー＝フンツデルファーが担当している。

一九三九年のアドヴェントには、前線に赴いた父や夫、兄弟に宛てて軍事郵便を使って初めてクリスマス小包を送ることになった。一九三九年十二月第二号で、バウアー＝フンツデルファーは、軍事郵便小包に適した文庫版の優れた書籍が、いくつもの出版社から出版されていると伝えている(88)。翌年の一九四〇年十二月第二号では、静かな兵舎で出動前の静謐な時間に、兵士にとって最良の慰めになる本は欠かせないとし、特に兵士に適した良書を紹介したいという心意気を示している。一九四一年十一月第二号では、戦争の影響で紙が不足し、思うように本を購入できなくなったことを伝えているが、軍事郵便小包で書籍が前線に送られているので、戦前よりもいまのほうがずっと国民の読書量が増えていると報告している。良質な新刊や特定の本にこだわったりせず、あちこちの書店に問い合わせる労をいとわなければ、今年も書籍のプレゼントリストは埋めることができると書いている。

軍事郵便で送るクリスマス小包のために、どんな小型版書籍が出版されていたのだろうか。一九四〇年十二月第二号の「前線と、故国のクリスマステーブルのための書籍」(89)をみてみよう。

まず、十六ページから二十ページで価格は二十プフェニヒ(一九三七年時点で、牛乳一リットルが二十三プフェニヒ、ビール一リットルが七十五プフェニヒだった)という安価な「ミュンヘン読書冊子」(カール・ゲルバー出版社)からは、一九四〇年末時点で、ヨハン・ヴォルフガング・フォン・ゲーテ、フリードリヒ・シラー、アーダルベルト・シュティフター、イマーヌエル・カント、フリードリヒ・ニーチェなど三十一冊の古典が出版され、これからもハンス・フリードリヒ・ブルンク、ヨーゼフ・マグヌス・ヴェーナー、ヴィルヘルム・プレイアー、ハインリヒ・ツィリヒら名だたる現代の作家の協力があると予告している。十二冊で一セットのプレゼント箱入りは二・四〇マルクである。

ディーデリヒス出版社の小型版「ドイツ・シリーズ」は、一九四〇年六月一日に出版百冊目を迎えている。こちらは八十プフェニヒだが、安価で選択肢の幅が広い。ブルンクの『箴言』は詩を通して詩人の人生観を語っている。また、意外にもシェークスピア全集が紹介されている。エーリヒ・マシュケのドイツ騎士団の歴史を描いた『ドイツ騎士団』、ヘルムート・モルトケの書簡からなる『ドイツ軍首脳部』、そうかと思うと、次にはエルンスト・ボルコフスキーの『J・S・バッハ』が推薦されている。シュレージエンの詩人ハンス・クリストフ・ケルゲルの『故郷の心』、民話研究者パウル・ツァウネルトの『ジーベンビュルゲンの民話』、民衆のユーモアと母親の当意即妙が楽しい『ドイツの笑話』が並び、東プロイセンを舞台にしたアグネス・ミーゲルの短篇集『東風に吹かれて』がこの「ドイツ・シリーズ」から選ばれている。

自宅のクリスマス用書籍については、時節柄、現在の戦争に関する本が何冊か選ばれている。地図や記録に基づいて戦争二年目を総括するコンラートヨアヒム・シャウプの『国防軍最高司令部の報告』、現在の地政学的問題を簡潔に説明する『現代の出来事に関するポケット版ブロックハウス』、ナチ党の人種政策局が出版するシリーズからDr.ギュンター・ヘヒトの『植民地問題と人種思想』などだが、ヘヒトの著作は、再び植民地を獲得した際に解決すべき問題について説明している。小説は、現在の戦争をテーマにしたものも挙がっているが、昨年の最良の小説は農村をテーマにした作品だとして、六冊の小説を紹介している。この時期にもナチ時代初期から好まれた郷土・農民小説は人気だった。女性向けには、偉大な男性を愛した、かけがえのない同伴者としてロマン派の三人の女性を描いたハンス・ケルンの『愛の守護神』、リアーネ・ゲンツコフの『愛と勇気』、解放戦争から現代までのドイツ人将校や将軍の妻たちを描く『偉大な軍人たちの妻』など、夫を戦場に送る妻の心構えを伝えるもののほか、ドイツ詩人の言葉や詩、物語など、どちらかというと家庭で楽しんで読める『永遠なるドイツ』を推薦している。

一九四一年十一月第二号は、前年号に加えて、新たな小型サイズの書籍としてランゲン／ミュラー出版社の「小型版シリーズ」（八十プフェニヒ）と政治や歴史をテーマとした「新シリーズ」（五十プフェニヒ）、エーアー出版社のシリーズ「兵士たち—戦友たち」、ヴィルヘルム・フリック出版社の「ウィーン・シリーズ」やドイツ国民出版社のシリーズ「新しい物語」から多くの本を紹介しているが、[90]どれも良質な娯楽作品であると強調している。独ソ戦の戦況が徐々に悪化していくこの時期、内容が重い書籍よりも、兵士たちには一瞬でも戦争の現実を忘れられる気分転換になる書物のほうがいいと考えたのだろう。

「女性展望」のクリスマスプレゼント向けの推薦図書の欄は、この号をもって最後になる。それまでクリスマス号では書籍の紹介が占めるスペースも通常の書評欄よりも拡大し一ページ半から二ページにも及んだが、最終号では半ページまで減少していた。

4　クリスマスのレシピ

ここでは、「女性展望」の誌面後半部にまとめて掲載される実用ページから料理のページに着目する。クリスマス号ともなれば、もちろんクリスマスのレシピを紹介している。アドヴェントの期間が始まってからの号にはまずクリスマスクッキーの焼き方が、クリスマスが近づいた次号にはクリスマスの食事のレシピが載ることになっていた。

ナチス・ドイツ時代には、いったいどんなクッキーを焼いていたのか、お祝いのテーブルにはどんな料理が並んだのかは、興味深いテーマである。十三年にわたるクリスマス号のレシピをみていくと、ここにも、人々が置かれた政治的・社会的状況が色濃く反映していることが確認できる。

クリスマスクッキー

現代のドイツの家庭でも、とりわけ子どもがいる家庭は、アドヴェントの時期にさまざまな種類のクリスマスクッキーを焼く。さすがにレープクーヘン（プフェッファークーヘン）やシュペクラティウス（伝統の型押しクッキー）、シュプリンゲルレ（精巧な型押し模様の四角いクッキー）やマルチパン（アーモンドの粉を砂糖で固めたお菓子）は購入することが多くなったが、プフェッファーニュッセ（小型のレープクーヘン）、バニラキプフェル（三日月形で粉砂糖をまぶしたクッキー）、ツィムトシュテルン（シナモン入りのアイシングをした星形クッキー）、アニスプレッツヒェン（アニス入りのアイシングをした丸形クッキー）、ココスマクローネ（ココナッツマカロン）など古典的クッキーはもちろんのこと、イースト生地から焼くシュトレンを手作りする家庭も多い。今日のドイツの家庭に定着しているこうしたクリスマスの焼き菓子は、「女性展望」が毎年のように読者に伝えたクリスマスクッキーだった。

「女性展望」創刊から一九三五年のクリスマスごろまでは、経済的困窮期にあたる。初年度一九三二年十二月一日号には、レシピをもたない人のためにプフェッファークーヘンのレシピを掲載している[91]。現在では、どの家にもその家独自のクリスマスクッキーのレシピが代々受け継がれているといわれるが、百年前には、そうした習慣は富裕な市民層にしか定着していなかった。経済的困窮もあり、この号では、長期間保存できるプフェッファークーヘンを大量に焼くのではなく、プフェッファークーヘンで「ヘンゼルとグレーテルのお菓子の家」を作ることを提案している。おいしいものが好きな子どもにも大人にも安価ですてきなクリスマスプレゼントになるし、テーブル飾りとしても使えた(図3―44)。次号では、レープクーヘン製の荷車の作り方を紹介している[92]。翌年の一九三三年十二月一日号には、クリスマスといえども贅沢ができない事情を踏まえて、「九十プフェニヒの材

図3-44 「プフェッファークーヘンの家」
1. 焼き上げたプフェッファークーヘンに型紙を当てて、家の部分を切り出す。
2. カラメルで家を組み立て、屋根を付ける。
3. 家のできあがり。
(出典:「女性展望」1932年12月1日号、254ページ)

図3-45　左上から時計回りで「シュプリンゲルレ」「ナッツのマルチパン」「シュペクラティウス」「プフラスターシュタイン（糖衣がけ小型プフェッファークーヘン）」
（出典：「女性展望」1934年12月第1号、377ページ）

料費[93]」で作れる簡単なプフェッファークーヘン、プフェッファーニュッセなど四種類のレシピが載っている。

一九三四年のクリスマスには、三三年の政権掌握時に六百万人いた失業者は二百九十万人に減少しつつあった。一九三四年十二月第一号の「家族のレシピ[94]」には、クリスマスの時期に遠方から戻ってくる家族がクリスマスの香りと味を楽しみにできるように、クリスマスのお菓子を焼くことを習慣にし、各家庭が自分たちのレシピを守っていくことが大切だと書いてある。同号には、プフェッファークーヘン、シュペクラティウス、マルチパンなど八種類のレシピが並んだ[95]（図3―45）。

一九三五年のクリスマス号のレシピには蜂蜜ケーキやチョコレートコーティングのお菓子、それにシュトレンも登場し[96]、経済的安定期に入る三六年にはレシピは十一種類に増えた。レープクーヘンはクリスマスツリーの飾りにする習慣があったため、飾り用にはアイシングを施したり、色とりどりの砂糖飾りを振りかけたりしたが[97]、同じ号のツリー飾りの記事では、衛生上の理由から食べ物をツリーにつるすことを禁じている[98]。

クリスマスクッキー類を家庭で焼くことが広まり定着してくると、次号の「先祖の祝祭の焼き菓子[99]」では、クリスマスに焼くさまざまな形のクッキーの起源はゲルマン的冬至祭にあると説明している。人間や動物の生贄の代用とされた「犠牲のクッキー」について述べ、その後、キリスト教化のなかで形や意味が置き換えられ、次第に世俗化したデザインになっていく過程を詳細に解説している。この記事には、クリスマスのクッキーを焼く行為に、ドイツ民族特有のクリスマスの意味を意識させる意図があった。実際「女性展望」は、アドヴェントの期間にクッキーを焼くことをすべての家庭に徹底させようと努めた。

一九三七年十二月第一号で紹介している九つのクリスマスクッキーのレシピは、国民経済啓蒙全国委員会編集の冊子『家のオーブンで上手に焼く』から引用したものである。この冊子は、各大管区のナチ女性団、ドイツ女性事業団、ドイツ労働戦線の「支部[100]」レベルで購入できると書いてあるから、多くの家庭で同じようなクリスマスクッキーを焼いていたと考えていいだろう[101]（図3―46）。レープクーヘン、シュペクラティウスやシュトレンなど、十九世紀後半から富裕な市民階層の家庭で焼かれ、今日、古典的クリスマスクッキーと呼ばれるほぼすべてのレシピは、「女性展望」一九三八年十一月第二号をもってドイツの家庭に周知された[102]。

図3-46　「おいしいものを盛り合わせたお皿」
（出典：「女性展望」1937年12月第1号、351ページ）

ところが翌年に戦争が始まると、あれだけ豊かでおいしそうだったレシピのページは一変する。一九三九年のクリスマス号には、「小麦粉、砂糖、オートミールを週間配当量から少しずつ節約して取っておくことを助言しておきましたね[103]」とあり、オートミールを使ったクッキーや、なんとジャガイモのシュトレンのレシピを紹介している。四〇年の号でも「賢い人は、十分な量のクリスマスクッキーを焼くために、以前から砂糖、バター、卵、干しブドウ、ヘーゼルナッツ、クルミをためておいたはずです[104]」として、深刻な時代ではあっても、祝祭の雰囲気を作り出すためにドイツのクリスマスに欠かせないレープクーヘンとシュトレンは用意してほしいと書いている。この年にも、オートミールのクッキーとバターや卵を使わない蜂蜜ケーキのレシピが載った。

図3-47　「パパのためのクリスマスクッキー」
(出典:「女性展望」1944年12月号、28ページ)

この時期、ドイツは連戦連勝を重ねて西ヨーロッパを征服したが、日常生活では、開戦と同時に統制経済が導入されて配給制になり、家庭が受け取る食料の割り当て量は以前の半分になっていた。クリスマスの時期には特別配給があった[105]が、それでもまともなクリスマスを準備するには不十分だった。一九四一年十一月第二号は、例年のようにたくさんではなくとも今年もクリスマスの甘いものを準備しようと呼びかけている[106]が、そこには食材をそろえることの難しさが読み取れる。

さらに、一九四〇年のレシピのページでは、前線に送るクリスマス小包についても触れている。出征した家族へのプレゼントとしてだけでなく、「名も知らぬ兵士たち」への贈り物としてクリスマスクッキーを準備することが各家庭に要請されていた。四一年の同号のレシピのページには、兵士のためのクッキーを包むにはサンドイッチ用の油染みに強い紙かセロファン紙を使用し、そのうえから美しい包装紙で包むようにと書いてある。レシピも代用品を使ったものばかりで、伝統的なクリスマスクッキーを焼くことが困難になっているからだろう、「戦時のシュトロイゼルクーヘン」「長持ちするクッキー」「軍事小包用クッキー」など、戦時色が濃い名前のクッキーが並ぶ。

スターリングラードの敗戦後の一九四三年のクリスマス号にも、前線に送るクリスマスクッキーのレシピを二号にわたって掲載している。「安くて」「簡単に」焼けると宣伝し、「おいしい戦時のクッキー」と命名したクッキーを載せている。しかし、前線で戦う兵士に少しでもクリスマスの雰囲気を感じてもらいたいという気持ちから、代用品を使ったツィムトシュテルンや蜂蜜ケーキもどきのレシピも掲載している[107]（図3―47）。

　ナチス・ドイツ時代最後のクリスマスとなる一九四四年十一月号に掲載されたレシピのタイトルも「わたしたちの兵隊さんにおいしいクリスマスの喜びを！」[108]だった。ここにはレシピだけでなく、軍事郵便小包になるべくたくさんクッキーを詰め込めるように、型抜きはせず、四角形に切り分けるようにという細かい助言もあった（図3―48）。十二月号の記事「クッキーを焼くにはまだ十分」[109]は、小包を受け取る兵士の思いを伝えている。「おいしくてお腹がいっぱいになるだけでなく、クリスマスクッキーは、母や、子どものころの家でのクリスマスを思い出させてくれる」「母からの小包のクリスマスクッキーはいつものように節約はされているが、今年もおいしいし、それを口にすると、自分の横に母が座っているような気持ちになれるのが無上の喜び。子どものころの思い出が一緒に焼き込まれているから」。これらの兵士の声には、家庭で祝うクリスマスが家族の絆をどれだけ固くするかを端的に表している。しかしこの記事は、戦争六年目を迎え材料が欠乏するなか、各大管区内の支部レベルで材料を持ち寄り、兵士たちのために手作りクッキーを焼く奉仕活動「クリスマスクッキーの奇跡」への協力を訴えるために利用されている。本号のレシピ[110]には、子どもがいれば、サンタクロースのひな型のクッキーを焼いて喜ばそうとあるが、この時期、学童疎開で母親のもとにいない子どもたちは多かった。

図3-48　「卵クッキーはクリスマス小包にとても適している」
（出典：「女性展望」1942年11月第2号、115ページ）

クリスマスの食事

　現在のドイツでは、クリスマスの祝日に、お祝いのテーブルで何を食べているのだろうか。伝統的なクリスマス料理は、ガチョウの丸焼きに家庭ごとに伝わる伝統的なソース、ジャガイモの団子と赤キャベツ煮が付け合わせになる。かつてヨーロッパでは、十一月十一日の聖マルティンの祝日(収穫祭)にガチョウを食べていた。豊穣のシンボルであるガチョウはこの時期、脂がのって食べ頃だったからだという。[111]

ガチョウの腹に詰め物をしてオーブンで数時間ローストしなければならないガチョウの丸焼きは、大人数の家族が集う会食を前提にしているが、はたして、こんなご馳走をナチス・ドイツ時代に料理して食べていたのだろうか。まず経済的安定期の「女性展望」のクリスマス号に掲載された料理のページを探したが、ガチョウの丸焼きのレシピは見つからず、ましてや経済的困窮期や戦時期で食料不足に苦しんでいる時期に見つかるはずもなかった。今日のドイツではガチョウの丸焼きのほか、ジビエやローストポーク、煮込みローストビーフ、クリスマスイブには鯉料理を食べる。古いキリスト教の伝統では、十一月十一日の聖マルティンの祝日からクリスマスイブまでは精進の期間だったので、精進料理の象徴である魚、つまり鯉料理を食べるのである。「女性展望」にはガチョウの丸焼きは登場しなかったが、鹿肉料理、鯉料理、牛肉の料理は掲載されている。どんな料理か、みてみよう。

経済的困窮期には、クリスマス号なのに料理のページがない年度もある。一九三三年十二月十五日号にまず、ご馳走としてウサギ料理が出ている。ウサギを潰す手順も詳細に解説している。一匹で四、五人分を二回分取れるとあり、ベーコンとクリームをケチらなければおいしいですと注意書きがある。ジャガイモの団子が付け合わせになっている。この時期のウサギ料理は、高価で手に入れることができない牛肉や豚肉に代わる「ご馳走」だった。肉料理を食べたければ、繁殖力が旺盛なウサギを飼育する必要があった。経済的困窮期だけでなく、第二次世界大戦末期、空爆下の食料難の時期にも、人々はウサギに頼ったのだった。

ウサギ料理と並ぶお勧め料理は、コールラビかカブ、ひきわり麦または米と炊く煮込み鍋料理で、割いたガチョウ肉がここにはわずかに入っていた。デザートは栗を茹でて丸めたお菓子が一つだけ紹介されている。[112]一九三

図3-49　「大事なお客様とのお祝いの時間のために」から、(左から) ジビエのスープ、ウサギや鹿肉のミートローフ、ニンジン・サラダ菜・ネギのサラダ
(出典：「女性展望」1939年12月第2号、284-285ページ)

五年のクリスマスになっても、パンに塗る牛肉のペースト、ザウアークラウトのグラタン、カボチャのサラダ、魚のパンケーキ、牛肉を混ぜ込んだ穀物粥という具合で[113]、どうみてもクリスマスの食卓にふさわしいとはいえない。

一九三六年のクリスマス号から、開戦後ではあるがまだ食料事情に余裕があった三九年のクリスマス号までの経済的安定期には、確かにレシピは豊かになっている。一九三六年十二月第一号には、「祝祭の日には昼食や夕食にお客様がいらっしゃる。たとえ立派な料理でなくとも、主婦なら何か特別なものでおもてなししましょう[114]」と、いつもとは違う改まったクリスマスの料理にチャレンジすることを勧めている。一方、この経済的安定期で最も立派なご馳走のレシピを紹介している一九三九年十二月第二号の「大事なお客様とのお祝いの時間のために」には、開戦後まもないことを意識して以下のように前置きしている。「たとえ私たちの生活様式を時節に合わせて簡素にし、手が込んだ饗応や大きなパーティーは控えたとしても、主婦にとって親しいお客様をおもてなしするのは大きな喜びです。大きなロースト肉の代わりにちょっとした料理をお出しするか、夕食後に訪問してもらって楽しいおしゃべりの時間をお願いするのも一案です。ここに掲載するレシピでは、家計をやりくりしながらも満足感が得られる料理方法と、おいしそうにみえる盛り付けを紹介します[115]」(図3―49、3―50)。料理のページではあるが、戦時下では派手なクリスマスのお祝いを慎むよう読者に求めている。言い換えれば、食料切符が導入されてはいたが、クリスマスをいつもよりも豪華に祝う余裕はまだあったのである。

この経済的安定期には、鹿肉料理六件、オックステイルや牛肉のローストな

図3-50　「お祝いのテーブル」
(出典:「女性展望」1938年12月第1号、382ページ)

ど三件、ウサギ肉料理三件、カモ肉のロースト一件のレシピが掲載された。しかし、翌年の一九四〇年のクリスマス号以降は、ソーセージやベーコン、ブラッドソーセージの団子や肉団子が入るレシピが二、三含まれている以外、ほとんどが野菜中心の料理になる。卵は代用品を使って油脂を使わない調理法を掲載していて、食料事情が急速に悪化していることが見て取れる。戦時後半期に入った一九四二年十二月号の「今年最後の数週間においしいものを」[116]を例にみてみると、十五のレシピのうちブラッドソーセージの団子入りの料理と肉団子入りの料理の二つを除くと、ほかはすべて野菜中心の料理である。セロリのクリームスープ、カボチャのスープとジャガイモの団子、カボチャとキュウリ入り赤ビートサラダ、大根とジャガイモのサラダ、ハーブの団子、ちりめん玉菜の炒め物、カボチャとジャガイモ入り赤カブ、ライ麦とジャガイモのヌードル、ひきわり麦のスフレという具合である。一九四三年十二月号に、カニスープもどきとしてニンジンやトマトのスープ、代用品を使った卵料理、キャベツ料理、ジャガイモのパンケーキ、そのほかに鯉料理が出ているが[117]、これは伝統的クリスマス料理というよりは、肉の代用として魚を使った料理だったのだろう。「女性展望」最後のクリスマス号にあたる一九四四年十二月号に掲載された八つのレシピのなかには、ひき肉百グラムを使う料理と、牛肉百グラムから二百グラムを使う料理が含まれている[118]。いうまでもなく、この肉の量は一人前ではないが、戦争末期のこの時期に、それでも肉を使えたとすれば驚きである。

　トーマス・マンの長篇小説『ブッデンブローク家の人びと』(一九〇一年)は、一八三六年から七七年までの十九世紀後半のハンザ都市を舞台に富裕な商家の隆盛と衰退を描いている。このなかにブッデンブローク一家がクリスマスイブを迎える場面がある。[119]ブッデンブローク家の老寡婦が『聖書』からクリスマスの章を読み上げると、家族はみんなで「きよしこの夜」を歌い、それから老婦人は子どもたちの手を取って「モミの木」を歌いながら、広く開け放された背の高い扉から広間へ入っていく。そこには、天井に届きそうな豪華な飾り付けがされ、ロウソクがともされたモミの木が立っていて、下には降誕の厩が飾ってある。白いクロスがかかった長いプレゼントテーブルにはたくさんのプレゼントと、ところどころにロウソクがともる小さなツリーが置いてある。大きなプレゼントは直接床に置かれていた。召使や常連の貧しい老人たちへの小さなプレゼントテーブルもある。プレゼントを確認したあとは、クリスマスの晩餐になる。

ライン産の年代物のワインを楽しみながら、まず鯉のバター焼きを食し、次に栗、干しブドウそれにリンゴを詰めた七面鳥の丸焼きが供される。添え物は、フライドポテトと二種類の野菜、二種類の果物のコンポートで、どれもたっぷりと食べきれない量が用意されている。今度は古い赤ワインが出される。デザートは三色アイスクリームである。

十九世紀後半に富裕な市民階級が実践していたクリスマスの祝い方やそこに込められた家族の絆を強固にする意味は、今日のクリスマスの祝祭のルーツである。独仏戦争や第一次世界大戦を経て家庭で祝うクリスマスは、飾り付けたクリスマスツリーやプレゼントの交換というポジティブな意味をもって国民一般に広がっていく。しかし、労働者階級の拡大や敗戦後の政治的・経済的混乱のなかで、家庭で祝うクリスマスは本来の姿を失い、階級間対立の象徴になった。ナチス・ドイツの時代、全国女性指導部は、あるべき「家族の祝祭」を復活させ、中産階級だけでなく民族共同体全体に家庭で祝うクリスマスを定着させるために、クリスマスの意義と祝い方をドイツ国民に広く伝授した。幸せな家族はナチズム国家を構成する重要な基盤だった。

十九世紀の市民階級が衰退し、ナチス・ドイツ時代に家庭内で祝うクリスマスは小市民的なものになっていった。そのなかで、全国女性指導部は「女性展望」をはじめとする女性向けメディアを通して、クリスマスツリーを飾り付けること、プレゼントを用意すること、クリスマスクッキーを焼くこと、クリスマスにご馳走を食べることを、民族共同体のすべての家庭で同じように祝うものとして定着させることに成功した。それが戦後も引き継がれて、現代のドイツの家庭で祝うクリスマスとして残ったのである。ただし、十九世紀後半にはクリスマスの正餐に欠かせなかった「ガチョウ（あるいは七面鳥）の丸焼き」が再び一般のクリスマスの食卓に上がるまでには、長い時間が必要だった。ヴァイマル時代、ナチ時代、そして第二次世界大戦敗戦の混乱を乗り越え、経済的安定が訪れるまで待たなければならなかったのである。

ナチス・ドイツ時代に国民全体に定着した家庭内で祝うクリスマスは、さまざまな意味をもった。一つは、世界恐慌に起因する経済的困窮を克服した家庭的幸せの象徴になったことである。二つ目は、「ドイツのクリスマス」という潜在的な愛国意識を強化したことである。とりたてて民族主義的な考え方を表に出さなかったとしても、飾り付けられたクリスマスツリーの歴史とその香り、クリスマスクッキーを焼く意味と伝統は、「女性展望」が繰り返し掲載した啓蒙記事を通して、十九世紀末から醸成されていた「ドイツのクリスマス」という愛国的意識を人々の心に深く根付かせたのである。

家族のクリスマスが国家の経済的事情や政治的事情、そして戦争に影響されたことは、本章でも確認した。しかし、クリスマスは家庭というフィールドにとどまらず、家庭外の、すなわち社会的・政治的フィールドで国家にプロパガンダとして利用された。この二つのフィールドは相互に分かちがたく結び付いている。どの家庭でも「ドイツのクリスマス」を意識するようになったとき、国家のクリスマスプロパガンダが国民を取り込むのは容易だった。また国民も、ドイツ民族の共同体への連帯やドイツ民族のための戦争遂行に奉仕することが自然だと感じるようになっていただろう。次章では、こうした社会的・政治的フィールドで利用されるクリスマスについて考察を進める。

注

（1）Tanja Zech, "Wie Deutschland Weihnachten feiert," (22. 12. 2021)（https://www.deutschland.de/de/topic/leben/wie-deutschland-weihnachten-feiert#:~:text=Aber%20am%20beliebtesten%20im%20ganzen,G%C3%A4nsebraten%20mit%20Kartoffelkl%C3%B6%C3%9Fen%20und%20Rotkohl）［二〇二二年七月三十日アクセス］

（2）Ernst Sommer, "Das deutsche Weihnachtslied," *NS Frauen Warte*, 2. Jg. H. 12 (15. Dezember 1933), S. 340.

（3）Evamaria Blume, "Mehr Verinnerlichung unserer Weihnachtsfeiern," *ebd.*, S. 351.

（4）Wera Bockemühl, "Weihnachten in der Familie," *NS Frauen Warte*, 3. Jg. H. 13 (2. Dezemberheft 1934), S. 398.

（5）Dora Lebius, "Weihnachten in der Familie," *NS Frauen Warte*, 5. Jg. H. 13 (Dezemberheft 1936), S. 402.

（6）Loni Lauxmann=Kinzelmann, "Adventszauber," *NS Frauen Warte*, 3. Jg. H. 12 (1. Dezemberheft 1934), S. 353-354.

（7）Ruth Zeithlin, "Wir schaffen unseren Kindern eine glückliche Weihnachtszeit," *NS Frauen Warte*, 5. Jg. H. 12 (Novemberheft 1936), S. 361-365.

（8）Gerhart Drabsch, "Wir rüsten für Weihnachten," *NS Frauen Warte*, 6. Jg. H. 11 (Dezemberheft 1937), S. 326.

（9）Reinhart Drabsch, "Kriegsabend," *NS Frauen Warte*, 8. Jg. H. 11 (1. Dezemberheft 1939), S. 257.

（10）Dr. Hertha Ohling, "Vorweihnacht," *NS Frauen Warte*, 9. Jg. H. 11 (1. Dezemberheft 1940), U. (=Umschlagseite) 2-S. 161.

（11）ヘルタ・オーリングは、ナチ党全国プロパガンダ指導部中央文化局およびドイツ家族のための国民福祉中央局から委託され、一九四二年にファッケルトレーガー出版社から、クリスマスの歴史、詩、メルヘン、歌（楽譜付き）、カラーのイラストを収めた書籍『最も親密な輪のなかで　クリスマスの時期への準備』を出版している。戦後の八一年に再版もされている。

（12）Dr. Hertha Ohling, "Alltag und Feier," *NS Frauen Warte*, 10. Jg. H. 10 (November 1941), S. 145-146.

（13）"Und wieder füllt die Herzen der deutsche Weihnachtstraum," *NS Frauen Warte*, 11. Jg. H. 9 (Dezember 1942), S. 118-119.

（14）“Adventskranz,” *Wikipedia*（https://de.wikipedia.org/wiki/Adventskranz#Wichernscher_Adventskranz）〔二〇二二年八月九日アクセス〕

（15）*NS Frauen Warte*, 6. Jg. H. 12 (Dezemberheft 1937), S. 361.

（16）*NS Frauen Warte*, 7. Jg. H. 11 (2. Novemberheft 1938), S. 331.

（17）*NS Frauen Warte*, 9. Jg. H. 12 (2. Dezemberheft 1940), U. 2.

（18）Loni Lauxmann=Kinzelmann, “Der Adventskranz,” *NS Frauen Warte*, 2. Jg. H. 11 (1. Dezember 1933), S. 323.

（19）Zeithlin, a.a.O., S. 362.

（20）アドヴェント・カレンダーの歴史については以下を参照。“Adventskalender,” *Wikipedia*（https://de.wikipedia.org/wiki/Adventskalender）〔二〇二二年八月十日アクセス〕

（21）ナチ党の全国プロパガンダ指導部中央文化局発行のカレンダーについては、以下を参照。‘Adventskalender,’ in “Nationalsozialistischer Weihnachtskult,” *Wikipedia*（https://de.wikipedia.org/wiki/Nationalsozialistischer_Weihnachtskult）〔二〇二三年八月二十九日アクセス〕

（22）“Wie decken wir unsren Weihnachtstisch?” *NS Frauen Warte*, 1. Jg. H. 12 (15. Dezember 1932), S. 279-280.

（23）Krause, a.a.O., S. 344.

（24）Dr. Siegfried Lehmann, “Das Nachleben des germanischen Julfests in unseren Weihnachtssitten,” *NS Frauen Warte*, 3. Jg. H. 13 (2. Dezemberheft 1934), S. 396.

（25）“Wir bauen eine Weihnachtskrippe,” *NS Frauen Warte*, 2. Jg. H. 11 (1. Dezember 1933), S. 313-314.

（26）Lauxmann=Kinzelmann, “Adventszauber,” a.a.O., S. 354.

（27）Bockemühl, a.a.O., S. 399.

（28）Dr. Lydia Kath, “Schöne detusche Krippenkunst,” *NS Frauen Warte*, 3. Jg. H. 13 (2. Dezemberheft 1934), S. 400-401.

（29）前掲『名作に描かれたクリスマス』四四ページ

（30）“Fröhliche Weihnacht überall,” *NS Frauen Warte*, 5. Jg. H. 12 (2. Novemberheft 1936), S. 385.

（31）Lebius, a.a.O., S. 402.
（32）"Kleines Weihnachts=A-B-C für die Hausfrau," *NS Frauen Warte*, 6. Jg. H. 12 (2. Dezemberheft 1937), S. 383.
（33）Gerda Gätjen, "Wir erfüllen drei Weihnachtswünsche ohne Geld," *NS Frauen Warte*, 1. Jg. H. 12 (15. Dezember 1932), S. 277.
（34）カスパーは「手使い《ハンド》人形劇《パペット》」の主人公。胴体部分に手を入れて人形を操り、ほかにお姫様、魔術師などさまざまな登場人物がいる。ドイツ語圏では、十八世紀末から知られているカスパー劇は現在でも小さな子どもに人気の催しである。
（35）Käthe Folz, "Für wenig Geld viel Freude," *NS Frauen Warte*, 2. Jg. H. 11 (1. Dezember 1933), S. 322-323.
（36）"Geschenke, die Freude machen," *NS Frauen Warte*, 4. Jg. H. 12 (3. Novemberheft 1935), S. 388.
（37）Zeithlin, a.a.O., S. 362.
（38）「女性展望」に掲載された広告については、「広告が描き出す日常生活と女性」（前掲『ナチス機関誌「女性展望」を読む』）に詳しい。
（39）Norbert Westenrieder, *Deutsche Frauen und Mädchen! Vom Alltagsleben 1933-1945*, Düsseldorf (Droste Verlag), 1990, S. 66f.
（40）"Geschenke, die Freude machen," *NS Frauen Warte*, 8. Jg. H. 11 (1. Dezemberheft 1939), S. 267.
（41）"Weihnachtspuppen," *Das Blatt der Hausfrau*, 19. Jg. (1908/09), H. 9, S. 4-5 (https://anno.onb.ac.at/cgi-content/anno-plus?aid=bdh&datum=1908&page=400&size=45)［二〇二三年八月三十日アクセス］
（42）"Ein bunter Weihnachtsmarkt," *NS Frauen Warte*, 9. Jg. H. 12 (2. Dezemberheft 1940), S. 196-197.
（43）"Spielzeug auf dem Weihnachtstisch—auch in 4. Kriegsjahr," *NS Frauen Warte*, 11. Jg. H. 8 (November 1942), S. 113.
（44）"Wir arbeiten Spielzeug für unsere Kinder," *ebd.*, S. 101.
（45）Karla Drabsch, "Wenn die Nebeltage die Nächte verlängern …," *ebd.*, S. 101.
（46）"Hausgeräte und Spielzeuge für den weihnachtlichen Gabentisch," *NS Frauen Warte*, 13. Jg. H. 2 (November

1944), S. 18-19.

(47) Karla Drabsch, "Haltet eurer Herzen Feuer wach durch alle schwere Not bis von unserm Stern ein neuer Schein in unsern Morgen loht," *NS Frauen Warte*, 13. Jg. H. 3 (Dezember 1944), S. 27 u. 30.

(48) "Unsere Kinder als Geber," *NS Frauen Warte*, 2. Jg. H. 11 (1. Dezember 1933), S. 309-310.

(49) Lauxmann=Kinzelmann, "Adventszauber," a.a.O., S. 353-354.

(50) Zeithlin, a.a.O., S. 365.

(51) Lebius, a.a.O., S. 402.

(52) Gerhart Drabsch, a.a.O., S. 326.

(53) "Es weihnachtet!," *NS Frauen Warte*, 7. Jg. H. 11 (2. Novemberheft 1938), S. 333.

(54) "Wir basteln zu Weihnachten," *NS Frauen Warte*, 7. Jg. H. 12 (1. Dezemberheft 1938), S. 362-363.

(55) "Mutter schreibt an Vater ins Feld," *NS Frauen Warte*, 8. Jg. H. 12 (2. Dezemberheft 1939), S. 275.

(56) "Zeitgemäße Weihnachtsgeschenke für die Frau, für den Mann," *NS Frauen Warte*, 1. Jg. H. 12 (15. Dezember 1932), S. 275-276.

(57) "Und die Geschenkverpackungen… aus Papierstreifen, Faden, kleinen Tannenzweigen," *ebd.*, S. 278.

(58) A. Liebig, "Gedanken über Weihnachtsgeschenke," *NS Frauen Warte*, 2. Jg. H. 11 (1. Dezember 1933), S. 309.

(59) "Handarbeit—die schönsten Weihnachtsgeschenke," *ebd.*, S. 329.

(60) "Für den Weihnachts=Gabentisch," *NS Frauen Warte*, 3. Jg. H. 12 (1. Dezemberheft 1934), S. 373.

(61) "Geschenke, die Freude machen," *NS Frauen Warte*, 4. Jg. H. 12 (Novemberheft 1935), S. 388.

(62) "Etwas für den Weihnachtstisch von deutscher Kunsthandarbeit," *NS Frauen Warte*, 6 Jg. H. 11 (1. Dezemberheft 1937), S. 344-345.

(63) "Vielerlei für den Weihnachtstisch vom deutschen Kunstwerk," *NS Frauen Warte*, 7. Jg. H. 11 (2. Novemberheft 1938), S. 344-345.

(64) "Zur Kenntnis für Weihnachtsmann," *ebd.*, S. 340.

(65) *NS Frauen Warte*, 5. Jg. H. 11 (1. Novemberheft 1936), S. 357.

(66) *NS Frauen Warte*, 5. Jg. H. 12 (2. Novemberheft 1936), S. 396.

(67) *NS Frauen Warte*, 8. Jg. H. 11 (1. Dezemberheft 1939), S. 271.

(68) *NS Frauen Warte*, 9. Jg. H. 8 (2. Oktoberheft 1940), S. 126.

(69) Gertrud Villforth, “Praktische Weihnachtsgeschenke,” *NS Frauen Warte*, 9. Jg. H. 12 (2. Dezemberheft 1940), S. 203.

(70) “Stroharbeiten,” *NS Frauen Warte*, 9. Jg. H. 11 (1. Dezemberheft 1940), S. 170, “Die schöne Handarbeit als Weihnachtsgeschenk,” *ebd.*, S. 178.

(71) *NS Frauen Warte*, 10. Jg. H. 10 (November 1941), S. 155.

(72) “Weihnachtsgeschenke, die Freude bereiten,” *ebd.*, S. 153.

(73) “Hausgeräte und Spielzeuge für den weihnachtlichen Gabentisch,” *NS Frauen Warte*, 13. Jg. H. 2 (November 1944), S. 18.

(74) “In letzter Minute,” *NS Frauen Warte*, 13. Jg. H. 3 (Dezember 1944), S. 31.

(75) Karla Drabsch, “Haltet eurer Herzen Feuer wach durch alle schwere Not bis von unserm Stern ein neuer Schein in unsern Morgen loht,” *ebd.*, S. 30.

(76) 第一次世界大戦中は、「主婦の雑誌」を発行していた（一九〇四年にフリードリヒ・シルマー社から引き継いだ）ウルシュタイン社が「ウルシュタインの本を戦場に送ろう！」と戦争物の書籍を八冊程度、頻繁に広告に掲載している。本は軍事小包には欠かせなかった。「主婦の雑誌」は、ヴァイマル時代には、九歳から十三歳向けにエーリヒ・ケストナーの『エミールと探偵たち』や人気女性作家ヴィッキィ・バウムの小説を紹介している。ナチ時代の一九三五年には、プレゼントテーブルに本があるのはドイツの伝統だと述べていて、経済的に最も豊かになった三八年には、かなりの数の本を複数ページにわたって紹介している。

(77) Christian Adam, *Lesen unter Hitler. Autoren, Bestseller, Leser im Dritten Reich*, Berlin (Galiani Berlin), 2010, S. 53.

(78) "Weihnachtliche Bücherschau," *NS Frauen Warte*, 10. Jg. H. 10 (November 1941), S. 147.

(79) "Bücher für den Weihnachtstisch," *NS Frauen Warte*, 1. Jg. H. 11 (1. Dezember 1932), S. 259 u. 263.

(80) Rose Dittmann=von Aichberger, "Das Weihnachtsbuch für unsere Jugend,"*NS Frauen Warte*, 4. Jg. H. 12 (Novemberheft 1935), S. 397.

(81) Lore Bauer=Hundsdörfer, "Bücher für die Front und den Weihnachtstisch der Heimat," *NS Frauen Warte*, 9. Jg. H. 12 (2. Dezemberheft 1940), S. 194, Lore Bauer=Hundsdörfer, "Weihnachtliche Bücherschau," *NS Frauen Warte*, 10. Jg. H. 10 (November 1941), S. 147.

(82) Dittmann=von Aichberger, "Das Weihnachtsbuch für unsere Jugend," a.a.O., S. 381.

(83) Rose Dittmann=von Aichberger, "Wir schenken unserer Jugend gute Bücher zu Weihnachten," *NS Frauen Warte*, 6. Jg. H. 11 (Dezemberheft 1937), S. 331.

(84) Rose Dittmann=von Aichberger, "Weihnachtsbücher für die Jugend," *NS Frauen Warte*, 7. Jg. H. 11 (2. Novemberheft 1938), S. 339.

(85) Rose Dittmann=von Aichberger, "Das gute Weihnachtsbuch für unsere Jugend," *NS Frauen Warte*, 8. Jg. H. 11 (1. Dezemberheft 1939), S. 259.

(86) Dittmann=von Aichberger, "Weihnachtsbücher für die Jugend," a.a.O., S. 339 u. 356.

(87) 著者のハソ・フォン・ヴェーデルは出版当時、国防軍最高司令部に新設された国防軍プロパガンダ部門指導者だった。この部門は一九四二年に国防軍最高司令部の国防軍プロパガンダ部局グループに拡大され、プロパガンダ中隊は彼の指揮下にあった。四三年には陸軍少佐に昇格している。

(88) Lore Bauer=Hundsdörfer, "Bücher für die Front und den Weihnachtstisch der Heimat," *NS Frauen Warte*, 8. Jg. H. 12 (2. Dezemberheft 1939), S. 278.

(89) Bauer=Hundsdörfer, "Bücher für die Front und den Weihnachtstisch der Heimat," *NS Frauen Warte*, 9. Jg. H. 12 (2. Dezemberheft 1940), S. 194 u. 205.

(90) Bauer=Hundsdörfer, "Weihnachtliche Bücherschau, *a.a.o.*, S. 147.

（91）“Pfefferkuchenhaus,” *NS Frauen Warte*, 1. Jg. H. 11 (1. Dezember 1932), S. 254.
（92）“Weihnachtswagen,” *NS Frauen Warte*, 1. Jg. H. 12 (15. Dezember 1932), S. 281.
（93）“Weihnachtsbäckerei,” *NS Frauen Warte*, 2. Jg. H. 11 (1. Dezember 1933), S. 330.
（94）Else Darich, “Das Familienrezept,” *NS Frauen Warte*, 3. Jg. H. 12 (1. Dezemberheft 1934), S. 366.
（95）“Weihnachtliche Vorbereitungen in der Küche,” *ebd.*, S. 377.
（96）“Adventszeit – Vorbereitungszeit,” *NS Frauen Warte*, 4. Jg. H. 12 (Novemberheft 1935), S. 392.
（97）“Weihnachtsvorbereitungen in der Küche,” *NS Frauen Warte*, 5. Jg. H. 12 (Novemberheft 1936), S. 383.
（98）“Fröhliche Weihnacht überall,” *ebd.*, S. 385.
（99）H. von Schrötter, “Der Altvorderen Festgebäck,” *NS Frauen Warte*, 5. Jg. H. 13 (Dezemberheft 1936), S. 412-413.
（100）ナチ政権の組織は階層的に構成されていた。ドイツ全土を三十四の「大管区」に分け、その下に複数の「管区」、一つの管区の下に複数の「支部」が組織され、以下、「細胞」、「班」（四十世帯から五十世帯単位）の順にピラミッド型の上下構造で成り立っていた。第二次世界大戦開戦後、東部地域を占領して、一九四一年には大管区の数は四十三に拡大した。
（101）“Weihnachts=Bäckereien,” *NS Frauen Warte*, 6. Jg. H. 11 (Dezemberheft 1937), S. 351.
（102）“Pfefferkuchen aus Mutters Werkstatt,” *NS Frauen Warte*, 7. Jg. H. 11 (2. Novemberheft 1938), S. 334.
（103）“Weihnachtsvorbereitungen in der Backstube,” *NS Frauen Warte*, 8. Jg. H. 11 (1. Dezemberheft 1939), S. 278.
（104）“Vorbereitungen für die zweite Kriegsweihnacht,” *NS Frauen Warte*, 9. Jg. H. 11 (1. Dezemberheft 1940), S. 179.
（105）例として、エッセン地区の一九四二年のクリスマス特別配給をみてみると、大人一人あたりコーヒー豆五十グラム、アルコール飲料〇・七リットル、肉二百グラム、バター百二十五グラム、小麦粉五百グラム、砂糖二百五十グラム、豆類百二十五グラム、チーズ六十二・五グラム、菓子類百二十五グラム（子どもには二百五十グラム）だった。四三年はバター、小麦粉、砂糖、コーヒー豆、菓子類の量は前年同様で、アルコール飲料は〇・三五リットルに減った。前掲『ヒトラー政権下の日常生活』二六二―二六四ページを参照。
（106）“Weihnachtliche Bäckereien,” *NS Frauen Warte*, 10. Jg. H. 10 (November 1941), S. 334.

(107) "Für das Feldpostpäckchen," *NS Frauen Warte*, 12. Jg. H. 2 (Oktober 1943), S. 28, "Für das Weihnachtspäckchen," *NS Frauen Warte*, 12. Jg. H. 3 (November 1943), S. 39.
(108) "Leckere Weihnachtsfreuden für unsere Soldaten!" *NS Frauen Warte*, 13. Jg. H. 2 (November 1944), S. 24.
(109) "Zum Kuchen reicht es immer," *NS Frauen Warte*, 13. Jg. H. 3 (Dezember 1944), S. 28.
(110) "Verheißungsvolle Düfte," *ebd.*, S. 35.
(111) 前掲『名作に描かれたクリスマス』一四〇ページを参照。
(112) "Gutes für die Festtage," *NS Frauen Warte*, 2. Jg. H. 12 (15. Dezember 1933), S. 362.
(113) "Adventszeit – Vorbereitungszeit," a.a.O., S. 392.
(114) "Buntes Allerlei," *NS Frauen Warte*, 5. Jg. H. 13 (Dezemberheft 1936), S. 425.
(115) "Für festliche Stunden mit lieben Gästen," *NS Frauen Warte*, 8. Jg. H. 12 (2. Dezemberheft 1939), S. 284.
(116) "Gutes für die letzten Wochen im Jahr," *NS Frauen Warte*, 11. Jg. H. 9 (Dezember 1942), S. 130-131.
(117) "Aus Festtagsküche," *NS Frauen Warte*, 12. Jg. H. 4 (Dezember 1943), S. 54.
(118) "Unsere Rezeptseite," *NS Frauen Warte*, 13. Jg. H. 3 (Dezember 1944), S. 36.
(119) トーマス・マン『ブッデンブローク家の人びと』下、望月市恵訳（岩波文庫）、岩波書店、二〇一五年、四二―四四、五四―五五ページ

第4章
社会的・政治的プロパガンダに利用されるクリスマス

クリスマスが実践される二つのフィールド——家庭と社会——のうち、社会というフィールドでクリスマスを社会的・政治的プロパガンダとして利用した例は、第1章でみたようにナチス・ドイツ以前にもあった。一つは戦争である。第一次世界大戦の戦場で将校たちは「ドイツのクリスマス」を祝ったが、このときロウソクをともしたクリスマスツリーは民族意識や愛国心の高揚に利用された。特に、総力戦になった第一次世界大戦では、銃後と前線の連帯を強化する目的で、銃後で大量のクリスマス小包を用意して前線に送った。もう一つは、第一次世界大戦の敗戦による精神的打撃、政治的混乱、経済的困窮のなかで、とりわけ一九二九年の世界恐慌後にみられたように、クリスマスは、反ユダヤ主義運動に利用されたり、富裕層と対立する労働者階級の闘争の道具になったりした。

ナチ政権もヴァイマル共和国末期の経済的困窮を引きずって始まったため、経済の立て直しは内政の安定（ナチ化）とともに最重要課題だった。ここではまず第一に、ナチ時代の窮乏期を振り返り、エルツ山岳地方をはじめ、辺境地域で貧困に苦しむ労働者家族について、クリスマスに着目して紹介したい。というのも、「女性展望」のクリスマス号には、困窮する同胞への理解を深め、彼らを支援して民族共同体の経済格差を縮小しようと訴える記事が、第二次世界大戦開戦前のクリスマス号まで毎年欠かさず掲載されているからである。こうした記事は、同胞の窮乏を救うという実際的レベルにとどまらず、辺境の同胞を読者に繰り返し意識させることで、民族共同体への帰属感を醸成させたと考えられる。

もちろん、ナチスの権力掌握時には六百万人の失業者がいたわけだから、都市部にも貧窮は蔓延していた。そうした経済的苦境に陥った人々に対する公的福祉政策が「ドイツ民族の冬期救援事業」(以下、冬期救援事業〔WHW〕)だった。ナチ時代の冬期救援事業は一九三三年から始められていて、十月から三月までの半年間を充てていた。そして容易に想像できることだが、クリスマスは最も重要な時期だった。クリスマスツリーを飾ることもできず、プレゼントももらえない貧困家庭もクリスマスを祝えるように、クリスマス前の時期に大規模な募金と寄付の収集活動が展開された。そして「みんなのクリスマス」と称して地域ごとに組織的なクリスマス会を催し、参加できない支援対象者へはプレゼント小包が発送された。こうした活動には、ナチ党の組織をはじめ、ナチ女性団、ドイツ女性事業団、ドイツ女子青年団や少女団まで駆り出された。したがって、「女性展望」には冬期救援事業をめぐる詳細な活動報告が記事として掲載されている。第二に、こうした活動報告記事をもとに、女性の視点から冬期救援事業の内実を明らかにしたい。

この事業は、開戦後は「戦時冬期救援事業」と呼ばれた。開戦直前にドイツは、経済的に最も豊かな時期を迎えていて、冬期救援事業の支援対象者は経済的困窮者ばかりではなくなった。開戦後は前線の兵士を最優先の支援対象として活動が展開される。第一次世界大戦時と同様に、戦場にあっても故郷のクリスマスを迎えられるよう銃後は力を尽くし、銃後が常に前線兵士を支えていることを示そうとした。次いで、東部に獲得した領土に帰還した民族上のドイツ人たちの支援、そして出征で男手を失い戦時奉仕活動で負担が増大した女性世帯の支援に力が注がれた。冬期救援事業が「戦時冬期救援事業」となって、活動内容がどう変化したのか確認したい。

第一次世界大戦時にクリスマスを使って戦争遂行に利するプロパガンダが展開されたように、第二次世界大戦でも「女性展望」の記事は、前線と銃後の一体化を図り、連帯が崩れないように努め続けた。戦場から届くクリスマスレポートについての記事、母から前線の息子へ送るクリスマス小包や手紙についての記事、あるいは、夫や父、兄弟不在のクリスマスをどう過ごすか指南する記事など「戦時のクリスマス」に関わる記事は、銃後が一丸となって前線を支えるためのプロパガンダだった。ただし、悪化する戦局と銃後への空爆に脅かされる戦争末期には、そうした記事が銃後を守る女性たちを精神的に支える役割も果たした。

1　辺境地域の労働者家族への支援

困窮する辺境の労働者家族へ関心を向け、彼らが作るクリスマス製品やクリスマスプレゼントになる品物を購入して少しでも援助の手を差し伸べようと読者に訴える最初の記事は、創刊まもない一九三二年十二月十五日のクリスマス号に掲載されている。「わが国の女性家内労働者たちは、はなはだしい貧困に苦しんでいる。美しいドイツのレースは、常に喜んでもらえる贈り物です(1)」と何種類かの襟飾りレースを写真入りで紹介している。女性雑誌らしく、まず女性家内労働者の貧困に目を向けていて、一九三四年十二月第一号も写真入りで「ボビンレースを織るエルツ山岳地方の女性家内労働者を助けてください！(2)」とボビンレースを施した三十センチ×三十センチの繊細なテーブルセンターを購入するよう求めて、女性団の大管区の支部ごとに注文を受け付けている。この時期は国全体が経済的困窮期にあったので、どれほどの購買力があったかわからないが、だからこそ組織的購入を図ろうとしていることがうかがえる。翌年の一九三五年十一月第三号は、一ページを使って装飾的なレースの襟の写真を載せて、ボビンレースの発祥についての記事を掲載している（図４―１）。

一九三四年十二月第一号は、伝統的なクリスマス人形や飾り、おもちゃを作る辺境の小村を紹介する特集号だった。「女性展望」の二人の編集責任者の一方であるエレン・ゼンメルロート（図４―２）が、グリム童話の「怖がることを学ぶために旅に出かけた男の話」をもじって「プレゼントすることを学ぶために旅する人々について」というタイトルで記事を書いている。

荒天の季節に旅行をしたいと思う人はいないだろうし、家でやらなければならない仕事もある。それに、そもそも旅行をするお金もない。しかし、ドイツの隅の小さな村や町には本当に困っている人々がいる。身近にいる人だけでなく、民族同胞にクリスマスの喜びを味わってもらうために、誌上旅行をしようというわけである。まず、エルツ山岳地方へ出発。その土地の人々は、子どもたちの心をつかむ人形、ぬいぐるみ、降誕の厩を作る家内工業にたゆまずいそしんでいる。しかし、彼らは痩せ、心労が表情に出ている。食事は、コーヒーとジャガイモとパンだけで、毎日同じものしか食べられない。子どもたちの顔は青白く、子ども時代は短く、年若くして成熟してしまう。彼らを手助けする親戚は近くになく、都市なら受け取れるはずの社会保障もないと、エルツ山岳地方の過酷な生活を活写している。

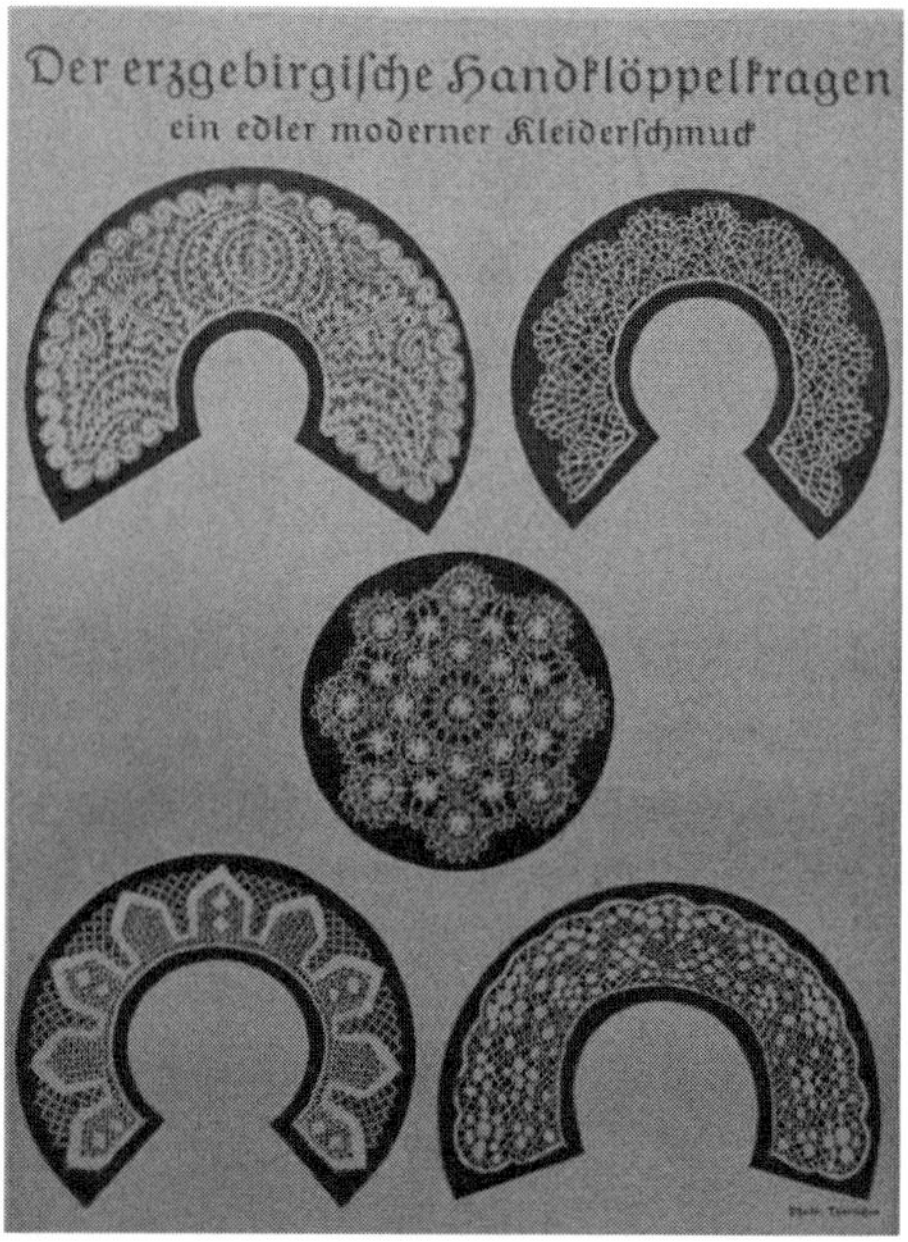

図4-1 「エルツ山岳地方のボビンレースの襟　上品でモダンなワンピースのアクセサリー」
(出典:「女性展望」1935年11月第3号、383ページ)

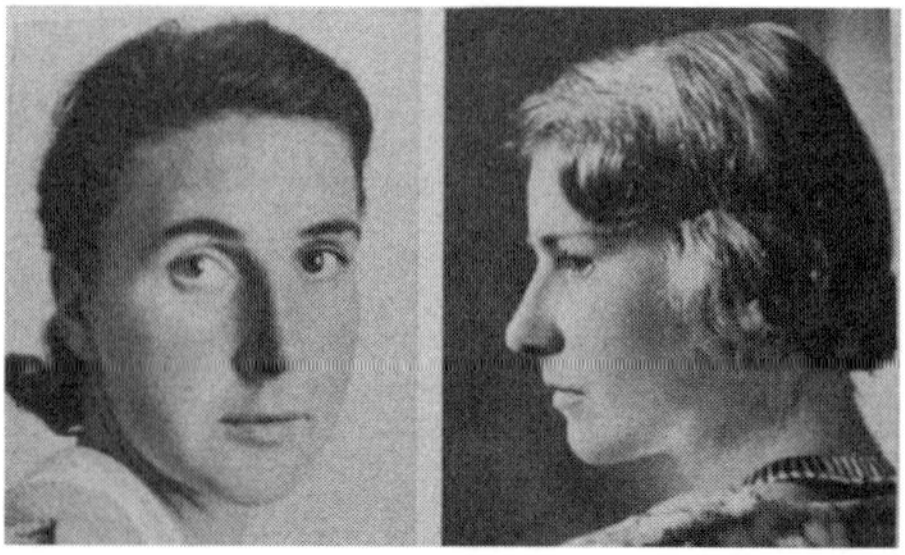

図4-2 エレン・ゼンメルロート(左)とレナーテ・フォン・シュティーダ(右)
この若い2人が「女性展望」の編集責任者だった。
(出典:「女性展望」1934年8月第2号、132ページ)

エルツ山岳地方を見学したあとは、テューリンゲンの森へ、それからシュヴァルツヴァルトへ向かう。シュヴァルツヴァルトの農民が作る木の彫刻や、グラスや皿の絵付けにみられる美しいドイツの民族性とは対照的な、厳しい土地の生活が描写される。最後の訪問地はバイエルン東部の辺境である。ゼンメルロートは、貧困生活を送る数百万人の同胞がクリスマスを楽しく迎えられるよう、クリスマスプレゼントとして彼らが作る民芸品を購入すること、加えて彼らを救うために、総統が呼びかける冬期救援事業に協力することを訴えている。(3)

この導入記事に続いて、エルツ山岳地方のさまざまなおもちゃ、テューリンゲンの森にある世界最大のおもちゃ生産地ゾンネベルクの人形作り（図４―３）、シュヴァルツヴァルトの農家の工房、ドイツで最貧といわれるバイエルン東部辺境地のクリスマスプレゼント向き製品についての記事（図４―４、４―５）が並び、九ページに及ぶ大特集になっている。

図4-3「人形作りの村々でクリスマス前の時期によく目にする路上風景」
（出典：「女性展望」1934年12月第1号、359ページ）

一九三五年十一月第三号でも、エルツ山岳地方の木製のおもちゃを三ページにわたって紹介し、山岳地方の人々について読者の理解を深めようとしている。それに続いてエルツ山岳地方関連の記事を二つ、四ページにわたって掲載している。

記事「エルツ山岳地方の仕事場で」は、山岳地方の人々の暮らしを次のように紹介している。(4) 信仰を理由に土地を追われたベーメンの鉱山労働者たちは、原生林に覆われたフレーアタールの山地の上部と中部に住み着き、錫などの鉱石を掘り出して生計を立てている。地元の木材で家を建て、副業として、一年の特別な祝祭、特にクリスマスのためにロウソク立てや天使、伝説の登場人物、森の小人、鹿の木彫り人形、ベーメンのスロバキア人、日焼けした顔の狩人、簡素な仕事着の森の労働者などの民族的煙出し人形を製作してきた。人々の信仰心が、世の中から隔絶されて長いこと雪と氷に閉ざされる土地でこの地方独特のクリスマスを守ってきたが、何百年も続くこの飾らない素朴で純真な民芸品が、これまでも、そしていまでも貧窮のなかで大きな危機に瀕している現実を伝えている。

この簡単な紹介のあとに、八十年の歴史をもつ国立ザクセンおもちゃ専門学校が立地し、おもちゃの卸問屋が集まるグリューンハイニヒェンと、クリスマスのおもちゃの製造の中心地ザイフェン（図4―6、4―7、4―8、4―9）のレポートが続く。苦しい生活を強いられてきた人々の状況も、ヒトラー総統による運命の転換日以来、改善しつつあるとし、心温まる同胞の援助を受けていることを伝えている。この号の表紙には、その年の冬期救援事業の募金の証しとして手渡されるエルツ山岳地方で作られた「小さな騎手」の写真が載っている（図4―10）。表紙も記事も、辺境地域の人々を援助する冬期救援事業への協力を読者に呼びかけるためのものだった。

冬期救援事業については次節で詳述するが、一九二九年の世界経済恐慌で増加した失業者の救済対策は、ヴァ

図4-4 「バイリッシャーヴァルトの木靴職人」
（出典：同誌362ページ）

図4-5 「日曜日も働き者の手は休むことがない。ヘムステッチのために糸を引き出す骨が折れる仕事に従事する農村女性」
（出典：同誌363ページ）

イマル共和国時代には、さまざまな慈善団体が中心になって実施していた。しかし、ナチ時代の特徴は、それが全国民を巻き込んだ国家事業になったことだった。貧困家庭は実際には都市部の労働者層に多かったが、「女性展望」は繰り返し辺境に暮らす貧しい労働者家庭の記事を掲載し、辺境の人々が作る伝統的なおもちゃをクリス

図4-6 「ザイフェン村」
（出典：「女性展望」1935年11月第3号、378ページ）

図4-7 「エルツ山岳地方のおもちゃ産業。ザイフェンのエーネルト家」
（出典：同誌372ページ）

マスプレゼントとして購入するよう、また冬期救援事業に協力して彼らを助けるよう読者に訴え続けた。しかし辺境の人々についての記事は、そうした実際的な目的にとどまらず、日頃は考えもしない国境をイメージさせ、会ったこともない人々もまた同じドイツ人同胞であることを読者に意識させることができた。つまり、ナショナリズムの醸成に寄与したのである。生活苦と不況は、第一次世界大戦の敗戦で押し付けられた過酷なヴェルサイユ条約が原因だと多くのドイツ人は受け止めていたので、外国の援助が期待できない以上、同胞同士で助け合う

図4-8 「この旋盤で、坑夫や天使、くるみ割り人形、煙出し人形、ほかの美しいものすべての基本形が作り出される」
(出典：同誌374ページ)

図4-9 「切削ツリーは、こんなふうに誕生する」
(出典：同誌375ページ)

ほかなかった。そうした思いで冬期救援事業に参加するドイツ人の心情は、容易に排外主義的になった。

それでも一九三六年になると、経済に改善がみられるようになり、クリスマスプレゼントに贅沢品を購入する余裕も出てくる。こうした変化に合わせて「女性展望」は一九三六年十一月第二号で、デパートなどで買い物をせず、本物の民芸品、手工業品を購入するようにと勧めている。[5] 一九三七年になっても、その方針は揺るがない。しかし、このころになると、辺境で作られるおもちゃを薦める理由は、同胞を助けるためとされながらも、むしろゲルマン・ドイツ的世界観が表れている伝統的なおもちゃだからという理由が前面に出てくる。歴史的技術の伝承を重視し、木や鉄など自然素材を使用することに価値を置き、そして大量生産を批判する姿勢がはっきりと見て取れる。[6] この姿勢は、第二次世界大戦開戦前のクリスマス号である一九三八年十一月第二号の記事まで変わることはなかった。

2 「みんなのクリスマス」——ナチ女性団、ドイツ女性事業団、ドイツ女子青年団、少女団の活動

図4-10 「冬期救援事業のクリスマス募金の証しとなるエルツ山岳地方の小さな騎手に思いを寄せてください」
（出典：同誌、表紙）

本節では、冬期救援事業を中心に「みんなのクリスマス」について考察する。冬期救援事業は、クリスマスの時期に限って実施されていたわけではないため、まずこの事業の概要をつかんでおきたい。[7] その後、ナチ女性団、ドイツ女性事業団、ドイツ女子青年団（団員は十四―十八歳、一九三八年から二十一歳まで[8]）そして少女団（十―十四歳）の女性組織が具体的にどのように冬期救援事業と関わり、またそこから派生したどんな活動を展開したのか具体的にみていきたい。

冬期救援事業（WHW）

「冬期救援事業」は、ナチス・ドイツ時代におこなわれた国家主導の貧困者救済活動である。ベルリンに本拠を置く公的機関（法的には一九三六年十二月一日の「ドイツ国民の冬期救援事業に関わる法律」に基づく）で、物品収集や募金活動をおこない、集まった金品を直接的に、あるいはエーリヒ・ヒルゲンフェルトを指導者とするナチ国民福祉団（NSV）の関連組織を通じて窮乏生活を送る国民に届けて支援した。この支援活動は、国民の物質的困窮を和らげ、その結果、ナチ政権の内政の安定化に寄与した。さらに、第一次世界大戦敗戦以降、外圧によって苦しめられているという思いにとらわれていたドイツ国民にとって、国民間の互助活動は民族共同体への帰属感を強化することにつながった。募金額については、第二次世界大戦開戦直後の一九三九／四〇年度（十月から翌年の三月まで）の冬期救援事業以降、公的福祉団体に国が支給する金額を上回っていた。すなわち、社会福祉政策に支出する国家財政の負担は冬期救援事業で大幅に軽減されていたのである。

ナチス・ドイツの第一回冬期救援事業は、政権を掌握した一九三三年の冬に始まったが、この活動はナチ党が始めたものではなかった。ヴァイマル時代に失業者向けに地方レベルで救援活動が二三年に始まり、翌二四年には、プロテスタントとカトリックのキリスト教団体、ドイツ赤十字、ドイツ・ユダヤ人中央福祉局、さらにさまざまな宗派を超えた福祉団体などが全国自由福祉事業同盟を立ち上げた。労働組合や労働者福祉団が政府に経済・社会政策を要請した一方で、全国自由福祉事業同盟は国民救援のための組織的募金運動を計画した。ハインリヒ・ブリューニング内閣だった三一年九月から三二年三月まで、いわゆる「冬期救援」のための第一回募金運動が実施され、四千二百万マルクが集まった。募金活動は翌年も実施された。

ナチ政権になると、ゲッベルスは夏から国民社会主義の冬期救援募金活動の準備を始め、ヒトラーは一九三三年九月十三日に「空腹と寒さに対する第一回冬期救援活動」を宣言した。その後も、募金活動はいつもラジオ放送されるヒトラーのスピーチでスタートした。生活困窮者は労働者階級に多かったため、冬期救援事業は、ナチ党に反感をもつ労働者階級を取り込むための重要な国家事業と見なされた。実際、冬期救援事業は、失業者対策と相まって、かなり早い時期にナチ政権が労働者から支持される要因になった。

第一回の冬期救援事業募金活動は成功したが、第二回の募金活動が成果を挙げるか不安に思ったゲッベルスは、「国民連帯の日」の導入を決めた。一九三四年十二月十日に全国で一斉におこなう路上募金に有名な芸術家や党の幹部を動員し、自らも妻のマクダ・ゲッベルスと路上に立って、募金缶を四十二個もいっぱいにしている。この大成功はヒトラーを大喜びさせた。「国民連帯」という命名は、労働者の意識に根付いていた「国際連帯」というスローガンをプロパガンダのために利用したものだった。(9)

継続的に活動を支えるボランティアは、百二十万人から百五十万人程度だったといわれている。彼らは、ナチ国民福祉団の「班長」の指導の下に置かれていた。

「班」は、ナチ時代の行政組織の最下位に位置する組織だった。第3章で述べたように、ドイツ全土は三十四の「大管区」（第二次世界大戦開戦後は東部地域を占領したため、一九四一年には四十三に拡大）に分けられ、各大管区の下には複数の「管区」が置かれ、その各管区には複数の「支部」があり、各支部の下には複数の「細胞」が組織され、各細胞は複数の「班」（四十世帯から五十世帯単位）から構成され、全体としてピラミッド型の上下構造を作り上げていた。この巨大なネットワークによって、迅速な上意下達が可能になっていた。

さて、金品の寄付方法はさまざまだった。十月に開始される各世帯からの古着回収、毎月すべての世帯に袋を配布し、二キログラムの食料を入れて提出する「二キロ寄付」、毎月第一日曜日に「煮込み鍋の日曜日」を実践し、それで節約できた食材代を寄付した。路上募金、商店への募金箱の設置、記念切手の販売、チャリティーの文化行事やスポーツ競技会などもあった。大口の収入は、企業や団体の寄付と「賃金と月給からの救援税」だった。

就労者は冬の半年間、冬期救援事業のために毎月救援税を月給から天引きされることを義務と見なしていた。一九三六年からは六カ月間、全国一律給与所得の一〇パーセントが天引きされ、冬期救援事業に支払われた。それまでは、地域によって金額はまちまちだった。

寄付される物品は初期には家具や古着、石炭やジャガイモが圧倒的に多かった。その貨物運賃だけでも一千万マルクかかったが、それは国有鉄道の寄付として扱われ請求されなかった。

それでは、どれだけの金品が集まったのだろうか。

第一回の冬期救援事業の寄付総額は、ヴァイマル時代の八倍以上の三億五千八百万マルク（現在のおよそ二千五百五十六億千二百万円）[10]となり、寄付総額は年々増大した。とりわけ開戦後の増額幅は大きく、最後の一九四二／四三年度の戦時冬期救援事業では、最高額の十五億九千五百万マルク（およそ九千七百十三億五千五百万円）に達した。収入金額の内訳を一九三七／三八年度（四億千九百万マルク）を例にとってみてみると、多い順に二四・七パーセントが企業と団体の寄付、二四・三パーセントが物品寄付（石炭、ジャガイモ、食料品、家具、書籍など「一キロ寄付」を含む）、一九・二パーセントが賃金と月給からの救援税、八・三パーセントが「煮込み鍋」からの寄付、八・二パーセントが路上募金、二・四パーセントが国有鉄道の貨物運賃免除になっている。

次に、寄付された金品がどのように配分されたかをみてみよう。

困窮者は、冬期救援事業の地区事務所に申込書を提出し、地区事務所で石炭やジャガイモ、そのほかの物品や農産物を受け取った。現金支給はなかった。一九三六年の場合、三人の子どもがいる援助の必要な家族は、十三枚の燃料引換券、二百キログラムのジャガイモ、三十マルク相当の食料品引換券、衣料品または食料品引換券三枚を支給され、さらにクリスマス、復活祭、権力掌握の日（一月三十日）にそれぞれ小包を受け取った。その合計金額は、労働者の月給のほぼ半分にあたる百マルクになると見積もられている。

先に挙げた一九三七／三八年度の四億千九百万マルクのうち七〇パーセントが困窮者に配分され、残りの三〇パーセントはナチ国民福祉団を通して救援事業「母と子」、全国母親奉仕団、結核患者救援事業、学校歯科事業、およびドイツ赤十字に支払われた。年を追うごとに冬期救援事業の寄付総額が増加する一方で、経済状況の改善によって困窮者数が減少したので、一九四〇／四一年度は全体の六〇パーセント近くが救援事業「母と子」に渡った。開戦後、男性が出征したあとの職場を女性たちが埋めたことから、幼稚園増設や保育士の増員、実質的に「働く母と子」の世帯を援助する必要が増大した。いずれにせよ、冬期救援事業はナチ国民福祉団にとってなくてはならない財源になっていた。

冬期救援事業開始時のナチ女性団とナチ指導部との緊張関係と和解

冬期救援事業はクリスマスシーズンにだけおこなうものではなかったが、クリスマス前の時期には特にさまざまな寄付活動を実施し、困窮家庭にクリスマス小包を準備してクリスマス会を催すことから、毎年クリスマス号にナチ女性団やドイツ女性事業団、女子青年団の活動報告が載る。ところが、第一回の冬期救援事業については、クリスマス号だけでなく、この年度の冬期救援事業期間中のどの号にも関連記事を見つけられなかった。ナチ女性団は、すんなりと冬期救援事業に協力したわけではなかったことがわかる。

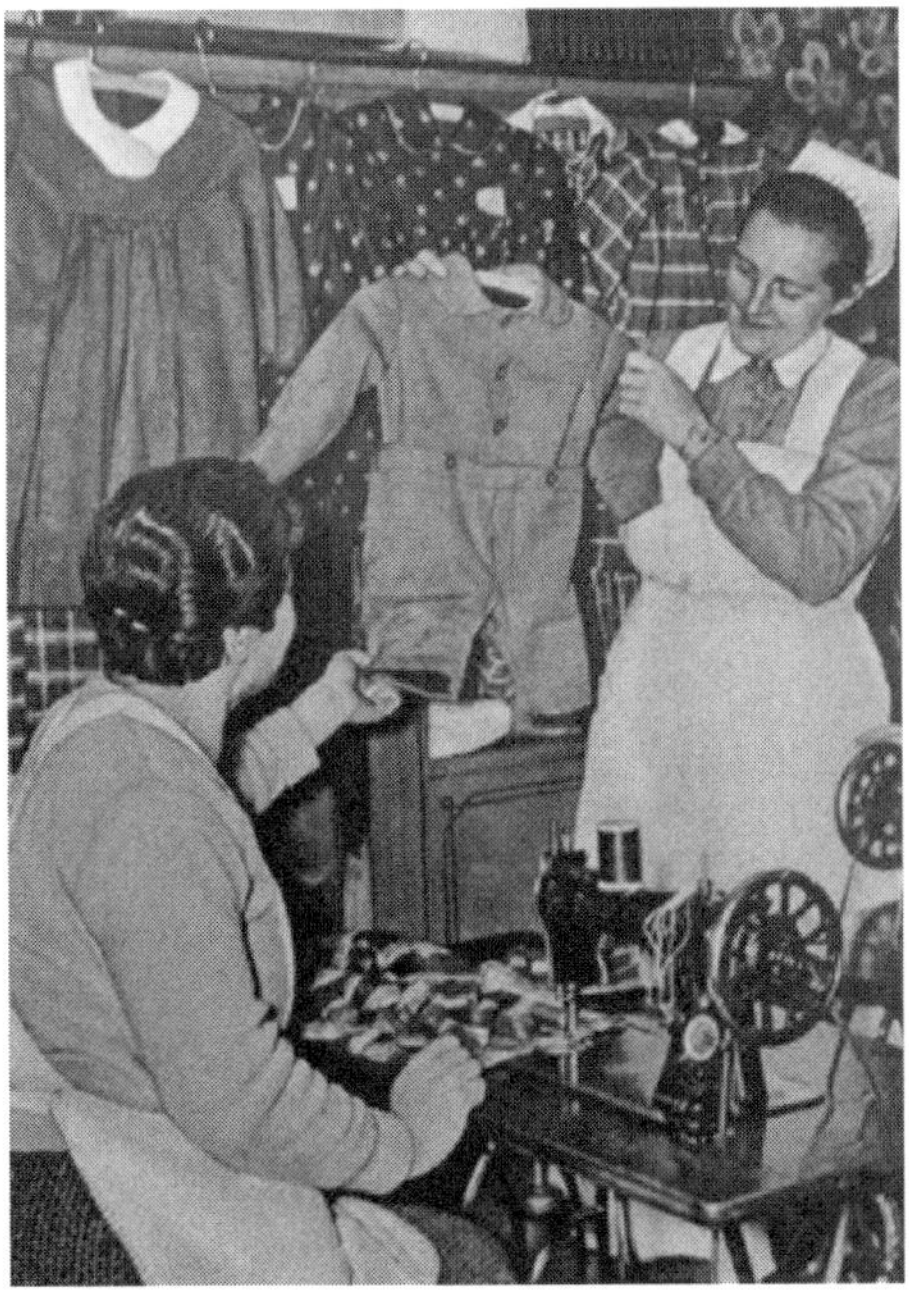

図4-11　「集めた服を良好な状態に手直しして冬期救援事業の準備をする」
（出典：「女性展望」1939年9月第2号、163ページ）

見つかったのは、女性商工会議所とナチ女性団、ハンブルク主婦連盟が主催して一九三三年十二月九日から十八日にかけてハンブルクで開催される「経済と文化」をテーマにした展示会を予告する記事「ハンブルクの女性たちによるにぎやかなクリスマス市」[11]だけだった。これは冬期救援事業とは関係がない催しだった。

クリスマス市と銘打っているため、アドヴェント・テーブルの飾り方を展示する部

図4-12 「冬期救援事業で送る保存用缶詰作りに精を出すナチ女性団・ドイツ女性事業団員」
1939年ともなれば、ナチ女性団とドイツ女性事業団は団結してさまざまな社会活動に進出していた。
（出典：同誌162ページ）

屋や、安価でこまごました生活用品を売る店が軒を連ねるクリスマス市もあるが、主眼は、導入されたばかりの結婚資金貸付制度(12)を解説する部屋や、伝統的な手工業の技術を披露しながら織物、製本、金細工などの女性の作品を展示するホールだった。別のホールでは純毛や絹製の実用的な洋服のファッションショーも開かれる。女性はどれでも気に入った服を着ればいいわけではなく、特に就労女性に目的に合った美しい服を紹介すると謳っている。そのほか、タイプライターや速記のコンクールが計画されている。ちょうどこのころ、男性失業者を救うために労働市場から女性を締め出す政策がとられていたので、その政策への対抗姿勢のようにみえる。上階のギャラリーでは、乳幼児の世話の仕方、小さな子どもの遊ばせ方、幼稚園の様子が展示される。また、ドイツ女子青年団員が少女団への加入の意義を小学生の子どもをもつ来場者に説明し、勧誘することになっていた。

この年度の冬期救援事業が終わるころの一九三四年三月第一号にようやく、「ナチ国民福祉団全国指導者ヒルゲンフェルトからのナチ女性団への感謝のことば(13)」が掲載された。その文面からナチ女性団がどんな仕事を引き受けたかがわかる。

一九三三年初秋から食料品や古着、下着を大量に収集して、全国のナチ女性団員は支部の何千という裁縫部屋で貧困家庭のために洗濯した衣類を繕い、リフォームする作業を何日も続けた（図4―11）。農作物、野菜、果物を集めて、冬に配布できるよう保存食の缶詰を作ることもした（図4―12）。困窮者が昼食をとれる安い食堂を運営し、何千という数のクリスマス小包を準備した。そのほか、「煮込み鍋の寄付金」や「二キロ寄付」を集め、冬期救援事業の記念品や花を販売して収益を上げた。さらに、古くからのナチ運動の闘士とその家族が空腹や寒さに苦しんでいないか配慮することも活動の一環だった。ヒルゲンフェルトが特に強調したのは、ナチ女性団員自身、恵まれた生活を送っているわけではなく、同じように困窮しているにもかかわらず、同胞のために献身的なはたらきをみせたことだった。

図4-13 「総統は、女性会議に出席する1万人もの女性団員の終わりがない喝采に迎えられる」
（出典：「女性展望」1934年9月第2号、202ページ）

しかし、第一回冬期救援事業については、ヒルゲンフェルトの感謝の言葉はあっても、ナチ女性団の機関誌である「女性展望」の側からの救援事業への参加を促す呼びかけや活動報告が一切ないことは意外である。このことは、ナチ党の権力掌握直後に、女性政策をめぐってナチ指導部とナチ女性団の間に緊張関係が生じたことに起因すると考えられる。

一九三三年一月三十日にヒトラー内閣が成立する。三月には全権委任法を国会で通過させ、いくつもの新法によって着々と独裁体制の構築を進め、そして七月十四日の新党設立禁止法によって一党独裁体制が確立する。その一方で、女性政策については、失業対策の一環だったとはいえ、上級管理職から女性を締め出し、州やそのほかの自治体から女性官吏を解雇する。女性教師の削減、女子学生の

図4-14　「民族衣装のナチ女性団員に囲まれる総統」
（出典：同誌203ページ）

入学制限、男性失業者を救うために女性に退職を促す結婚資金貸付制度の導入を矢継ぎ早におこなう。こうした女性差別的政策にナチ女性団員は不安と当惑を隠しきれなかった。ヒトラーを首相にすべく、選挙運動で最大限の支援活動を展開したナチ女性たちは、政治や経済分野にまで進出しようとは思わなかったが、自分たちが自由に活動を展開できるものと考えていたからである。「新国家が女性を必要としないとわかっていたら、ヒトラーのために運動することなど絶対なかったでしょう[14]」という声も女性指導者たちのなかから上がった。一九三六年五月第一号の記事「救援事業「母と子」の二年」にも、闘争期から政権掌握直後までのナチ党が示した女性抑圧スローガンと行動に驚きを感じたという回顧が載っている[15]。

内政がまだ不安定だった一九三三年は、ナチ女性団にも波乱が多い時期だった。エルスベト・ツァンダーに代わって三三年四月に第二代のナチ女性団指導者になったのは、ドイツ女子青年団の指導者だった、当時まだ二十歳のリューディア・ゴチェブスキーだった。だが、彼女の考え方に女性解放思想を見いだした党は、その年の九月中旬に彼女を解任してしまう。ゴチェブスキー解任後の混乱を抑えるためにナチ女性団指導者として送り込まれたのは、ゴットフリート・クルマッハーだった。しかし、ナチ女性団員はそもそも指導者が男性であることも承服できなかったが、クルマッハーの就任に男性同盟的考えを女性組織に押し付ける党の方針を見て取って反発した。そのため、彼もまた短期間で辞任するはめになった。クルマッハーのあとにナチ女性団指導者を兼任したのは、ヒルゲンフェルトだった。彼は早速、女性指導者の選任作業に入るよう女性団員に助言し、自分はあくまで新しい指導者が決まるまでの過渡的な指導者だと宣言した。

一九三四年二月十四日に、ショルツ＝クリンクがナチ女性団・ドイツ女性事業団の全国指導者のポストに就いた。先にみた、冬期救援事業でのナチ女性団のはたらきに感謝するヒルゲンフェルトの言葉が掲載される直前ということになる。そもそも、非ナチ女性組織のうちナチ化を受け入れた団体が統合されてドイツ女性事業団が成立するのは三三年十月のことで、ショルツ＝クリンクの下で全国女性指導部が活動しはじめるのが三四年二月以降である。このことを考えれば、第一回冬期救援事業は女性組織とナチ指導部の足並みがそろわないまま実施されたといえる。のちに大規模に女性組織が関与・運営する冬期救援事業とは全く事情が違った。ヒルゲンフェルトの文章をみれば、いかに多くの骨が折れる仕事をナチ女性団員が引き受けたかがよくわかる。彼女たちは、党指導部のやり方には強い不満を抱きながらも、困窮に苦しむ同胞を何とか支援しなければならないという使命感に突き動かされたのだろう。

図4-15「4人の子どもをもつ全国女性指導者ゲルトルート・ショルツ＝クリンク」
（出典：「女性展望」1935年9月第3号、203ページ）

一九三四年六月末から七月にかけてのレーム事件でヒトラーは党内外の政敵を暗殺し、八月二日にパウル・フォン・ヒンデンブルク大統領が死去すると、大統領職を兼任した。この時点でようやくドイツの内政は安定した。そうなれば、今度は本格的に富国政策を実施していくことになる。男女それぞれの世界の境界をはっきり引いたため、国民の半分である女性の協働は欠かせないものになった。当然、全国女性指導部の仕事ぶりに大きな期待がかけられることになる。国家事

図4-16　1935年9月の党大会でのナチ女性会議で
右から、全国女性指導者ショルツ＝クリンク、総統、ルードルフ・ヘス、全国指導者ヒムラー、全国大臣 Dr. フリック、全国大臣 Dr. ゲッベルス
（出典：「女性展望」1935年10月第1号、243ページ）

業である冬期救援事業だけみても、女性の手を借りなければ全く実行不可能だった。

一九三四年九月の党大会で、ヒトラーは女性会議の席上で初めて演説をし、生物学的性差に基づく性別役割分担を前提にしながらも、それぞれの世界で働く男女の価値は同等であると宣言した。[16] この党大会は、ナチ指導部とナチ女性団との和解の場になった（図4—13、4—14）。ショルツ＝クリンクは、ヒトラーの直後に演説をし、ナチ女性団・ドイツ女性事業団の全国指導者としてデビューしたが、十一月には「全国女性指導者」の肩書をヒトラーから許されることになった（図4—15、4—16）。三四年二月にショルツ＝クリンクがナチ女性団・ドイツ女性事業団の全国指導者に就任したあと、ナチ国民福祉団の建物の一部で仕事を開始した全国女性指導部（図0—1を参照）は、三六年六月にはベルリン、デルフリンガー通りの専有の建物に引っ越した。そこでは百室以上の執務室に百七十人の職員が勤務したが、その数は四一年までに五百八十人に膨らんだ。女性の活動領域についての政策を立てて実施する官僚機構の一部となった全国女性指導部とそれを統括する全国女性指導者ショルツ＝クリンクが、ナチ指導部から承認されていたことの証左といえるだろう。

一九三四年時点で八十万人だったナチ女性団員は、三六年までに二百万人に膨れ上がった。ただし、三五年二月からはそのエリート性を保つために、ドイツ女子青年団員のなかからリーダーとしての資質を認められたものだけが入団を許されることになった。一方、ナチ女性団と一体になって活動したドイツ女性事業団は、三九年時点で四百万人の団員を擁していた[17]。

ここまでナチ女性団とナチ指導部との関係の変遷をみてきたが、こうした経緯で、「女性展望」は一九三四／三五年度の第二回冬期救援事業から積極的に読者に協力を呼びかけることになる。

先に、辺境地域の貧困労働者家庭への経済的配慮を促す記事が毎年クリスマス号に掲載されていたことに触れたが、ナチス・ドイツ時代の初期に貧しい生活を余儀なくされていたのはドイツ国民全般といってよかった。その苦しさを「女性展望」は一九三二年十二月十五日号で、七年間子どもに恵まれずに「茨の森をゆく」聖母マリアの苦しみに重ねて、失業、困窮、そして借金を背負い込み、住む家もなく、子どもも産めないドイツ国民の辛苦を描いている。しかし、クリスマスのときこそ、「地に平和、人に喜び」を実現することへの憧れは大きくなる。愛の力、生への賛美、国民に尽くす民族共同体の意思によって新しい生命が生まれる意義を考えようと書いている[18]。一九三三年十二月一日号でも、まだドイツ国民の心のなかには闇があり、仕事もなく、毎日のパンに事欠き、暖かい衣類もなく、いまなお不安と悲惨のなかに生きている。しかし、神は、私たちに無限の愛をイエス・キリストに託して送ってくれた。クリスマスの時期にこそ、女性は愛に満ちた心をもち、貧窮を見つけては、それを少しでも和らげる手助けをしよう、そう助言している。どちらもキリスト教精神に依拠した慰めと励ましである[19]。

冬期救援事業へのナチ女性団・ドイツ女性事業団の組織的参画

①寄付活動

「女性展望」の編集責任者の一人レナーテ・フォン・シュティーダは、一九三四年十二月第一号の「冬期救援という名付け親、新しい共同体という考え方の事業[20]」で、貧乏な両親の子どもたちが厳しい冬を何とか乗り越える

図4-17 「第2回冬期救援事業1月募金の証し、ロゼット型レース」
ザクセン地方南西部に位置するフォークトラントのプラウエンはレース産業の中心地。冬期救援事業のために1,050万個のロゼット型レースを製作した。小さなレースを栞やピンクッション、札入れやカードに飾り付けると美しい。
(出典：「女性展望」1934年12月 第3号、447ページ)

ためには「名付け親」が必要だといっている。道路から奥まった建物や労働者用の質素な兵舎のような住宅の日が差さない部屋にもささやかなクリスマスの喜びをもたらす必要がある。特に子どもがいない夫婦や独身者には、冬期救援事業への協力を強く呼びかけ、子ども服や食料を、一人では難しければ友人と力を合わせて国民福祉団支部まで届けてほしいと訴えている。そうした善意の行為は、贈り物をもらう側だけでなく贈る側も喜びと満足を得られるはず、と請け合っている。

シュティーダは、次号でも「時代のなかのドイツのクリスマスのはたらき(21)」を執筆している。この記事では、さまざまな時代におけるクリスマスの役割を解説しているが、今日のクリスマスについて彼女は、いまだ多くの家庭に貧困が居座っていて、家庭でクリスマスを祝うことができないケースが多く、そのため家庭の枠を超えて共同体で祝うことが大切だと説明している。だからこそ第二回冬期救援事業に協力してほしいというのである。シュティーダには、困窮家庭にもクリスマスの祝祭を体験してほしいという思いが第一義的にあるが、こうした共同体のクリスマスの推進は、家庭よりも共同体を、個人よりも公益を重視するという点で国民社会主義《ナチズム》的でもあった。

続く一九三四年十二月第三号は、第二回冬期救援事業中に街頭で販売されるレース飾りを紹介し（図4―17）、読者の購買意欲を掻き立てようとしている。冬期救援事業期間に、こうした小さな飾りのほか、木製のくるみ割り人形、サンタクロース、煙突掃除人、道化、小人、幼児キリスト、そのほかメルヘンの登場人物のさまざまなクリスマス飾りが販売された（図4―18、4―19、4―20、4―21）。その代金には寄付金額が含まれていたので、製品を購入することが寄付になった。そうした募金の証しと呼ばれるこまごました品物は、普通、辺境で困窮生活を送る手工業者に大量に発注していたので、彼らにとって収益にもなった。一九三三年から四三年までに、およそ八千種類の募金の証しが数百万個単位で募金する人々に手渡された[22]。

募金として購入する記念品は人気だったようで、一九一四年生まれのT・H夫人は、冬期救援事業の人形のことをはっきりと記憶していて、戦後に次のように振り返っている。

> 小さな人形はいたるところ、路上で売られました。戦時冬期救援事業のために赤い募金用缶を使ってお金が集められ、そして寄付の証しに人形が手渡されました。冬期救援事業の人形、それは何といってもかわいらしくて、どれも気に入りました。人形にナチらしさはみじんもありませんでした。それは高額でなかったことは確かです。（略）それを私は毎年クリスマスツリーに飾りましたし、いまでもつり下げています[23]。

図4-18　「冬期救援事業のクリスマス募金の証し」
アイフェル丘陵には8人から12人という子だくさんの家族が多いが、大家族を養うには耕地が少ない。若者の失業も問題だった。管区のある村に木製の工芸品を作る工場が建てられ、労働共同体が成立した。青少年800人が1日8時間の仕事を始めた。マクダ・ヘラーがデザインした7種類のクリスマス飾りを作っている。
（出典：「女性展望」1937年12月第2号、378ページ）

路上での募金活動を担ったのは青少年たちだったが、家庭の女性たちにはどのような協力が求められたのだろうか。

②「みんなのクリスマス」
——クリスマス小包を作る

一九三六年十一月第二号の記事「私たちはクリスマス小包を作る——でもよく考えて！」[24]は、

図4-19　「ベーメンの森とエルツ山岳地方では、森から出る木材を使ったカスパー一族を作製しました。12月14日と15日に、ドイツの青少年たちが、15体の腕が動く彩色した木製の冬期救援事業の証しをもって、路上募金をおこないます」
右上がカスパー。カスパー劇の仲間たち。
（出典：「女性展望」1940年12月第2号、195ページ）

冬期救援事業の一環で、クリスマスを祝えない貧困家庭のために各家庭でクリスマス小包を作り、支部の冬期救援事業団に提出できるよう、小包の作り方について具体的に提案していて興味深い。まず、受け取る相手を想定する。独身男性なのか、子だくさん家庭なのか、老母なのか。予算は五マルクと設定してみる。例えば、老母向けの小包であれば、食料や石炭は冬期救援事業団からもらえるので、それ以外の、ポートワインと良質なコーヒー豆二百五十グラム、コンデンスミルクの缶を一つか二つ、暖かい下着一枚、これで五マルクになる。それに、家の本棚から詩集か小説を一冊。その際、不要な本ではなく、読んで面白かったものをプレゼントすること。さらに自家製レープクーヘンを少しとチョコレートを一枚。カラフルな紙で包装してモミの小枝も添える。見知らぬ寄付者の心からの挨拶も。しかし、名前は明かしてはいけない。なぜなら、受け手にお礼を言わなければならないと思わせないためもあるが、こうした寄付は、給料から天引きされる救援税や「煮込み鍋」の寄付と同様に、個人からの贈り物ではなく、ドイツ国民の冬期救援事業の一環だからである。ただし、国から受け取る石炭切符や魚や肉の缶詰とは異なり、心を込めて選択し包装したクリスマスプレゼントという大きな違いがあると書いている。

　誰に贈りたいかわからない場合には、缶詰、ソーセージ、ジャム一瓶、塊のベーコン、本、おもちゃを薦めている。腐りやすいものや壊れやすいものは避けること。小包は、どの受取人用なのかわかるように中身を記載して、支部の冬期救援事業団に提出する。見知らぬ同胞の喜ぶ顔と感謝の心を想像するだけで、小包を作る努力は報われるはず、とある。

翌年の一九三七年十二月第二号の「ドイツ国民の大きな仲間意識――ドイツ全土が楽しいクリスマスを祝う」(25)（図４―22）も前年の記事を執筆したインゲボルク・アルトゲルトが書いている。この年には貧困家庭に贈る小包はもはや各家庭で作って提出することを求めておらず、寄付の品を支部の冬期救援事業団に持ち込み、小包作りは冬期救援事業団でボランティアが組織的におこなうようになった（図４―23）。石炭交換券、小麦、砂糖、魚の缶詰は大管区から分配されることになっていたので、それ以外の、商店や主婦たちからの寄付として集まった酢漬けの缶詰、プフェッファークーヘン、リンゴ、衣類、理髪店の商品券、書籍、おもちゃなどが行政組織の各支部で適切に分配され、小包作りが夜遅くまで続いていると報告している。小包を受け取る世帯については、子だくさん家庭なのか一人暮らしなのかという家族構成だけでなく、何を必要としているのか、事細かに把握していた。行政組織の「班長」は班世帯のなかから上がってくる困りごとを上位組織の「細胞長」に伝え、「細胞長」は「支部長」へ住民

図4-20　「この子たちは、冬期救援事業の強力な助っ人です。12月20日と21日に路上や広場で販売されます。コマのように回すとダンスをします。複数一緒に回して、最後まで踊り続けた子が勝者です」
（出典：「女性展望」1941年12月第1号、168ページ）

図4-21　「1942年11月21日と22日におこなわれる第3回全国路上募金の証しは、ドイツのさまざまな地方の農場が描かれている12の天然木版です。平時も、とりわけ戦時に農民層が果たさなければならない課題を思い起こさせます。平穏でゆったりした家々は、土地に根差したドイツの農民文化から全ドイツ国民に流れてくるエネルギーを感じさせてくれます」
左からエルザス、シュヴァルツヴァルト、中部ドイツ、ニーダーザクセン、南部バイエルン、ケルンテン
（出典：「女性展望」1942年11月号、94ページ）

図4-22 「第三帝国では、すべての民族同胞のためにクリスマスツリーがともされる」
それも、第二次世界大戦中に灯火管制が敷かれるまでのことだった。
（出典：「女性展望」1937年12月第2号、376-377ページ）

の願いを伝えた。ナチ看護師団、救援事業「母と子」の指導者も配慮が必要な被保護者の情報を伝え、細やかに対応する体制ができあがっていた。

小包を届ける仕事は、農村ではナチ女性団、それ以外の地域では突撃隊員やヒトラー・ユーゲントが引き受けた。その際、子どもたちがクリスマスの日にプレゼントを受け取れるようにという配慮まであった。

「みんなのクリスマス」のスローガンは、「アードルフ・ヒトラーのドイツでは、置き去りにされる人は誰一人いない」だった。冬期救援事業の贈り物は施し物ではなく、寂しく孤独なクリスマスを迎える同胞がいることを耐えがたいと感じる多くの人々の心の表れであり、一方、贈り物を受け取った人は、個人の重荷を共同体がともに担ってくれていると感じるだろうと、アルトゲルトは冬期救援事業の意義を強調する。

冬期救援事業では、困窮する同胞を助けなければならないという同胞意識や善意の行動が求められたので、国民社会主義のイデオロギーに抵抗を示す者も協力し、大多数の国民を巻き込む最も成功した国家事業になった。

③「みんなのクリスマス」——民族共同体が開催するクリスマス会

冬期救援事業のもう一つの大行事は、大勢のボランティアを動員してドイツ全土で一斉におこなうクリスマス会だった。これは、支部ごとに開催された。ゲッベルスのスピーチの中継で始まり、サンタクロースが登場してプレゼントを渡し、ナチ女性団やドイツ女子青年団がクリスマス劇を演じる。コーヒーとクッキーやケーキもなくてはならない。国民のクリスマス会に一度でも参加した人は、子どもたちの歓声を忘れないだろうと、アルトゲルトは記している（図4―24）。一人暮らしの人や高齢者のための静かで落ち着いたパーティーでは、古い懐かしいクリスマスの歌が響き、一人ひとりが望んだ贈り物を受け取る。正餐と食後のパンチを楽しむとくつろいだ雰囲気になり、日頃の憂いを忘れ、大きな家族のなかにいる気分になれる、と描写している（図4―25）。

図4-23　「男性も支部ごとのプレゼントのおもちゃ作りに励む」（出典：同誌376ページ）

同じ記事のなかで、ドイツ国内や外国の多くの新聞が、前年の冬期救援事業の国民のクリスマス会を称賛していると伝えている。二万三千カ所の集会所で三百万人以上の子どもたちがプレゼントをもらったこと、そしてそれほど大規模なクリスマス会を催すにはどれほどの仕事をどれほど多くの人が率先して事に当たったかが想像できるという驚きの声を紹介している。しかしアルトゲルトは、無味乾燥な数字の羅列の背後に、口に出しては言えない困窮と悲惨があることにも読者の注意を向けさせている。

それぞれの家庭が数十年の歴史のなかでクリスマスの祝祭の形を固定してきたように、いまや冬期救援事業によるクリスマス会も数年を経て、冬期救援事業全国指導者が決めた一定の手順に固定されはじめていた。そして、それに地域ごとのアイデアが加えられた。

図4-24　「全国民からの寄付のプレゼントがナチ国民福祉団とナチ女性団によってクリスマスに配られ、幸せに満たされるドイツの子どもたちの数は数百万人にのぼる」
（出典：「女性展望」1937年12月第2号、376ページ）

例えば寄付をできるだけ多く集められるように、広場でヒトラー・ユーゲントがクリスマスの歌を歌ったり、幼稚園や保育園でクリスマス会を催したり、親衛隊、国防軍、労働奉仕団などのそれぞれの組織でも特別なプレゼントが渡されたり、老人ホームをドイツ女子青年団員が不意に訪れてアドヴェントの歌を歌って入居者を喜ばせたりした。

こうした「みんなのクリスマス」をはじめ、年間に実施される労働の日や収穫祭などの祝祭プログラムを組み立てることが負担にならないよう、またプログラム内容に大きな差が生まれないようにするためにもマニュアル本や歌、ダンス、素人芝居などの参考書が出版された。一九三七年十一月第二号では、全国女性指導部出版部局から一九三七年九月に出版された『民衆劇と祝賀会開催のための基本リスト』を紹介している。民族的習慣、文学、歌、器楽曲、ダンス、素人芝居を網羅していて、基本的な祝祭プログラムを構成する際の参考資料になるよう考えられている。そのほかに、『輪』や全国労働奉仕団の『歌いながら行進しよう』など歌集も出版された。ドイツ女子青年団の歌集『私たち女子青年は歌う』には民謡に加えて当時の新しい歌も収められていた。暗譜することが大切という助言も添えてある。『金色の橋』は子ども団の歌集だった。歓喜力行団からは『私たちの共同体のダンス』が出版され、そのほか素人芝居を紹介する本もあった。共同体の祝祭用に限らず、家庭音楽の普及を目的として、バイオリン、フルート、ピアノ演奏に適した曲のリストも発行された[26]。

ナチ教員連盟は学校向けの遊びや祝祭、余暇プログラムを紹介する雑誌「ドイツの学校行事」を発行している。

一九三八年にはそのなかに、「民族上のドイツ人のクリスマスの祝祭」が掲載された。そこには、プログラムの順番だけでなく、歌う歌や朗読するテキストも指定されていた。それどころか、参加者の反応の演出まで記載されていたという。プログラムの流れは教会の礼拝を模したもので、個々の呼びかけへの共同体の応答、音楽の挿入、全員の歌、祈りのような呼びかけを挿入したスピーチ、最後に共同体への信仰告白があった。キリスト教の儀式の形を借りて、中身を入れ替えただけだった。空間の設定も同様で、キリスト教の教会を思わせる長いベンチの列があり、説教壇に似た演壇には総統の絵あるいは鉤十字の旗を掛けて、総統が救世主と同一視されるよう演出した。[27]

図4-25　「高齢者や一人暮らしの人も、冬期救援事業によってクリスマスプレゼントを十分受け取る」
（出典：同誌376ページ）

④新しい民族同胞を迎えて

ドイツは一九三八年に最も経済的に豊かになり、クリスマスの時期にはほぼ完全雇用の状態になった。預金通帳の所持率も国民全体の五〇パーセントに達していた。「みんなのクリスマス」は、高齢者や独居世帯向けに、また保育園・幼稚園や学校などさまざまな組織や団体が実施してきたが、三八年の「みんなのクリスマス」の主たる対象は、十月一日にチェコスロバキアからドイツに割譲されたズデーテン地方に居住しているドイツ人になった。一九三八年十二月第一号には、ズデーテン地方の子どもたちのためにプレゼントを作るナチ女性団やドイツ女性事業団、ドイツ女子青年団の活動を報告する記事が二つ掲載されている[28]（図4―26、4―27）。記事「私たちはクリスマスに向けて工作する」は、女子青年団に「みんなのクリスマス」への協力を呼びかけている。恒例の「一キロ寄付」袋の回収（開戦と同時に食料切符が導入されると、食材の寄付は現金寄付に代替された）、街頭募金、煮込み鍋料理の配食、困窮地域や辺境地域向けのクリスマスプレゼント作りをしようにも、この年は一千万人近くの人々が辺境地域に戻ってきたため、活動できる人材を強化する必要があった。そのため、全国女性指導者ショルツ＝クリンクは、ナチ女性団・ドイツ女性事業団だけでなく、女子青年団にも呼びかけをおこなう必要に迫られたのである。

十一月中に全国のすべての大管区で、一斉にズデーテン地方のドイツ人の子どもたちにプレゼントするさまざまなおもちゃ作りが進められた。子ども用ソックスや帽子、襟巻き、チョッキ、フェルトや革の切れ端から作る室内履き、革靴、暖かい乳児服や下着など実用的なものも山のように作られた。編み物は、学校で習った程度の

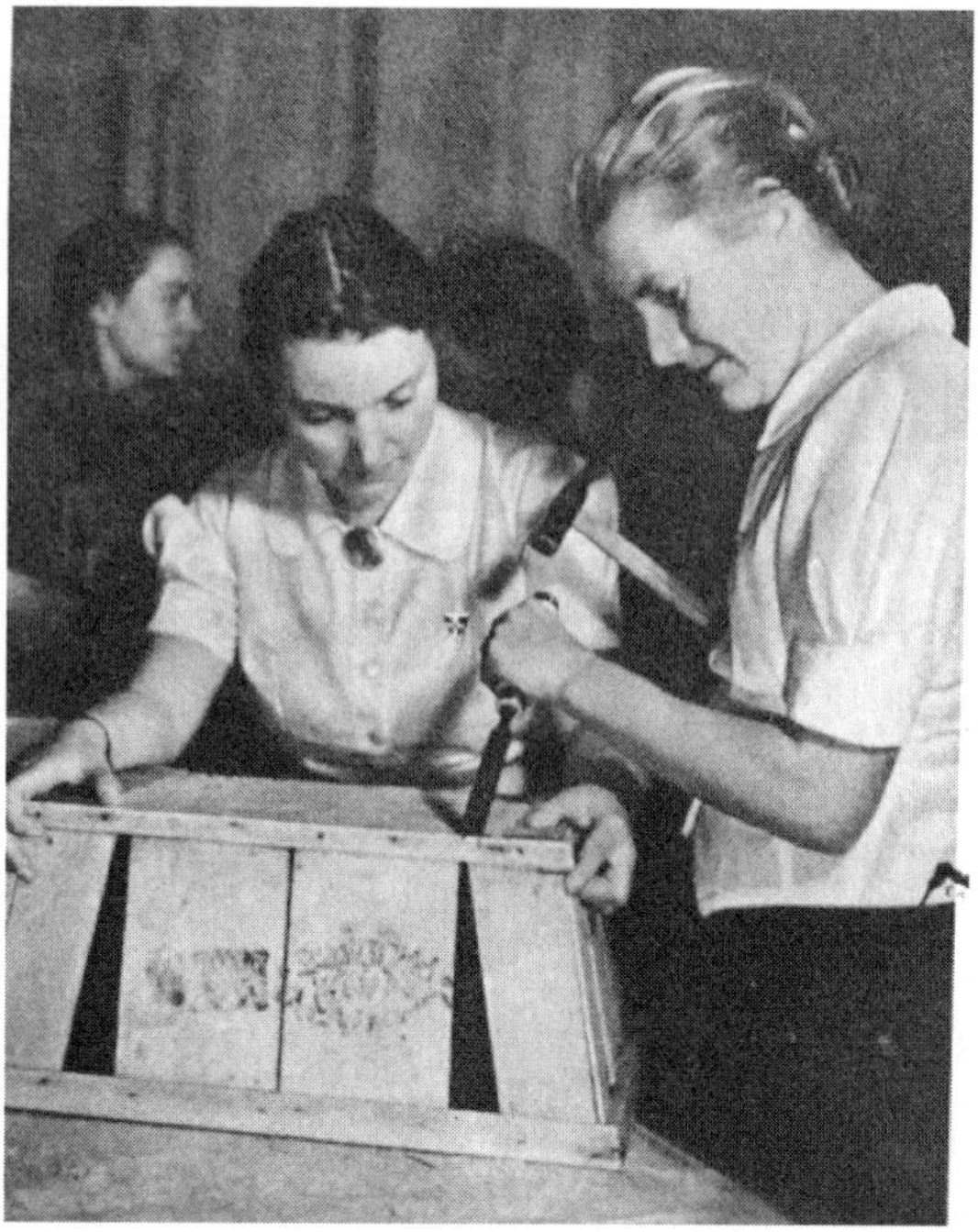

4-26　「母親学校や集会所の夜の集いで、果物の木箱が人形のゆりかごに作り替えられる」
母親奉仕団の教員や女子青年団の作業担当者からのこぎり、ハンマー、ドライバーの使い方を習って、人形用ゆりかごのほかにも人形用乳母車、ドールハウス、積み木など多様なおもちゃが生み出された。
（出典：「女性展望」1938年12月第1号、363ページ）

女子青年たちには母親学校や集会所での作業時間だけでは間に合わず、子どもたちを喜ばせようという一心で自分の自由時間を犠牲にして編み続けた。作業は十一月末で完了し、十二月一日にはプレゼント品の展示会が開かれ、数日後にはズデーテンのドイツ人に配布できるように冬期救援事業団に渡すことができたと報告している。

大ドイツ建設を目指してドイツはオーストリアを併合し、ズデーテン地方をチェコスロバキアに割譲させた。次いで、第二次世界大戦で占領した東部地域に、移民として長く諸外国に定住していた民族上のドイツ人がヒトラーの指令に従って帰還しはじめる。そうした国外から戻ってきたドイツ人たちを民族共同体に組み入れるためにクリスマスは利用された。ドイツが、経済的貧困に苦しむ新たな民族同胞に経済的援助の一環としてクリスマス小包を贈り、ドイツ精神や文化を啓蒙するクリスマス会に招くことで、民族上のドイツ人たちの共同体への帰属意識を強化しようとしたのである。支援するほうにとっても、ナチ政権成立以来続けている貧困家庭への援助を通して新しい同胞への連帯感は強まっていった。しかし、それだけにとどまらず、新しい同胞を迎えるにあたってナチ指導部は、家庭でのクリスマスの祝祭にも、国境外にいるドイツ人との連帯を象徴する小道具を導入した。それは「青いロウソク」だった。

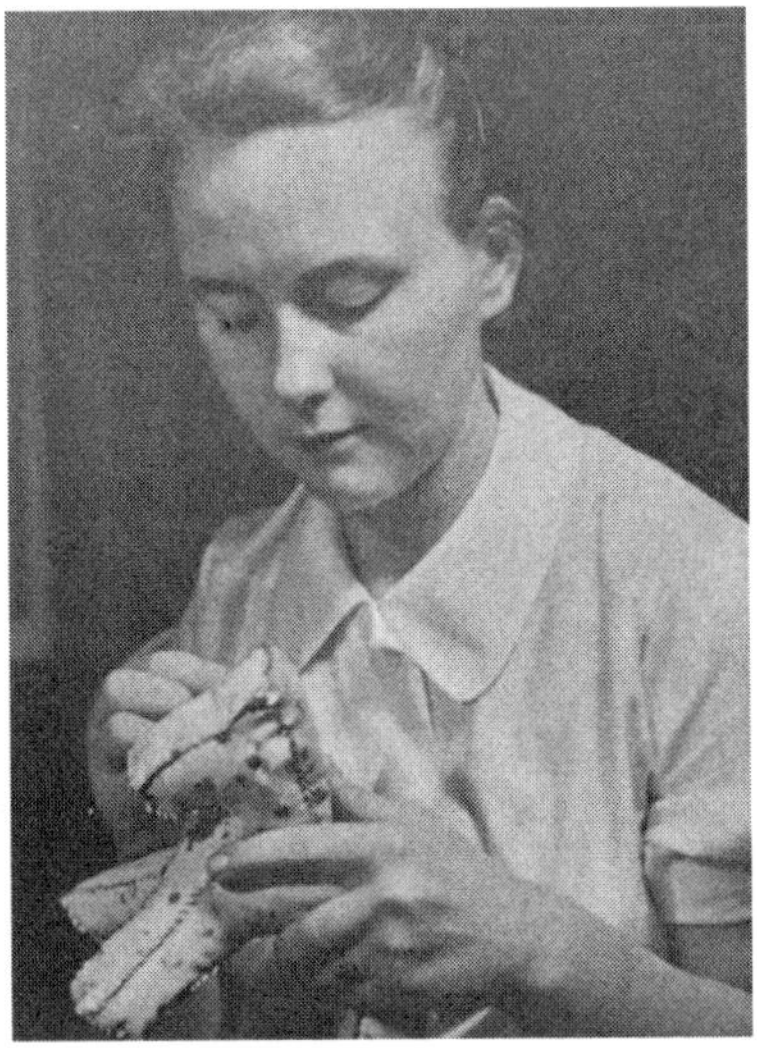

図4-27　ろう引き布や革で小動物が作られ、仕事場にはズデーテンの子どもたちのために数百もの馬、キリン、カモ、ウサギ、犬が並んだ。
（出典：同誌363ページ）

一九三八年十二月第一号の記事「一九三八年のドイツ民族のクリスマス」は、「青いロウソク」について次のように説明している。忠誠を象徴する色である青のロウソクは、いまだ大ドイツから排除され、国境を越えてこちらに憧れのまなざしを向ける多くのドイツ人たちとの絆の印であると[29]。この青いロウソクをともす習慣は、一九三七年に始まった。このロウソクを買うことで「真の民族意識」が示せると喧伝され、各家庭に大量の購入や献金を求める圧力がかかった。[30]

政権を掌握した一九三三年に始まった冬期救援事業のなかで、「みんなのクリスマス」は国家を挙げての大事業になった。公的クリスマスはドイツ民族特有の最良の伝統になったとナチ指導部は自負したが、三九年になってもなお、大きなクリスマスツリーを立てて祝う共同体のクリスマスが、家庭内で祝われるクリスマスやナチスが定着させたかった冬至祭と有機的に結び付くことはなかった。[31] 人々は、経済的に困窮する民族同胞を助けるために慈善行為として自発的に、あるいは義務として「みんなのクリスマス」を支えはしたが、だからといって、伝統的なクリスマスを家庭で祝うことをやめて、自分たちも一緒に国民社会主義的な「みんなのクリスマス」を祝えばそれで事足りるとは考えなかった。キリスト教的クリスマスを排除し、ゲルマン的冬至祭に置き換えようとしたローゼンベルクやヒムラーら一部のナチ指導者の試みも、第2章でみたように、国民に深く浸透していたキリスト教の宗教観に阻まれた。そのうえ戦争中の灯火管制で屋外で大きな火をたくことは禁止されたので、結局のところ冬至祭は、一部のナチ組織内でおこなわれるにとどまった。冬至祭は、国民のクリスマス会に取り入れられることもなかったし、家庭で祝う伝統的なクリスマスを駆逐することなど到底できなかったのである。

戦時冬期救援事業と民族共同体のクリスマス

開戦以降、冬期救援事業は「戦時冬期救援事業」と呼ばれるようになった。戦争の緊張感が事業のあり方にも影響を与えるようになる。

①主たる支援対象となる前線の兵士たち

一九三九年十一月第二号の表紙裏には、戦時冬期救援事業の開始を宣言するヒトラーの言葉が掲載され、その言葉を受けた記事「銃後の戦い——戦時冬期救援事業[32]」は、銃後が前線と一体となって戦う覚悟を表明している。戦時冬期救援事業の目的は、もはやこれまでの一人ひとりの慈善行為ではなく、寄付金であれ行為による援助であれ、すべてがまとまって国外にいる兵士たちへの感謝として前線に届けられ、一つの強固な共同体になることだった。

前線の兵士が最優先の支援対象ではあったが、これまでどおりナチ国民福祉団による高齢者や子どもたちに対する支援も継続された。そのうえ、開戦によって夫を戦場に送った母たちの支援も強化しなければならなかった。とりわけ、ポーランドに獲得した領土に戻った民族上のドイツ人に対して、大規模な援助が必要になった。「二倍の寄付を！」が合言葉になり、この呼びかけが響く街頭では、通行人は当然の義務として応えた。寄付する者の表情や態度も以前とは異なり拒絶する者はまれで、寄付は自発的だったと前述の記事は報告している。以前から街頭募金にはヒトラー・ユーゲントの団員やドイツ女子青年団員が動員されてきた。ナチ指導部が若者の熱意を効果的に利用しようと考えた戦略だったが、開戦になり、全国で数百万の若者たちの必死の声が通行人を追いかける様子が伝わってくる（図4―28）。

図4-28　街頭募金に使われた赤い募金箱。こうした写真を「女性展望」に掲載することで、積極的な寄付を促した。
（出典：「女性展望」1939年11月第2号、表紙裏）

戦時冬期救援事業が始まると、節約料理をして浮いた食材費を寄付する「煮込み鍋の日曜日」は、ヒトラーの指示で「献身の日曜日」と言い換えられることになった。「一人ひとりが自分でできることを、そして、一人ひとりが、ほかの人より一歩前へ！」をスローガンに、さまざまな自発的援助活動が始まった。裁縫部屋で数千人の女性たちが古着をリサイクルして新しい服を作り出し、駅での奉仕活動の準備を進めた。ドイツ赤十字の看護師たちは自らの義務を果たし、ボランティアは家から家を回って寄付の品々を集めるなど多種多様な自発的援助活動が開戦後の緊張のなかで始動した。

一九三九年十二月第二号には、女子青年団員のはたらきを伝える記事が二つ載っている。一つは「母が戦場の父に手紙を書く」[33]で、書簡形式で息子や娘たちが参加する（少女団と、ヒトラーユーゲントの下部組織である少年団を合わせた）子ども団や女子青年団の仕事の様子を伝えている。ペーターとアネリーゼは子ども団で、家々を回って不要なおもちゃを集めては修理してプレゼント作りに励んでいるので、そうした仕事が家族のためのプレゼント作りにも生かされていること、年上のグレーテルは夕方から裁縫の集会所に行って古着から新しいものを作り出しているが、彼女も家で、きつくて着られなくなった父親の上着からスカートを二枚と暖かい室内履きを作ることができるようになったことを報告している。そして、子どもたちに触発されて、母親もお金をかけずにリフォームしてすてきなクリスマスプレゼントを作り出すつもりでいるという内容である。

この手紙は、もちろん戦場の夫宛てに書かれたものではなく、「女性展望」の読者を啓蒙するためのものである。子どもたちでさえ戦時冬期救援事業で前線の兵士やその家族、あるいは困っている同胞のために力を尽くしていることを描き、読者に対して共同体へのさらなる奉仕を促す意図があった。家庭内の倹約にも涙ぐましい努力がうかがわれる。第3章の第3節「クリスマスプレゼントを用意する」でみたように、開戦の前年には誌上の記事にも広告にも贅沢で高価なプレゼント商品が並んでいて、一九三八年十二月第一号のファッションのページには、まだ華やかなイブニングドレスの写真が掲載されていた。しかし、家族の一員が戦場で戦っているというのに、食料切符や全国衣料切符制度が導入されたとはいえ、まだ余裕がある戦争初期でも、安楽な生活を送るわけにはいかない。この書簡に記述されている、戦時経済を優先するために家庭の消費を犠牲にする心構えこそが模範とされた。

もう一方の記事「私たちは喜びを届けたい」[34]でも、女子青年団員は前線の兵士たちに送るクリスマス小包作りに精を出している。編み上がったソックス、耳当て、手袋が山のように積み上がっている。それればかりか、民族上のドイツ人の子どもたちに贈る何十万個という木製の人形が配布前に展示されている。そうした仕事のほかにも、女子青年団員は、母親たちの午後の会や両親の夕べの会でクリスマス音楽を演奏したりメルヘン劇を演じたりする。子どもたちの午後の会では小さな子どもたちにカスパー劇を見せて、クリスマスの前のロウソクの光のなかで子どもたちを喜ばせる催しを企画する。そして、十二月には二日間、何百万人という少年・少女たちが路上に出て募金活動をおこなう。この記事を執筆したヒルデ・ムンスケは、少年・少女たちが民族共同体に対する自らの義務を果たし、自宅でクリスマスを迎えるときには、充実感に満たされて前線の父や兄弟を思い、総統にクリスマスの挨拶を送れるだろうと結んでいる。

若い女性に関しては、開戦直後の九月四日に、十七歳から二十五歳の独身女性が所属する全国女子労働奉仕団に対して半年間の労働奉仕義務が課されるようになる（「女子青年に対する全国労働義務遂行令」）。男手がなくなったために必要になった農村援助が柱だったが、独ソ戦開戦後の一九四一年七月には戦時労働義務期間は一年に延び、延長された半年間は国防軍司令部、官庁、病院での仕事や運輸業務など直接的戦闘に関わる業務にも動員されている。戦況が極端に悪化する四四年四月には、労働義務期間は一年半に、そして十一月には兵士と同じ無期限になる。全国女子労働奉仕団員は、ドイツ女子青年団の年長の五年間にあたる団員と、ナチ女性団・ドイツ女性事業団の二十一歳から二十五歳の独身女性が対象になった。十八歳（志願は十七歳から）以上の若い男性が徴兵されて国のために戦っていることを思えば、多感な時期にナチズムの洗礼を受けた若い女性たちの多くが民族共同体のために力を尽くすことを当然と考えただろう。そして、労働奉仕義務の期間が終わってもなんらかの戦時奉仕活動を続けただろうし、戦時労働義務年齢に達しない年下のドイツ女子青年団員や子ども団の団員でさえ、戦時冬期救援事業に参加して銃後の闘いに力を尽くしたいと思っていただろう。

②私的「家族の祝祭」に対する公的「民族家族の祝祭」

翌年の一九四〇年十二月第二号の記事「民族家族の祝祭(35)」は、もはや本来の「家族の祝祭」が実現できなくな

図4-29 「女子青年団員たちは前線に送る小包を心を込めて詰める」
（出典：「女性展望」1940年12月第2号、190ページ）

った状況を踏まえ、クリスマスをドイツ民族全体を家族と見なす祝祭として捉え直そうとしている。戦前の「みんなのクリスマス」は、貧困生活を送る同胞もクリスマスの喜びを体験できるようにする冬期救援事業の一環だったが、「民族家族の祝祭」という名称には、故国の家族と前線にいる兵士との私的つながりよりも、戦時下で民族のために犠牲を払う兵士という集合体と、残された家族の銃後という集合体が、ともに大きな家族である共同体を構成するという理解がある。また、この「民族家族の祝祭」は、諸外国から東部地域に戻ってきた民族上のドイツ人を民族家族の一員として迎え入れるという課題を象徴していた。

この記事にも、大々的かつ組織的にクリスマス小包を準備する様子が描写されている。第一の受取人である、暗く寒い北方で空軍基地の孤独な見張りに就いている兵士、東部や西部で他民族に囲まれている兵士、あるいは海上でクリスマスを迎える兵士たちに、民族全体が名も知らぬ彼らのことを考え、その犠牲的行為に対して感謝していることを知ってもらわなければならないとしている。この記事を読むと、兵士が受け取った小包に何が入っていたのか、具体的に知ることができる（図４—29）。

女性たちは、毛糸で暖かいものを編み、クリスマスの挨拶を添える。女子青年団員や子ども団員は自分で書いた詩を入れる（図４—30）。思いもよらない量の小麦粉や砂糖が集まり、それぞれの故郷のレシピに従って大量のクリスマスクッキーを焼く。本棚から寄付された書籍や雑誌が集まり、女子青年団員がそれに添える美しいブックカバーや栞を手作りする。小銭入れ、メモ帳、タバコ入れ、写真帳、子ども団が段ボールや革の端で作ったゲーム。オーストリアのケルンテンでは、女子青年団が美しい書体で心を込めてケルンテンのことわざをカードに書いて、プレゼントに添える。ドイツ中部のある都市では、ナチ女性団のカメラ担当者が、出征した兵士の妻子を撮影し、父親を喜ばせるために軍事郵便小包のなかにその写真を忍ばせる。そして、故国のシンボルである香りを放つモミの枝を入れる。重要なことは、プレゼントの実質的な価値よりも、プレゼントを考え出して作製する精神的参画や愛情であり、プレゼントを受け取った兵士たちにその絆を感じてもらうことだった[36]。

この時期の記事の特徴は、前線の兵士よりももっ

図4-30　「ナチ女性団の子ども団員たちは大忙し。手紙を書くのは大変な仕事だけど、兵隊さんのためなら難しすぎることなんて何もない」
（出典：同誌190ページ）

図4-31　「「ランタン、ランタン、太陽そして星…」。子ども団員は野戦病院訪問のために工作する」
（出典：「女性展望」1941年12月第1号、163ページ）

と愛情を込めて対応すべき対象として戦傷兵を挙げている点である。「兵士のお母さんたち」が野戦病院にロウソク、モミの枝、プレゼントの小包、香り高いクッキーを運び、屋外で女子青年団がクリスマスの歌を歌う。子ども団の子どもたちとの楽しい会話で、兵士たちが暗い思い出を忘れ、心の平穏を取り戻せるようにするのが目的だった（図4―31、4―32）。

そのほかに力を入れたのは、ベッサラビア、ブーヘンラント、ドブルージャから故郷に戻ってきた民族上のドイツ人たちのキャンプにクリスマス小包を送ること、そしてヴァルテラントやポーランド総督府の子どもたちに手作りのおもちゃを届けることだった。「一人ひとりがドイツという大きな民族家族に加わり、そして誰一人忘れられたりはしない」がスローガンだった。

戦時冬期救援事業はその後、一九四二年／四三年度まで続き、寄付総額は開戦後は毎年ほぼ三億マルクずつ大幅に増加していく。しかし四一年六月二十二日に独ソ戦が始まると、戦時の冬期救援事業のあり方も変化していく。開戦直後は勝利を重ねてドイツは六十六万人のソ連兵を捕虜にするが、冬の訪れとともに戦況は悪化しはじめる。ポーランド侵攻以降の連戦連勝に陰りがみえる時期である。

それまでは、銃後の女性たちは、自分たちも民族共同体の構成員であるという自覚から、大規模に前線の兵士たちを支援してきた。その負担は大きかったが、過重な戦時奉仕活動は、戦場で戦う家族に対する憂慮を押し殺す、精神安定剤としても機能しただろう。戦争前半期の「女性展望」の記事は、ナチ女性団、ドイツ女性事業団、そして女子青年団や子ども団がおこなった多岐にわたる戦時冬期救援事業の活動報告が大半を占めている。それらは、まだ十分に共同体の活動に参画していない読者を引き込む宣伝の役割を果たした。そして同時に、全国女性指導者ショルツ＝クリンクとその指導の下で活動する女性組織にとっては大いに自負できる功績の記録だった。

図4-32　「野戦病院の負傷兵たちを訪ねる子ども団員」
（出典：同誌163ページ）

　しかし、独ソ戦開戦の年の冬以降、戦死者や負傷兵が急増し、それに対応するために迅速で大規模な追加徴兵を繰り返し実施するようになる。若い女性たちも、開戦後しばらくは農村奉仕が戦時活動の柱だったが、独ソ戦が始まると国防軍へも動員されはじめた[37]。こうした不穏な戦争の状況に加え、日常生活も物不足に苦しめられるようになる[38]。一九四二年春ごろからは、イギリス・アメリカ空軍のドイツ本土への空爆も本格化する。すなわち、銃後はもはや「銃後」ではなくなり、前線と化したのである。

　こうした状況のなかで、「女性展望」に掲載される戦時冬期救援事業の記事は、銃後から前線や東部占領地区へクリスマス小包を発送するという、一方向的活動報告だけではすまなくなった。これまでの活動は継続するものの、女性たちが強靭な心をもって揺らぐことなくナチ体制に従っていけるように、誌上で前線の兵士たちとのコミュニケーションを図る双方向的記事を増やし、女性たちの心を励ましながら最後まで共同体を支える行動に導こうとしている。この点について、次節で考察したい。

3　銃後の団結を促す「戦時のクリスマス」

最初の戦時のクリスマスは一九三九年のクリスマスということになるが、開戦後数カ月の時期にはまだ「戦時のクリスマス」の名称は登場していない。家族が戦争に赴き、配給制度が導入され、日常生活は緊張に満ちていたはずだが、電撃戦によって短期間でポーランドを制圧できたこともあって、戦時といえどもまだ楽観的な雰囲気があった。

一九四〇年に初めて「戦時のクリスマス」という表現が使われるのは、全国女性指導者ショルツ＝クリンクのクリスマスの挨拶においてである[39]。そのなかで読者に向けて、女性のあるべき姿勢として次の三点を挙げている。一点目は、夫や息子を戦場に送り出した母たちの思いに共感し（図4―33、4―34）、ともにクリスマスを過ごすよう心がけること、二点目は、百年にわたってドイツから分離していた民族上のドイツ人が東から南東から帰国するが、他民族のなかで息子や娘たちをドイツ人として育てるために奮闘した母たちを心から歓迎すること、そして三点目は、戦時活動と家庭という二重の負担を引き受け、家庭では子どもたちのために父と母両方の役割を果たすことだった。この三点目の、家庭でのクリスマスの過ごし方については、一九四〇年十二月第一号、一九四一年十一月第二号で、アドヴェントからクリスマスまで戦時のクリスマスをどのように過ごしたらいいのか具体的な提案が掲載されていることは、第3章の第1節「どのようにクリスマスを祝うのか――中産階級にとってのクリスマス」でみたとおりである。

ナチ女性団・ドイツ女性事業団の活動報告から、誌上での前線と銃後のコミュニケーション重視へ
――前線報告、前線からの手紙

一九四一年の戦時のクリスマスにも、読者に向けたショルツ＝クリンクの挨拶を掲載している。(40) ここで彼女は、支部、細胞、班の女性指導者たちやドイツ労働戦線女性局の女性管理者たち、工場で就労する女性たち、そして民族上のドイツ人のキャンプで活動するボランティアの女性たちに感謝の言葉を贈っている。新年を迎えても仕事が軽くなることはないという見通しも語っている。ここからは、戦時活動がフル回転していることがうかがえるが、これまでは、冬期救援事業であれ戦時冬期救援事業であれ、女性組織の精力的な活動の報告ばかりが目立っていた。もちろん、それによって自己評価を高め、「女性展望」の読者にさらなる参画を求める意図はあったが、前線への大規模な援助に対する兵士からの感謝についての報告のほんの一部を占めるにすぎず、銃後と前線のやりとりを双方向的に描く記事はまれだった。

ショルツ＝クリンクの挨拶が載った一九四一年のクリスマス号が発行されたのは、独ソ戦に陰りがみえる時期にあたる。その号の表紙は「戦時のクリスマス」の

図4-33　一人のクリスマス
（出典：「女性展望」1939年12月第2号、275ページ）

図4-34　「クリスマスのロウソクの明かりのなかで」
（出典：「女性展望」1940年12月第2号、186ページ）

キャプションを付し、国防軍のクリスマスを暗示している（図4―35）。これ以降、銃後活動の一方的な報告だけでなく、従軍記者による前線からの報告や兵士たちからの銃後の支援に対する感謝や励ましがしきりに掲載されるようになり、前線と銃後相互の感情的つながりが濃厚になっていく。しかし、そのコミュニケーションが心のこもったものになればなるほど、破滅へのプロセスも次第に明らかになっていった。

①軍事郵便の状況

軍事郵便を利用した前線と銃後の個人的文通や銃後から前線への物品の送付、特にクリスマス小包の発送は推奨された。兵士の不屈の精神を支えるのは、ドイツ民族固有のクリスマスに受け取るクリスマス郵便であり、クリスマス小包だと考えられたからである。そのためドイツ国営郵便は軍事郵便を優先し、政府も銃後からの郵便物を迅速に前線に届けて、とりわけ感情が高揚するクリスマスの機会に兵士たちのモラルを強化しようとした。銃後の家庭を守る女性たちにとっても、前線から届く軍事郵便の手紙が最もすばらしいクリスマスプレゼントだった。

クリスマス小包については、期日までに小包が前線の受取人に届くよう、国営郵便はクリスマス小包の持ち込みについて注意書きを発表している（図4―36）。ナチ女性団は、家族からのクリスマス小包を受け取れない兵士が戦場で孤独を感じないよう、前述したように戦時冬期救援事業としてクリスマス小包の発送を大掛かりに展開した。「誰一人忘れられていない。誰一人取り残されない」をモットーとして。

第二次世界大戦中に三百億通から四百億通以上の手紙が軍事郵便を使って兵士と銃後の間で交わされたというデータが残っていて、実際に、濃密なコミュニケーションがあったことを証明している。[41]「女性展望」もアドヴェントの期間に、前線の家族に手紙を書くことを勧めている。小さな喜び、大きな喜びを手紙に書くことはいいことだし、ちょっとした心配事なら書いてもかまわないが、敵と対峙している兵士たちに心労を与えるような大きな心配事は書くべきではないと、手紙の書き方について細かな注意を与えている。[42]

しかし、戦争前半期にはコミュニケーションは円滑に図られたが、戦局が変化した一九四二年以降は、前線の兵士たちから、故国の家族とのコミュニケーションが分断されたという報告が増加する。物資の補給も壊滅状態になった時期には、手紙や小包の到着が遅れたり、全く届かなくなったりした。戦況の悪化と、空爆されはじめた故国の家族に対する心配が高じて、アドヴェントの時期の家族とのコミュニケーションの欠如は戦闘部隊の士気の阻喪につながった。[43]

図4-35　「戦時のクリスマス」
（出典：「女性展望」1941年12月第1号、表紙）

②母から前線の息子への手紙

「女性展望」の誌上でも、戦時のクリスマスが意識されるようになると、銃後と前線の兵士とのやりとりは次第に掲載の頻度を増している。

一九四一年十二月第一号に、戦場にいる十八歳の息子に宛てたある母親の手紙が「息子に宛てた母の手紙」と題して掲載されている[44]（図4―37、4―38）。息子が子どものころから使ってきたクリスマス飾りや人形を取り出してクリスマスの準備に取りかかりながら、母親はクリスマスを待つ喜びを感じることに罪悪感を抱いている。というのは、

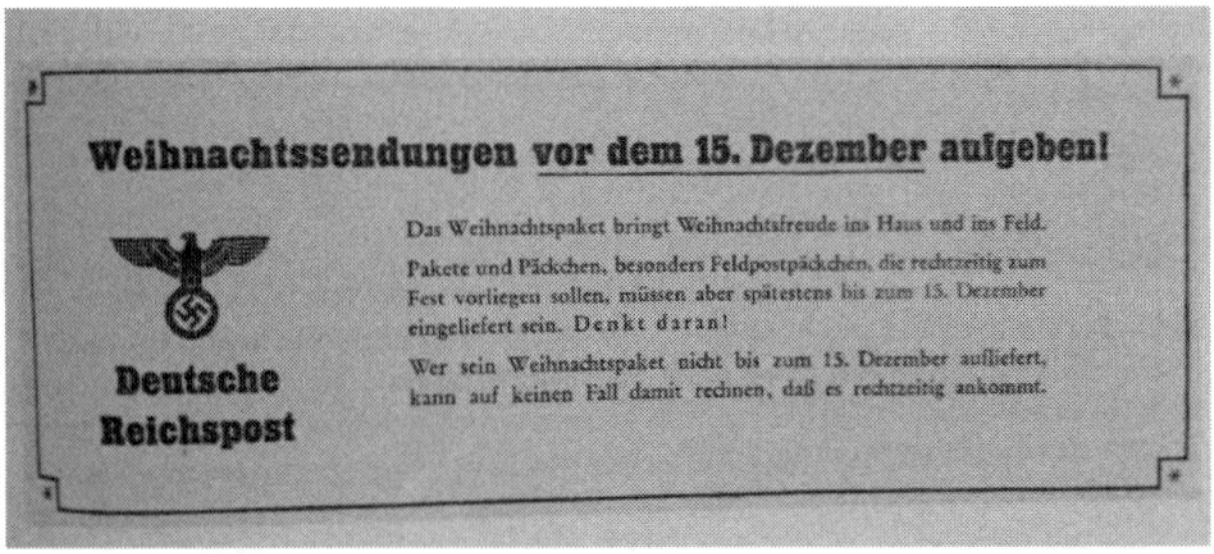
Weihnachtssendungen vor dem 15. Dezember aufgeben!
Deutsche Reichspost
Das Weihnachtspaket bringt Weihnachtsfreude ins Haus und ins Feld.
Pakete und Päckchen, besonders Feldpostpäckchen, die rechtzeitig zum Fest vorliegen sollen, müssen aber spätestens bis zum 15. Dezember eingeliefert sein. Denkt daran!
Wer sein Weihnachtspaket nicht bis zum 15. Dezember aufliefert, kann auf keinen Fall damit rechnen, daß es rechtzeitig ankommt.

図4-36 「クリスマス郵便物は12月15日前までに依頼してください！ クリスマス小包は、家庭と戦場にクリスマスの喜びをもたらします。クリスマスに遅れずに届けてほしい小包、特に軍事郵便小包は遅くとも12月15日までに引き渡されなくてはなりません。ご注意ください！ 12月15日までにクリスマス小包を窓口に出さない方は、小包が期日までに到着することを期待できません。ドイツ国営郵便」
（出典：Deutschbein und Korsten, *a.a.O.*, S. 97）

息子たち兵士がいまこのときにも、寒さに震え、泥だらけでクリスマスを迎えなくてはならないかもしれず、傍らでは戦友が死に直面し、あるいは苦痛のために母や妻を必要としているかもしれないと想像するからである。この手紙は、ほかの姉妹や弟の手紙や手作りのプレゼントと一緒にクリスマスに届くはずになっている。手紙には息子たち兵士への感謝が続く。彼らが見張りをしてくれるから、銃後は安心して眠ることができる。戦場に雨が降っているとき、母親たち家族は屋根の下にいる。銃後が防空壕で夜を過ごすときも、兵士たちは休むことなく軍務に就いている。だから、クリスマスがきたら、どの家でも最初のロウソクは戦う民族共同体の兵士への感謝と祈りのためにともし、次のロウソクは戦死しても永遠に私たちのなかで生き続ける兵士のためにともすと書いている。そして、手紙は、「しっかり耐えて、私たちみんなのために、あなたの母のために勇敢に戦ってください」と結ばれている。

この手紙を書いた母親の夫は、若くして第一次世界大戦に出征し、敗戦後はナチ運動に身を投じて突撃隊員として亡くなったことになっている。彼女は、女手一つで子どもたちを育て上げ、いま、長男を戦場に送っている。ナチ運動で死亡したかは別として、第一次世界大戦で夫が戦死し、その後、この母親のように一人で子どもを育てながら、今度は息子を第二次世界大戦に送り出した女性は多かった。

この手紙は、いうまでもなく創作である。公開されることが意図されていて、「女性展望」が提案する前線への手紙の書き方に沿っている。戦場の家族に感謝し、あれこれ心配して出征した兵士への心からの愛の証しに、

図4-38　「母への手紙」
この2枚の写真はセットで「息子に宛てた母の手紙」に添えられた。
（出典：同誌161ページ）

図4-37　「息子の写真」
（出典：「女性展望」1941年12月 第1号、161ページ）

クリスマスに遅れることなく届くプレゼントを家族みんなが用意している。戦場にいる兵士に余計な精神的負担をかけないように、防空壕で過ごすことはさらりと触れているだけである。そして極め付きは、結びの文だろう。結局、民族共同体のために勇敢に戦うことを期待している。それも、命を賭して戦うことは「あなたの母のため」だと母親自身が息子に迫っている。

前線に送る手紙の手本として掲載されているこの手紙が母親から息子に宛てたものであることにも、象徴的意味がある。「母国」は、自分の生まれ育った国を意味するから、手紙にみられるパーソナルでこまやかな心情をやりとりする母と息子の関係の背後には、国家が国家のために戦う兵士に要求する愛国心が透けてみえるのである。

③銃後を安心させる前線報告

銃後からの手紙に応えるものとして、同じ一九四一年十二月第一号に宣伝中隊の従軍記者四人による、極地の夜のクリスマス、フランスの掃海艇でのクリスマス、航空機修理工場のクリスマス、イギリスの島でのクリスマスの報告記事が並んでいる。ただ、一九四一年のクリスマス号に掲載されてはいるものの前年の体験報告なので、まだゆったりとクリスマスを祝っている印象を受ける。翌年の従軍記者の報告内容と比較するために、四〇年の前線でのクリスマスについても読んでおきたい。四つのなかから「極夜のクリスマスツリー」と「掃海艇のクリスマス」をみてみよう。

「極夜のクリスマスツリー」(45)では、ノルウェーに向かった四隻のクリスマス船をキルケネス港で山岳兵、水兵、パイロットが手を振って迎える。船首に巨大なクリスマスツリーが設置され、極夜の闇のなかで点灯するツリーの光で船が幽霊船のようにみえる。船はハンブルク―ニューヨーク間の半分の距離を、兵士たちにクリスマスの喜びをもたらすために危険な航海を経て到着した。そのため「クリスマス《フローエ》おめでとう《ヴァイナハテン》!」の横断幕を掲げた船は、兵士たちにとって「幸せを運ぶ船」だった。船はドルトムント・ビールやミュンヘン・ビールの樽をもたらしてくれた。楽器の箱にはツィターが入っていて、次の日のパーティーで、オストマルクとバイエルンの山岳兵中隊による演奏が披露された。司令官は、大尉と軍曹の間に座って黙って音楽に耳を傾け、それが終わると、おいしいものやアルコールのプレゼントが配られた。兵士たちは極地でも、誰一人忘れられていない、という気持ちを強くしたとレポートしている。

「掃海艇のクリスマス」(46)は、「クリスマス委員会」を組織し、暇を見つけてはフランスの古い蒸気漁船を掃海艇に作り直し、狭いながらも船内をクリスマスの祝祭の会場としたと報告している。船内には会食テーブルがあり、中央にはクリスマスツリーが立っている。テーブルの上席には隊長が着席し、その後ろの壁にはハーケンクロイツ旗と軍艦旗の間に、緑の枝で飾られた総統の写真が掛かっている。白い布が敷かれたテーブルの食器にはケーキや果物が盛り付けられ、モミの枝も置かれている。モミの枝は、壁やロッカーのドア、ベッドの木枠にも括り付けられ、クリスマスの香りを放っている。別のテーブルには、金銀のひもで結ばれたプレゼント小包が山のように積み重ねられている。

隊長が戦果についてスピーチをし、戦死者を追悼し終わると、プレゼントを配った。家族から、司令部から、そしてあらゆる大管区からの心のこもったプレゼントである。見張りを交代しながら、小包を開けてプレゼントを確認し、カードや手紙を読む。それから、古くからのクリスマスの歌をみんなで歌い、おしゃべりの時間を楽しんだ、とある。

　こうした従軍記者の報告は、第一次世界大戦時のクリスマス表象と全く同じである。すなわち、銃後の女性たちを安心させることが記事の目的だった。クリスマスを待つ喜びを味わい、クリスマスの飾り付けをしたり、クリスマス市に出かけたりすることはできないが、兵士たちは協力してクリスマスツリーを立て、モミの枝を飾り付け、おいしい食べ物と飲み物に不自由せず、歌や音楽でクリスマスを祝い、銃後からのプレゼントを受け取って愛する人々に思いを馳せている。そして、戦友たちという大家族のなかで一人きりではないと感じている。これを読めば、戦争を受け入れられる気持ちになる。軍服の兵士たちは兵舎で、あるいは「大家族」のなかで不安を抱かずクリスマスを祝っているのだから。

図4-39 「一人ひとりが、故郷からの心のこもったプレゼント小包を受け取る」
（出典：「女性展望」1942年12月号、120ページ）

　翌年の一九四二年十二月号にも「極夜の冬至」「寒さと死にも負けずクリスマスは祝われる——コーカサスのクリスマスの祝祭」と「私たちは心のなかで君たちのところへ行くつもりだ——愛する女性たちに宛てた軍事郵便の手紙」という、従軍記者による三つのクリスマスの報告記事を掲載している。「極夜の冬至[47]」は前年の「極夜のクリスマスツリー」とレポートしている場所は同じだが、兵士たちが体験するクリスマスには全く触れていない。闇と氷と雪と岩に閉ざされた北極圏で、十二月二十一日の冬至の日に日中の時間帯に闇夜にわずかばかりの太陽の光を目撃する奇跡を描写しているが、その冷たく透き通った冬至の日に、一機の戦闘機が轟音を立てて飛び立って

図4-40 「仮の宿舎や分隊のためのこの小さな木は、ロウソクの光とたくさんの思い出とともに、故郷を目の前に再現してくれる」（出典：同誌120ページ）

いく。その腹部が弱々しい太陽の光を受けて輝いている。光を受けて高みへと飛んでいく孤独なパイロットに永遠の憧れを投影させる極夜の世界の描写は、戦争の現実からはほど遠い美的情景でしかない。

前年の記事に書かれていた本国からのクリスマス船がこの年にも北極圏に寄港したのか気になるところだが、コーカサスにはクリスマス小包が届いていて、慈善小包を用意した女性たちへの感謝を述べている（図4―39、4―40）。クリスマスのお祝いも兵士たちが準備したが、昨年の準備係は戦死したという事実も隠すことなく伝えている。すでに戦死者が多数出ていることは隠しきれない事実だったからだろう。この報告記事によると、兵士一人ひとりにフランス産のシャンペン、コニャック、ギリシャタバコ、デンマークのクッキーが配られたとあるから、兵士への配給には特別な配慮があったことがうかがえる。そして、子どもたちのためにクリスマスツリーを飾り、家族とまた一緒にクリスマスを祝うには、いま戦っているソ連のボルシェヴィズムを打ち倒すほかないのだと、コーカサスであれ太平洋岸であれ、軍務に就く何百万の兵士たちは戦場でのクリスマスに同じことを考えている、と報告している(48)。この記事は、家族と祝うクリスマスの平和は、その平和を脅かす敵に勝利しないかぎり実現しないという課題を兵士に突き付けている。戦闘継続を正当化するために「クリスマスの平和」が利用されているのである。

④従軍記者の手紙にみられる内容の変化――クリスマスの祝祭での戦死者追悼、戦争目的の変更

前述の二本の記事とは全く異なる印象を与えるのが、書簡形式で書かれている「私たちは心のなかで君たちのところへ行くつもりだ――愛する女性たちに宛てた軍事郵便の手紙」である。続けて掲載された三つの従軍記者による記事のなかでは特別に長く、三つの前線報告の先頭に置かれている。その東部戦線で書かれた長い手紙から一部分を引用してみよう。

いつもだったら二人の子どもたちのためにプレゼントを配るサンタクロース役を演じ、「きよしこの夜」を歌うときには、君たちより一オクターブ低いすてきな低音で歌う人は今回もいない。今回も君たち女性たち、母たち、そして子どもたちだけがツリーの周りに集まるだろう。息子たち、父がいないのは、二度目、三度目、もう四度目だ。（略）私たちだって君たちのクリスマスの輪のなかに入りたいと、どんなに願っていることか。「心のなかで君たちと一緒にいるからね」と書かれた何百万通の軍事郵便が何千マイルの距離を行き来していることがその証拠だ。

一通一通の手紙の内容はわからなくても、ちょっと別のことは知っている。仲間の軍人手帳、札入れ、身分証明書に少なくとも一枚の写真も入っていないものはない。何千回も取り出し、何千回も周囲の者に見せ、何千回も愛されたよれよれの写真。（略）君たち女性は家にいて、遠く離れた中隊で君たちがどんなに有名人なのか、いつもみんなの会話の中心で、いつもみんなの思い出の終着点で、憧れの源であって、君たちは昼夜を問わず、君たちの夫や息子のそばで生き生きと、まるでそこにいるかのようだということを想像できないだろう。手紙のなかで、どんなに請け合い断言し誓っても、伝えることができない事実なんだ。

今回もまた…今回もまた、私たちにはクリスマステーブルの準備ができず、プレゼントは一つも君たちのところに届かない。夏であれば、ひそかなキスのように少なくとも花を手紙に添えることができるが、東部や北部の真っ白な荒野では私たちの愛を託す花を摘むこともできない。私たちのカバンやわずかな軍用荷物にはプレゼントになるものは何一つない。少なくとも、パパがなぜいまこんなに「貧乏」なのか理解できない小さな子どもには、ほんの少しのおいしいものやおもちゃを届けたいとどんなに思うことか。でも、それさえできない。私たちが愛情がない父親なんかじゃないことを示すには、もう少し時間がかかる。（略）君たちが安心して暖かい部屋にいられることを、目下の私たちのプレゼントとして受け取ってほしい。ロウソクが輝き、聖なる夜を祝えるよう、君たちの夫と父は武器を持って屋外に立っている。君たちがベッドで安心して眠れるように、君たちから遠く離れているんだ。そして、いつかずっと君たちのところに戻れるようになったら、仲間みんなと一緒に、男として届けることができる最もすばらしい最大のクリスマスプレゼントを届けよう。それは、君たち一人ひとりに輝く未来を約束する豊かで大きな平和の確かさだ。

もう二度と再びクリスマスを妻や母、子どもたちと家で過ごすことができない、わが国の戦死者たちのことを考えたら、私たちが今回もまた会えないことはどれほどのことだろう。クリスマスに心の痛みを感じるとすれば、それは生きている者同士の別離ではなく、道端の十字架の下に横たわる人々と、彼らが家に残した女性たちのことを考えるときの心の痛みだ。彼らの苦しみに比べれば、他方の苦しみは存立しない。その苦しみに比べれば、私たちの苦しみは自らの慈悲深い運命に対する感謝の念に姿を変えるだろう。

だから、私たち灰色の制服を着た戦場の男たちが、すべての前線からクリスマスイブに心のなかで君たちの部屋へ行き、愛する君たちの髪をなでたら、次は、同じく心のなかで、孤独な夜に、戦死した仲間の妻や母たちが座る部屋へ行き、運命が彼らに犠牲を要求し、彼らが私たち民族の存続のために抗うことなく与えたものに対して、畏敬の念をもって頭を垂れよう。

来る年も、前年同様に私たちにとって愛する母のような同伴者でありつづけてほしい。私たちは、君たちをこのうえなく愛し、君たちの生命、誠実さ、名誉を昼も夜も体を張って守っているのだから。(49)

手紙の形式をとっているため、二人称での呼びかけは直接感情に訴える力をもっている。テーマは戦争で遠く分かれて生活しなければならない家族の愛と絆である。それも、普段は知ることができない戦場の兵士たちの心が伝えられている。というより兵士ではなく、夫であり父である者からのこまやかな愛情を描き出している。この中隊にも、クリスマス小包や慈善小包が届いているはずだが、ここでは愛の代替品である「モノ」には重きを置いていない。組織的に大規模に準備される戦時冬期救援事業のクリスマス小包は、確かに「誰一人忘れられる人はいない」をモットーに「愛情を込めて」おこなわれるといわれているが、民族共同体が大車輪で進める機械的な作業ではなく、ここでは親密な家族のつながりが大切にされている。

なぜ家族が一緒に暮らせず、夫や父は命の危険を冒さなければならないのか。ここでは、なぜ戦うのかという政治的根拠、例えばボルシェヴィズムは戦うべき敵として言及されていない。戦う理由は、愛する家族を守るためだけに集約されている。一歩間違えば、反戦記事になりかねない「手紙」だが、もちろん検閲を通過して「女性展望」に掲載されている。そのことを考えると、戦争四年目にこうしたパーソナルな愛情を記述する記事が載せられた背景には、銃後の女性たちが陥っていた不安定な精神状態があったと考えられる。

手紙の最終部は、戦死した兵士たちと残されたその家族に向けられている。戦争の残酷や悲惨を書くことはもちろん許されない。それに代えて、国家のために命を捧げた兵士たちへの畏敬の念と、その家族に対する深い同情を描き、戦争の酷薄を静かに訴えているようにみえる（図4―41）。

図4-41　「1943年の冬至」
右側には東部戦線で戦死者を悼むクリスマスが描かれ、左には父もそろって祝う本来の家族のクリスマスが理想像のように並置されている。1943年のクリスマスに、大きなツリーにロウソクをともして平穏なクリスマスを祝うことができた家庭は、どれだけあっただろうか。
（出典：「女性展望」1943年12月号、表紙）

この手紙を書いた宣伝中隊従軍記者ハンス・フフッキーは、一九三三年に創刊された女性雑誌「若い女性」の編集長に三九年に就任している。その五カ月後には軍務に動員され、四〇年には従軍記者として宣伝中隊に転属した。最初はユーモアに富む陽気な兵士の日常を「若い女性」に書いていたが、四二年から「軍隊新聞」の編集長を務めるようになると、フフッキーが書く記事もずっと現実に即

図4-42 「ミュンヘン戦没者記念碑のクリスマスの夜。わが国の戦死者は、誓いを立てた彼らの偉大なる犠牲と、私たちの心の力によって不滅でありつづける」
（出典：「女性展望」1942年12月号、118ページ）

したものになった。「軍隊新聞」もほかのすべての前線新聞と同様に、国防軍最高司令部の国防宣伝部門の管轄下にあった。したがってフフッキーも、検閲に引っかからないように、そして故国の読者の不安を大きくする内容を避けるように心がけた。戦争の悲惨を描写したのは、「軍隊新聞」勤めの末期だけだった。(50) フフッキーは、敗戦後まもない四七年にイギリス軍占領地区のハンブルクでコンスタンツェ出版社から創刊された女性雑誌「コンスタンツェ」の編集長になり、この雑誌を戦後の人気女性雑誌に成長させている。

「女性展望」に掲載されたフフッキーの記事にあるような、戦死者について立ち入る記述はこれまでになかった。しかし、一九四二年の戦時のクリスマスからは戦死者と結び付けてクリスマスを考える姿勢が「女性展望」にはっきりみられるようになる。三人の従軍記者による記事が載った号の巻頭に、短期間で第二代ナチ女性団指導者のポストを追われたガンツァー＝ゴチェブスキーが「一九四二年の戦時のクリスマス(51)」を執筆している。そのなかで彼女は、クリスマスを「聖なる死の祝祭」と呼び、死が生命の終わりを意味するわけではないことを力説している。終わりとは、犠牲的行為が忘れられ、無意味であるという烙印を押されるときだとして、戦死者は民族のなかで生き続けるという精神論を展開している（図4―42）。フフッキーが描いた戦死者への畏敬にもみられたように、クリスマスはもはや、幼子イエスの誕生とはかけ離れ、戦没者慰霊の色彩が濃厚になる。

一九四二年のクリスマス以降に戦没者慰霊の色彩が濃くなるきっかけは、国民啓蒙・宣伝大臣ゲッベルスのクリスマススピーチだった。国防軍精鋭部隊の第六軍は、その年のクリスマス前に孤立状態にあったスターリングラードから脱出することができず、このことは、部隊の壊滅を意味した。実際、包囲された十九万五千人の兵士のうち十六万五千人が戦死あるいは捕虜収容所で死んでいる。ゲッベルスは四二年のクリスマスに破滅的な事実に直面して、戦死者たちは「男として英雄として祖国の息子が体験できるなかで最も誇り高く勇敢な生涯を送り、英雄的な最期を迎えることができるだろう。彼らは、私たちが光のなかにいられるように、自らを犠牲にしたのである」と激烈な調子で語り、民族共同体のために犠牲になった戦士たちをたたえ、無駄になる死はないことを強調した。そして、とりわけ母親たちを慰め励まし、国民にさらなる闘いと犠牲を要求したのだった。(52)

クリスマスに戦死者を追悼させる目的は、戦死者の急増で厭戦気分が高まり、人々が信仰へ逃避することがないようにするためだった。一九四二年から四四年までに出版されたクリスマスに関する本には必ず、ティーロ・シェラーの詩「戦死した兵士たちの帰宅」が掲載された。クリスマスツリーに赤いロウソクがともされるのを合図に、戦死した家族が、クリスマスの夜に短い訪問をするという内容だった。そして、亡くなった人が同席している気持ちになれるよう、写真をクリスマスツリーの下の主賓席に置くことが提案された。(53)墓石に小さなモミの木を添えるクリスマスの習慣は、現在でも南ドイツに残っている。

クリスマスに戦死者を追悼する風潮が強まる以前に、Dr. ヘルタ・オーリングが執筆した「一九四一年のクリスマス」(54)の記事のなかで、ゲルマン人の信仰について述べている。ゲルマン人の信仰では、十二夜に死者が戻ってきて食事をともにすると信じられ、とりわけ前年に亡くなった人のためには、テーブルに食事を用意する習慣があると紹介している。しかし、これは啓蒙的記事であって、戦時にその習慣を実行するよう助言しているわけではない。これ以外、英霊の永遠性という抽象的な戦没者追悼の意味を説明するガンツァー＝ゴチェブスキーの記事を除いて、「女性展望」には、戦死者を追悼するクリスマス記事は見つからないし、シェラーの詩も見当たらない。それは、発行部数第二位だった「主婦の雑誌」も同じである。すでに本土への空爆が激しさを増しているなかで、クリスマスを家庭で祝うことそのものが無理な話だった。

東部戦線で明らかになった軍事状況の変化によって、国民の戦争への疑問は増大した。兵士のモラルを維持するために、一九四二年からナチ指導部は新たな戦争目的を打ち出すことを余儀なくされた。開戦当初は東部に「生存圏」を獲得することが戦争の目的に掲げられていたが、そのかわりに、残虐非道な敵の攻撃から故国を防衛し、家族を保護することが戦争の大義に据えられた。クリスマスそのものさえ、守るべき財産と位置づけられた。

「女性展望」の女性読者に宛てたフフッキーの書簡体の記事には、当時の、戦死者追悼の意味が付与されたクリスマスや、新たに示された戦争の目的が反映していたことになる。

戦争末期――義務、諦念、そして信仰

ショルツ＝クリンクは、一九四三年十二月号の「一九四三年の戦時のクリスマス」(55)のなかで、五年目を迎えた戦時下の女性たちを、子だくさんで何人もの息子たちを前線に送り自らは重労働を引き受ける母たちとして、戦場で戦う男性に代わって農作業に従事する母たちとして、党や女性組織で働く主婦たちとして、空爆の被災者支援に動員される女性たちとして描いている。そうした厳しい現実のなかでも、全国女性指導者は、「家庭のなかの母」としてだけでなく、「民族の母」という意識をもって前線の兵士と一体となり、絶対的平和を手に入れるために働き闘わなければならないと女性たちを激励している。働き闘うことは、何百年にもわたって故国を守ってきた祖先に対する、世界大戦でボルシェヴィズムと戦って外国に眠る人々や国内の空爆で亡くなった人々に対する、そして祖先から血を引き継いで将来を生きる人々に対する義務であると力を込めて語っている。そして、どのように働き、どのように戦うのか、その目指すところを決めるのはヒトラーだけだと締めくくっている。

イギリス・アメリカ空軍によるドイツ本土への空爆が本格化するのは一九四二年春ごろだったが、スターリングラードの敗北以降、弱体化したドイツへの空爆は激しさを増した。ハンブルク市街を壊滅させ五万人の死者を出した無差別爆撃は、四三年の七月下旬から八月上旬にかけてのことだった。「女性展望」に空爆の記事が掲載されるのは、一九四三年五月号（「防空において女性たちが働けること」「焼夷弾に対する効果的な闘い」）以降で、九

月号には、激しさを増す空爆に怒りを表す「アングロ・アメリカの悪党空軍――二十世紀の文明破壊者たち」や、空爆にくじけずに被災者たちに対する支援活動を報告する「十万人が満腹になれた――模範的な女性動員」が掲載された。十一月号には「航空戦のテロルに対して闘う女性たち」、一九四四年一月号には「空襲の危機に対して家庭で絶対に欠かすことができない備え」や「首都を襲うテロル」という記事が続き、空襲への怒りをあらわにしながらも、空襲への備えと互助態勢を強化し、生きる意志をもちつづけようと訴えている。銃後のはずが、死の危険に脅かされる段階に入っていた。

しかし、そうした絶望的な日常にもかかわらず、ショルツ＝クリンクが主張する戦争を継続するために働き闘い続ける根拠や「目指すところを決めるのはヒトラーだけ」という彼女の言葉は、戦争がもはや「後戻りできない運命」であることを女性たちに突き付けることになった。

図4-43「兵士たちは看護師たちのクリスマスの準備を進んで手伝う」
記事「看護師イルゼとのクリスマスの夕べ」に添えられた写真。
（出典：「女性展望」1943年12月号、44ページ）

一九四三年のクリスマスに発表されたショルツ＝クリンクの言葉に、記事「五回目の戦時のクリスマスをめぐる兵士の考え[56]」が続く。前年のクリスマスの時期には、従軍記者が前線の兵士たちの様子を伝えたが、この年は、全国女性指導者の言葉を補完するように、爆撃を受ける故国の女性たちの気持ちが折れないように思いやり励ますのは、苦しい戦争を戦う兵士自身だった。

まず、戦争がこれほど長くなるとは思いもよらなかったと失望を表明している。開戦後一年目は家庭にも前線にも豊かさがあったが、いまでは、どちらにも貧しさが広がっている。愛する人々はヨーロッパ、アジア、アフリカで戦い、大ドイツのいたるところで労働者、農民、市民の家々が空爆で破壊されてしまった。勝ちもしたが、打撃も多かったと振り返る。しかし、五年目の戦時

図4-44　「自分で作った小さなプレゼントを持って野戦病院にやってきたナチ女性団の子ども団員たちの喜びは、負傷兵と同じくらい大きい」
（出典：同誌44ページ）

のクリスマスでわかったことは、クリスマスには兵士たちが心のなかで別れ別れの家族のもとに、最も近しい人のもとにいることで、自分たちが「一つの民族」だという意識はむしろ揺らがなくなったという。各家庭で、クリスマスツリーに一本のロウソクもともせなくなり、共同体でクリスマスを祝うことになったとしても、それは耐えられないことではなく、むしろ戦争という困難から共同体という美徳、この時代の「財産」を見いだせたと強調する。共同体への帰属意識は、自分たちの力であり、生への肯定感の源だという。最後は、一九四三年の戦時のクリスマスが戦時下で迎える最後のクリスマスになるかはわからなくとも、自由と平和のクリスマスが実現されるまで自分たちの義務を果たすしかないのだ、と結んでいる。

　ナチ指導部は、第一次世界大戦のように銃後が崩れることを最大の脅威と捉えていたので、この記事も、民族共同体への強い帰属意識をもって働き闘い続けることが、前線の兵士を助け、そして、苦しい状況に置かれる女性自身の精神的支えになるという結論に達している。それにしても、「女性展望」が官製雑誌として、銃後が堅固であるよう鼓舞することを使命としていることを考えると、この記事には銃後の女性たちが直面している厳しい現実を包み隠さず記述していて驚く。現実を無視して鼓舞するだけでは目的は達成できず、読者である女性たちの現状に理解と共感を示してはじめて、訴えは説得力をもつと判断したのだろう。

　一九四二年に掲載されたコーカサスからの前線報告ではまだクリスマスの慈善小包が届いていたようだが、四三年以降になると、家庭向けに提案されるクリスマス小包用のクッキーのレシピや小さな手作りプレゼントのアイデアはみられるが、開戦後の数年間にみられたナチ女性団・ドイツ女性事業団、ドイツ女子青年団などがおこなう大規模で情熱を傾けた寄付の品の回収や募金、クリスマス小包の作製と発送、クリスマス会の開催に関する報告記事はなくなった。そのかわりに、野戦病院でクリスマスを迎える兵士たちを慰める活動についてだけ記事と写真が掲載されている。

一九四三年十二月号の「看護師イルゼとのクリスマスの夕べ[57]」は、クリスマスの日の野戦病院の様子を描写している。病院のツリーは美しく飾り付けられている（図４―43）。家族と帰宅できる患者、クリスマス休暇を取得できる患者は一時退院した。家族とクリスマスを過ごしたい看護師は帰宅し、夜勤を申し出たイルゼだけが病院に残っている。彼女の夫はアフリカ戦線で戦死し、娘はオーバーバイエルンに疎開している――この号には、学童疎開についての記事も掲載されている――ので、一緒にクリスマスを過ごす家族はいなかったからだ。イルゼは、東部戦線でツリーもロウソクの明かりもなく戦闘に明け暮れたクリスマスを思い出す兵士の話に耳を傾け、深い孤独感にさいなまれて涙を流す十九歳の少年を慰め、野戦病院に残る兵士たちを見守る。

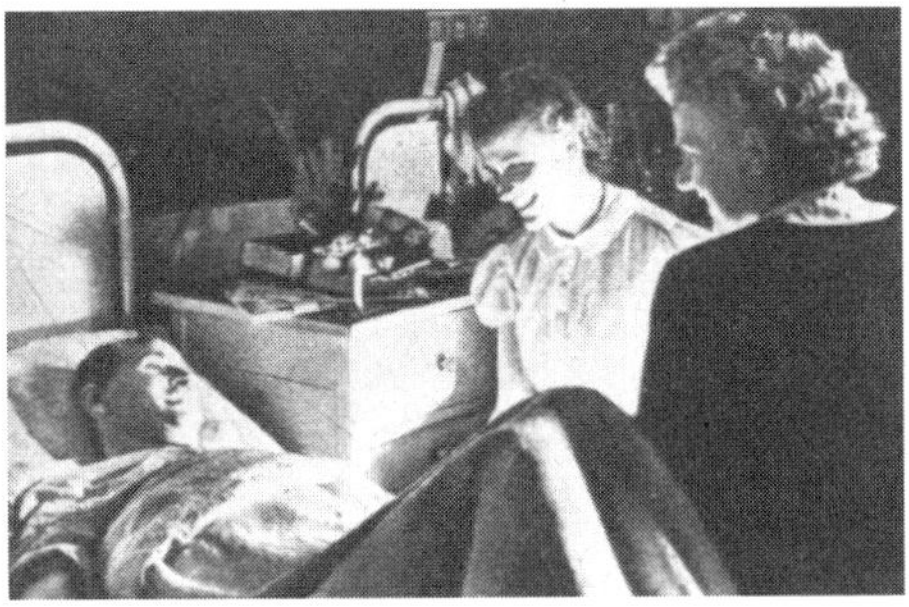

図4-45　「ナチ女性団の女子青年団員たちが負傷兵たちを見舞う」
（出典：「女性展望」1944年12月号、27ページ）

イルゼは、夫の戦死というつらい運命や子どもと別れて暮らす孤独に打ちひしがれることなく、ショルツ＝クリンクが求める「民族の母」として働き闘う理想の女性として描かれている。看護師でなくとも、国家のために戦い傷ついた兵士たちに優しさを示し喜びを与えることは、クリスマスの時期には欠かせなかった。野戦病院を訪問する奉仕活動は、戦争が長引くにつれてますます重要になった（図４―44、４―45）。

一九四四年十二月号の記事「一九四四年のクリスマス[58]」のなかでも、大勢の兵士を代表して一人の兵士が六回目の戦時のクリスマスに女性たちや女子青年に語りかけている。前年の記事の兵士と同様に、故国が敵の攻撃に晒され、脅かされている現実を認識しているものの、戦況がさらに悪化しているためだろう、自分たちの背後に苦しんでいる存在を強く感じながらも、踵を返して慰め力づけにいくことはできないと伝えている。敵を防ぐ壁になっていなければならないからである。そうした状況下でクリスマスを迎えようにも、家も財産も失い、クリスマスの飾り付けも、火をともすロウソクさえない。子どもは疎開し、夫は戦場にいるというのに、誰にプレゼントを贈れるのか。いまは小さなプレゼントを考え出す精神的余裕も、作る時間もない。前年の記事は、そうした戦争の困難に対して、共同体の存在が生への肯定感の源であると示していた。しかし、ここでは、共同体についての言及はみられず、女性たちは困難に直面する「他者への配慮の気持ち」が豊かになったという抽象的な美徳を挙げているだけである。

戦場で戦う兵士の覚悟については、「総統の命令と、その命令に服すことを戦場での最善と捉え、繰り返し新しい生命が誕生することを願い、必然として生起すべきことこそ最良のものと考える(59)」と述べている。確かに一兵卒が命令に服従し、兵士の義務に従うことは自明のことではあるが、この時期のドイツの戦況を考えれば、ここに表明された覚悟からは、ドイツの存続を願う憧れとともに、回避できない運命に対する絶望と諦念が伝わってくる。

一九四四年の戦況は、ドイツにとって厳しいものだった。イギリス空軍のベルリン空爆は四三年十一月から四四年三月まで続く。四四年六月六日には連合軍がノルマンディー上陸を果たし、八月二十五日にはパリが解放される。東からはソ連軍が攻勢を開始し、戦線は急速に西へ後退する。年が変わり、四五年の一月十七日にワルシャワが、二十七日にはアウシュヴィッツ強制収容所が解放される。その後、連合軍が東西からドイツ本土へ侵攻し、ドイツは総崩れになった。

記事「一九四四年のクリスマス」に続き、銃後での六回目の「戦時のクリスマス」を伝える記事「私たちの星から新たな光が私たちの朝に明るくさすまで、どんなに苦しい困難にも耐えて、あなた方の心の輝きを生き生きと保ち続けてください(60)」には、第二次世界大戦開戦から三年にわたってみられた国家を挙げての前線へ送るクリスマス小包作りや、民族団結のための「みんなのクリスマス」行事への熱狂や興奮は全く感じられない。空爆で破壊された街でみじめな日常に生きる人々に対して、死者たちを追悼し、現状が厳しくとも未来に向けて希望を抱くよう励ます、静かな祈りにも似た内容である。

記事を執筆したカルラ・ドラープシュは次のように述べている。あまりにも多くの人々が家を失い無一文になり、愛する家族を失った。クリスマスツリーもロウソクの明かりもなく、子どもたちの笑い声もない。それでもクリスマスはめぐってくる。このつらい時期にもかかわらず、クリスマスを祝おうとさせるのは、祖国ドイツへの愛、ドイツ民族が生き続けることへの愛、そして、いまはそばにいない夫、子どもへの愛である。どんなに激しく戦っていようとも、塹壕や防空壕にいようとも、クリスマスには、ツリーの香りとロウソクの明かり、プレゼントテーブル、幸せそうな子どものまなざし、優しいクリスマスの歌や詩、敬虔な言葉、晴れ着を着て祝祭の食事を味わった思い出、憧れ、母の愛がよみがえる。こう語ることで、ドラープシュは、市民階級の習慣から始まった家庭で祝う理想のクリスマス像に立ち戻っている。

いま、命を懸けて闘うのは、最後の一滴の血を懸けてでも守り抜くに値するドイツ精神のためであり、自分たち自身が破滅してはならない存在だと認識しているからだと、読者の自尊心と自負心に語りかける。だからこそ、眼前に広がる瓦礫と困窮のなかから、浄化され気高い最善のものが再興しなければならない。心のなかの光が燃え続け消えずにいれば、その光は一つまた一つと広がり、やがて本当のクリスマスの光になるとして、ドラープシュはそう信じる気持ちを強くさせるために、中世後期の神学者であり哲学者のマイスター・エックハルトの言葉を引用している。「あらゆるもののなかに人は神を捉え、感情、思考そして意志のなかに常に神がおられると心に言い聞かせなければならない」(61)。クリスマスはどんな人も、すなわち母、子ども、男性、前線にいる兵士たち、生き残っている者たちのために命を犠牲にした死者たち、行方知れずの人々、捕虜になっている兵士、喪に服する人々、悲しみに暮れる人々、病と闘う人々みんなを、包み込んでくれる。だからこそクリスマスには、犠牲になった人々に畏敬と感謝の念を捧げようと訴える。この記事でもクリスマスは死者を追悼する祝祭でもある。

図4-46　「闘い、戦争そして死にもかかわらず、クリスマスは、私たちにとって愛と信じる心の祝祭でありつづけてほしい」
（出典：「女性展望」1944年12月号、表紙）

そして「過ぎ去るものは過ぎ去るに任せればいい。過ぎ去るのは、また戻ってくるためである。若返るために老いるのであり、別れるのは、心で一つになるためである。死ぬのは、生き続けるためである[62]」という詩を掲げている。ドラープシュは、絶望しないよう読者に語りかけているのである。孤独で悲しみに沈んでいる隣人を仲間に引き入れることは、健康で強く若い幸せな人々の義務であり、一方、孤独で悲しみにとらわれている人は、苦しみを払いのける勇気をもたなければならないと結んでいる。

この号は、孤児になった子ども、あるいは妻を亡くした兵士の子ども、夫が戦死して子どもを育てられない母の子どもなど、さまざまな子どもたちを養子に迎えるか里親になる方法を説明する記事を併載し、実存をめぐる厳しい闘いのなかで解決を迫られる大きな社会問題を取り上げている。失った自分の子どもの代わりに、そうした子どもを引き受ける意思がある人は、ナチ党国民福祉団大管区課青少年支援局（養子縁組と里子制度）まで申し出てほしいとある[63]。

「女性展望」の表紙は一九四四年一月号から、フルカラーからモノクロに変わっている。一九四四年十二月号はナチス・ドイツ時代、最後のクリスマス号になった。その表紙は、当時はもう期待できなかったラメッタとガラス玉で飾られロウソクがともされたクリスマスツリーの傍らに、硬い表情の兄妹が立つ写真である（図4―46）。キャプションには「闘い、戦争そして死にもかかわらず、クリスマスは、私たちにとって愛と信じる心の祝祭でありつづけてほしい」とある。戦争に対する深い諦念のなかで、クリスマスはプロパガンダから解放され、冬至祭でもなく、「みんなのクリスマス」でもなく、「戦時のクリスマス」の形も崩れ、家庭で祝う本来のクリスマスに戻ったかにみえる。厳しい現実のなかでのクリスマスではなく、キリスト教の愛の祝祭に根差した大きな憧れとして。

表紙には、ハンス・バウマン[64]の詩と楽譜が添えられている。クリスマスの歌かと思うと、そうではない。困窮に苦しむ子どもに向けた励ましの歌である。[65]苦しみは役に立つことがあるのかと問う子に向かって、苦しみは両手を強靭にし、しっかり物を見る目を育ててくれると、詩人は答える。成長したら、大きな目、苦しみを乗り越える強い両手が必要だから。凍える家、つらい仕事、そうした問いはやめよう。いつかどんな苦しみも上手に乗り越えられるようにならなくては。

「女性展望」は、次号の一九四四年から四五年への年越し号で廃刊になる。終戦まで、あと四カ月だった。

注

（1）*NS Frauen Warte*, 1. Jg. H. 12 (15. Dezember 1932), S. 283.

（2）*NS Frauen Warte*, 3. Jg. H. 12 (1. Dezemberheft 1934), S. 379.

（3）Ellen Semmelroth, “Von Leuten, die reisen, das Schenken zu lernen,” *ebd.*, S. 355.

（4）“In der erzgebirgischen Werkstatt Knecht Ruprecht,” *NS Frauen Warte*, 4. Jg. H. 12 (Novemberheft 1935), S. 374-376.

（5）Ellen Semmelroth, “Die Kerzen brennen und wir schenken,” *NS Frauen Warte*, 5. Jg. H. 12 (Novemberheft 1936), S. 375.

（6）Hans Fr. Geist, “Das Spielzeug,” *NS Frauen Warte*, 6. Jg. H. 11 (Novemberheft 1937), S. 338-340, Fritz Thost, “Das Wunder im Grenzland,” *NS Frauen Warte*, 6. Jg. H. 12 (Dezemberheft 1937), S. 369-371.

（7）まとめるにあたり、以下を参照した。“Winterhilfswerk des Deutschen Volkes,” *Wikipedia* (https://de.wikipedia.org/wiki/Winterhilfswerk_des_Deutschen_Volkes)［二〇二二年九月十四日アクセス］

(8) ドイツ女子青年団を終えてからナチ女性団ないしドイツ女性事業団に参加するまでの空白だった移行期を埋めるために、一九三八年に、十八歳から二十一歳までの女子青年が所属する「信仰と美」が創設され、ドイツ女子青年団の組織の一部に位置づけられた。当時の成年は二十一歳だったので、「信仰と美」のあとは、ナチ女性団かドイツ女性事業団に入団することになっていた。

(9) 「国民連帯の日」については、以下を参照。"Tag der Nationalen Solidarität," *Wikipedia* (https://de.wikipedia.org/wiki/Tag_der_Nationalen_Solidarit%C3%A4t#:~:text=Als%20Tag%20der%20Nationalen%20Solidarit%C3%A4t,der%20Sammelb%C3%BCchse%20um%20Geldspenden%20warben) [二〇二二年九月十九日アクセス]

(10) 換算するにあたって、一マルクを、一九三三年は五・一ユーロ、四二年は四・四ユーロ、四三年は四・三ユーロとし、一ユーロは百四十円で計算した。小野寺拓也／田野大輔『検証　ナチスは「良いこと」もしたのか?』(〔岩波ブックレット〕、岩波書店、二〇二三年)五九ページ、注(2)を参照。

(11) "Bunter Weihnachtsmarkt Hamburger Frauen," *NS Frauen Warte*, 2. Jg. H. 11 (1. Dezember 1933), S. 318.

(12) 一九三三年六月の失業減少法に組み入れられた結婚資金貸付制度は、男性工場労働者の月収の四、五倍、最大千マルクを無利子で貸し付ける制度だった。経済的に苦しい若い夫婦が新婚生活に必要な調度品をそろえるためのものだったが、受給条件は妻の退職だった。また、子どもを一人産むごとに四分の一の額の返済が免除されたので、四人の子どもを産めば返済義務はなくなった。したがって、この制度は経済政策、労働市場政策、人口政策としての意味をもっていた。

(13) "Der Dank des Reichsführers der N. S. V. Hilgenfeld an die N. S. Frauenschaft," *NS Frauen Warte*, 2. Jg. H. 18 (1. Märzheft 1934), S. 355.

(14) クローディア・クーンズ『父の国の母たち——女を軸にナチズムを読む』上、翻訳工房「とも」訳、姫岡とし子監訳、時事通信社、一九九〇年、二二七ページ

(15) "Zwei Jahre Hilfswerk 'Mutter und Kind'," *NS Frauen Warte*, 4. Jg. H. 23 (Maiheft 1936), S. 744.

(16) "Die Rede des Führers auf dem Frauenkongreß am 8. September 1934," *NS Frauen Warte*, 3. Jg. H. 7 (2.

Septemberheft 1934), S. 210-212.

(17) 前掲『父の国の母たち』二八六ページ

(18) Klara Schloßmann=Lönnis, "Weihnacht," *NS Frauen Warte*, 1. Jg. H. 12 (15. Dezember 1932), S. 267-268.

(19) "Der Sinn der Adventszeit," *NS Frauen Warte*, 2. Jg. H. 11 (1. Dezember 1933), S. 306.

(20) Renate von Stieda, "Die Winterhilfspatenschaft, ein Werk des neuen Gemeinschaftsgedankens," *NS Frauen Warte*, 3. Jg. H. 12 (1. Dezemberheft 1934), S. 367.

(21) Renate v. Stieda, "Von dem Wirken deutscher Weihnacht in den Zeiten," *NS Frauen Warte*, 3. Jg. H. 13 (2. Dezemberheft 1934), S. 390.

(22) Deutschbein und Korsten, *a.a.O.*, S. 26.

(23) *Ebd.*, S. 29.

(24) Ingeborg Altgelt, "Wir packen Weihnachtspakete—aber mit Überlegung!," *NS Frauen Warte*, 5. Jg. H. 12 (Novemberheft 1936), S. 389.

(25) Ingeborg Altgelt, "Die große Kameradschaft des deutschen Volks—Ganz Deutschland feiert ein frohes Weihnachten," *NS Frauen Warte*, 6. Jg. H. 12 (Dezemberheft 1937), S. 376-377, u. 387.

(26) Ursula Fischer, "Feste wollen gestaltet sein, Grundliste für Volksspiel und Feiergestaltung," *NS Frauen Warte*, 6. Jg. H. 10 (2. Novemberheft 1937), S. 297 u. 300.

(27) Esther Gajek, "Nationalsozialistische Weihnacht. Die Ideologisierung eines Familienfestes durch Volkskundler," in Hrsg. v. Faber und Gajek, *a.a.O.*, S. 186-187.

(28) "Wir basteln zu Weihnachten," *NS Frauen Warte*, 7. Jg. H. 12 (1. Dezemberheft 1938), S. 362-363, "Jugendgruppen helfen dem Weihnachtsmann," *ebd.*, S. 364.

(29) "Deutsche Volksweihnacht 1938," *ebd.*, U. (=Umschlagseite) 2.

(30) Deutschbein und Korsten, *a.a.O.*, S. 46.

(31) Gajek, a.a.O., S. 198.

(32) "Der Waffengang der Heimat—Das Kriegswinterhilfswerk," *NS Frauen Warte*, 8. Jg. H. 10 (2. Novemberheft 1939), U. 2.

(33) "Mutter schreibt an Vater ins Feld," *NS Frauen Warte*, 8. Jg. H. 12 (2. Dezemberheft 1939), S. 275-276.

(34) Hilde Munske, "Wir wollen Freude machen," *ebd.*, S. 276.

(35) Dr. Hildegard Zimmermann, "Fest der Volksfamilie," *NS Frauen Warte*, 9. Jg. H. 12 (2. Dezemberheft 1940), S. 190.

(36) ベルギー、スウェーデン、ブルガリア、ユーゴスラビア、イタリアなど外国でもナチ女性団は国防軍の兵士たちに対する支援活動を展開していた。Margarete Künkel, "Deutsches Weihnachtsschaffen im Ausland," *NS Frauen Warte*, 11. Jg. H. 9 (Dezember 1942), S. 122.

(37) ドイツ人女性の戦時活動と国防軍との関係については、前掲『ナチス機関誌「女性展望」を読む』の第9章「ドイツ人女性の戦時活動——銃後から前線まで」と第10章「ドイツ人女性兵士は存在しなかったのか——国防軍女性補助員の実態」を参照。

(38) 配給切符とナチ時代の衣食については、同書第4章「ファッションと料理のページから再構成する第二次世界大戦下の暮らし」を参照。

(39) Gertrud Scholtz=Klink, "Kriegsweihacht 1940 Weihnachten/Neujahr 1941," *NS Frauen Warte*, 9. Jg. H. 12 (2. Dezemberheft 1940), S. 186.

(40) *NS Frauen Warte*, 10. Jg. H. 11 (Dezember 1941), U. 2.

(41) Deutschbein und Korsten,*a.a.O.*, S. 88.

(42) Dr. Hertha Ohling, "Alltag und Feier," *NS Frauen Warte*, 10. Jg. H. 10 (November 1941), S. 146.

(43) "Nationalsozialistischer Weihnachtskult," *a.a.O.* を参照。

(44) *NS Frauen Warte*, 10. Jg. H. 11 (Dezember 1941), S. 161.

(45) Kriegsberichter A. Ruppert, "Lichtbaum in der Polarnacht," *ebd.*, S. 164.

(46) Kriegsberichter Karl Judmaier, "Weihnachten auf einem Minensuchboot," *ebd.*, S. 164-165.

(47) Kriegsberichter Dr. Horst Ost, "Wintersonnenwende in der Polarnacht," *NS Frauen Warte*, 11. Jg. H. 9 (Dezember

1942), S. 121.

（48）Kriegsberichter Edgar Bissinger, “Weihnachten wird gefeiert, der Kälte und dem Tode zum Trotz. Weihnachtsfeier im Kaukasus,” *ebd.*, S. 120.

（49）PK. Kriegsberichter Hans Huffzky, “Wir werden in Gedanken ganz bei euch sein—Feldpostbrief an unsere lieben Frauen … im Osten,” *ebd.*, S. 118-119.

（50）“Hans Huffzky,” *Wikipedia* (https://de.wikipedia.org/wiki/Hans_Huffzky)［二〇二二年十月十一日アクセス］

（51）L. Ganzer=Gottschewski, “Kriegsweihnachten 1942,” *NS Frauen Warte*, 11. Jg. H. 9 (Dezember 1942), S. 117 u. 121.

（52）“Nationalsozialistischer Weihnachtskult,” *a.a.O.* を参照。

（53）Gajek, *a.a.O.*, S. 203を参照。

（54）Dr. Hertha Ohling, “Kriegs-Weihnachten 1941,” *NS Frauen Warte*, 10. Jg. H. 11 (Dezember 1941), S. 162.

（55）Gertrud Scholtz=Klink, “Kriegs-Weihnachten 1943,” *NS Frauen Warte*, 12. Jg. H. 4 (Dezember 1943), S. 41-42.

（56）Jürgen Hahn=Butry, “Soldatengedanken um das 5. Kriegsweihnachten,” *ebd.*, S. 42-43.

（57）Regine Schütt, “Ein Weihnachtsabend mit Schwester Ilse,” *ebd.*, S. 44.

（58）Volker, “Weihnachten 1944,” *NS Frauen Warte*, 13. Jg. H. 3 (Dezember 1944), S. 26.

（59）*Ebd.*

（60）Karla Drabsch, “Haltet eurer Herzen Feuer wach durch alle schwere Not, bis von unserm Stern ein neuer Schein in unsern Morgen loht,” *ebd.*, S. 27 u 30.

（61）*Ebd.*, S. 30.

（62）*Ebd.*

（63）Hanna Rees=Facilides, “Annahme an Kindes statt?,” *ebd.*, S. 29.

（64）ハンス・バウマンは詩人、作曲家、小学校教員であり、ナチ党の全国青少年指導部で一九三五年からは素人芝居部門を担当した。のちに在外ドイツ人文化活動担当官を務めた。三九年から四五年までは中隊長として、主に東部戦線の宣伝中隊で任務に就いた。四一年にハンブルク市の文学賞、ディートリヒ・エカート賞を受賞している。

彼の最も有名な歌は「脆いやつらは震えている」で、バウマンがまだカトリックの青年団体に所属していたときに作詞した。一九三五年にはドイツ労働戦線の歌になっている。ほかにもヒトラー・ユーゲントやドイツ女子青年団のために数々の歌を作詞・作曲した。そのなかには、ナチズム色がない、例えば「自由のためだけに私たちの命はある」「輝く星の気高き夜」や「明るい笛の音が響く」があり、「きよしこの夜」に対抗するためにナチ時代に作曲した「輝く星の気高き夜」は戦後も歌い継がれた。三九年には国防軍最高司令部の依頼で、『明日われわれは行進する——ドイツ兵の歌集』を出版している。

戦後は、青少年文学の作家に転向し、国際的評価を得て数多くの作品が日本語をはじめ多くの外国語に翻訳されている。ただし、一九五九年に受賞したゲーアハルト・ハウプトマン賞は、彼の過去を問題視する文芸批評家たちの議論の末、六二年に剝奪された。ハンス・バウマンについては以下を参照。"Hans Baumann," *Wikipedia* (https://de.wikipedia.org/wiki/Hans_Baumann)［二〇二二年十月二十四日アクセス］

（65）*NS Frauen Warte*, 13. Jg. H. 3 (Dezember 1944), U. 1.

おわりに

ナチス・ドイツのクリスマスがどのようにプロパガンダに利用されたのか、女性の視点から考察してきた。その考察は、四つの側面に着目して進めた。すなわちナチス・ドイツでクリスマスに代えて強引に導入しようとした「冬至祭」、「家族の祝祭」としてのクリスマス、「みんなのクリスマス」、そして「戦時のクリスマス」である。最後に、それぞれの側面が結び付いて有効なプロパガンダになったのか、あるいは、反発しあって不発に終わったのか、政治的・社会的背景の変化によってプロパガンダがどう変化したのかを視野に入れながらまとめてみたい。

十九世紀後半に定着する富裕な市民層の「家族の祝祭」

ナポレオン戦争に始まる十九世紀は、ドイツにとってナショナリズムが高揚する世紀になった。強力な統一国家を目指すために、多数の中小国家に分裂していたドイツをまとめる手立てとして、ドイツ民族のアイデンティティの自覚が求められた。アイデンティティの基盤は、母語であるドイツ語や、民俗研究によってさかのぼれるゲルマン民族の文化史だった。

現代の民俗研究(1)では、飾り付けたクリスマスツリーの歴史は十七世紀初めの歴史資料までさかのぼれるものの、ゲルマン人が冬至祭に常緑樹を魔除けとして飾っていたこととの関係は証明できていないとしている。しかし、常緑樹が与える厳しい冬を乗り越える生命力と再生力のイメージが、ドイツ独自のクリスマスツリーと結び付き、ドイツ性、ドイツ魂を表象するようになる。こうして、クリスマスツリーに象徴されるクリスマスは、十九世紀後半にはナショナリズムの戦争に利用されて、さらに明確な輪郭をもつようになった。当時まだクリスマスを祝う習慣を知らなかった兵士たちは、戦場で体験したクリスマスツリーを飾る習慣を国内に広めた。さらに第一次世界大戦後は、ドイツのクリスマスツリーは国外へも伝播することになった。

一方、ナチス・ドイツ時代の、そして今日のクリスマスの祝い方の原型になったのは、十九世紀後半に富裕な市民層に定着した「家族の祝祭」だった。十九世紀前半には、クリスマスツリーを飾る習慣はドイツ語圏の宮廷にみられ、婚姻によって外国の宮廷にも広まっていった。その貴族の習慣に市民階級も倣ったのである。ロウソクをともして飾り付けられたクリスマスツリー、クリスマスの歌、プレゼント、種々のクッキーや豪華な食事がクリスマスの構成要素だった。もともとキリスト教会の行事だったクリスマスは、こうして子ども中心の家族の祝祭になることで、徐々に教会から距離をとることになった。この子ども中心の祝い方は、ほかの国にはみられないドイツ的特徴でもあった。

十九世紀のドイツの民俗研究は、クリスマスはドイツの古い歴史のなかから誕生したと考えていた。このことから、ドイツ人は、クリスマスの源はドイツにあるという「ドイツのクリスマス」という意識を抱くようになり、これが「家族の祝祭」と溶け合って一つになった。クリスマスの習慣のなかにキリスト教化される以前の異教的ゲルマン文化の名残が確認できるのは、ドイツが七、八世紀にキリスト教を受け入れたとき、キリスト教会が異教的要素をことごとく排除しようとしたが実現できず、多くの要素がキリスト教的に解釈しなおされて残ったからだった。こうした事実は、十九世紀末に活況を呈する主婦向け女性雑誌にも、クリスマスの具体的な祝い方とともに紹介され、クリスマスのルーツは自分たちの先祖にあるという民俗研究に基づいた啓蒙記事を通して浸透していった。

ただし、そうした愛国心につながる意識は、ナチ時代にキリスト教の祝祭に代えて、ゲルマン時代の冬至祭を復活させようとする思想とは全く異なるものだった。というのも、ドイツ人の宗教的アイデンティティは、千年以上もの間、キリスト教徒であることにあったからである。十九世紀末に創刊された「主婦の雑誌」にも、一九三〇年代初めに創刊された「女性展望」にも、クリスマスのルーツは異教的自然崇拝にあると指摘しながらも、愛と救済のキリスト教的クリスマスを評価する記事が並ぶ(2)。

いずれにせよ、クリスマスの具体的な祝い方や「ドイツのクリスマス」という意識が迅速かつ広範に伝わっていく背景には、十九世紀後半から盛んになる大衆メディアの存在があった。クリスマスなど家庭でおこなう年中行事を取り仕切るのは女性の仕事だったので、主婦向け雑誌がその指南書になったが、大衆メディアの機能は、記事の内容を伝達するだけではなかった。本来、行動範囲がそう広くない読者でも、雑誌を通して読者の大方が同じ考えをもち、同じ行動をしているという共通理解をもつようになり、その結果、「想像の共同体」が作り出されることになった。ゆるぎない民族共同体の構築を目指した全体主義の時代では、大衆メディアは好都合な大衆操作の道具になったのである。

「ドイツのクリスマス」という意識を含んだ「家族の祝祭」は、平穏な時期には何の問題もなかったが、戦争のような国家的出来事が起こると、クリスマスツリーを国家や皇帝への忠誠、英雄的な死を象徴するプロパガンダに利用することを容易に許すことになった。とりわけ総力戦になった第一次世界大戦では、前線で兵士たちの士気を鼓舞するためにクリスマスツリーが利用され、兵士たちに届けられるプレゼントやクッキーが詰まったクリスマス小包は、銃後が一体になって前線を支えていることを兵士たちに感じさせ、彼らに守るべきものは何なのかを自覚させた。

第一次世界大戦敗戦後の「家族の祝祭」の崩壊とナチ時代における再生

第一次世界大戦の敗戦によって結ばれたヴェルサイユ条約は、ドイツに過酷な戦時賠償を求めた。敗戦は戦後の経済的困窮をもたらしただけでなく、帝政の崩壊によって、ヴァイマル共和政打倒を声高に叫ぶ右翼と左翼が闘争を繰り広げる政治的混乱をもたらした。ヴァイマル政府の努力で徐々に国内の安定がみられ、国際安全保障への参入も認められるようになった矢先の一九二九年、世界経済恐慌が始まり、ドイツは瞬く間に失業者であふれかえった。そうした社会状況のなかで戦前のような「家族の祝祭」を祝うことができたのは、ほんの一握りの富裕な家族に限られた。したがって、極端な格差社会のなかでクリスマスは豊かさの象徴になり、反ユダヤ主義や階級闘争の道具として利用されることになった。

民族主義、反ユダヤ主義を掲げるナチ党は、ドイツ人労働者を搾取するユダヤ資本を攻撃し、ユダヤ人であるイエスの生誕を祝うクリスマスをゲルマン的冬至祭に置き換えようとした。一方、共産党も反資本主義、反キリスト教会の立場から、ゲルマン的冬至祭へ接近した。激しい暴力的対立を繰り広げていた両党は、はからずも、キリスト教会はゲルマン的クリスマスの習慣の意味をすり替えて、クリスマスをキリスト教のものにしたと主張する同じ立場をとったのだった。

こうした世相のなかで、「家族の祝祭」は退廃した。ドイツの人々には家庭でクリスマスを祝う経済的余裕はなく、青少年犯罪は増加し、紫煙とビールの匂いが充満する組織や団体で祝われるクリスマス会場には、キリスト教的クリスマスの精神を感じることは全くできなかった。

ナチス機関誌「女性展望」が創刊された一九三二年は、失業者数は六百二十万人で、就労可能者の三人に一人が失業中という過去最高水準に達していた。(3)「女性展望」は、そうした経済的危機のなかで乱れたクリスマスのありようを嘆き、以後毎年、アドヴェントの時期からクリスマスまでの号で、変化する社会的・経済的状況に沿いながら、「家族の祝祭」のあるべき姿を伝える特集を掲載しつづけた。「女性展望」を発刊した全国女性指導部のナチ女性団員は、妻として母として、かつて「家族の祝祭」を取り仕切ったことがあり、あるいは子ども時代に「クリスマスの奇跡」を体験していたのだった。

だからといって、「女性展望」がノスタルジーから「家族の祝祭」の復活を目指したのではないことはいうまでもない。国民社会主義では、健全な家族は国家を構成する最小単位と見なされたから、どの家庭でも同じようにクリスマスを祝うことで個々の家族の絆が強められ、「ドイツのクリスマス」という愛国意識は、民族共同体を盤石にする確かな基盤になると考えられた。全国女性指導部は、未来の国民社会主義国家建設に貢献すべく、雑誌というメディアがもつ大きな効果を意識していただろう。

アドヴェント・クランツを用意して過ごす待降節には、子どもと一緒にクリスマス飾りやプレゼントを手作りし、クリスマスの歌や劇を本番に向けて練習し、たくさんのクリスマスクッキーを焼く。クリスマスイブに鍵がかかった部屋を開けると、飾り付けられた大きなクリスマスツリーに点火されたロウソクが輝いている。その下には降誕の厩が飾られ、傍らにはプレゼントが載ったテーブルがある。十九世紀後半の主婦向け雑誌に掲載されていたのと同じ内容を「女性展望」も繰り返し掲載した。しかし、ずっと詳細に、徹底して、民俗学・歴史学・教育学の学問的根拠に基づいて説得力をもって。

ナチ党が権力を掌握した経済的困難期には、クリスマスツリーを立てることは考えることさえできなかったが、一九三七年の「女性展望」は、読者からのクリスマスツリーに関わる実に細かい具体的な困りごとにいちいち回答する記事を掲載している。この年には、ツリーを飾ることが広く定着したことがうかがえる。第二次世界大戦開戦前年にあたる三八年のアドヴェント、クリスマス号まで「家族の祝祭」としてのクリスマス記事はさらに充実していく。

浸透しなかったゲルマン的「冬至祭」――キリスト教的宗教観との対立

「女性展望」にゲルマン時代の社会や文化に関する記事や冬至祭についての記事が登場するのは、一九三七年から開戦の三九年までという短い期間だった。記事の数も多くない。

ゲルマン回帰や冬至祭は、ナチ党以前から、民主主義を基盤とするヴァイマル政府打倒を目指す民族主義的学生団体が主張し、連帯を強めるために催していた。彼らは、反ユダヤ主義、国境を超えたドイツ民族の統一国家の建設、指導者原理を訴えていた。一九二六年にはナチ党員の学生によるナチス・ドイツ学生同盟が誕生する。翌年に、のちにヒトラー・ユーゲントの全国指導者となるフォン・シーラハがナチス・ドイツ学生同盟の指導者に選出されると、この学生同盟はナチ党組織機構に位置づけられる。三一年にナチス・ドイツ学生同盟は全国組織であるドイツ学生自治会連合の議長に選出され、大学のナチ化が進むことになった。大学を卒業した学生たちは、ナチ国家の官僚になり、あるいは大学で民俗学、歴史学、人種学などの専門家としてナチズムのイデオロギーを支え続けることになる。

ナチ時代に彼らの民俗学・歴史学・考古学研究を推進したのは、一九三四年と三五年にそれぞれ組織されたローゼンベルクやヒムラーの研究機関だったが、その目的は東部のゲルマン化、すなわち東部の生存圏内のユダヤ人を排除してドイツ民族が支配する領土とすることの正当性を学問的に証明することだった。東部への膨張政策はヒトラーの考えだったが、国民社会主義国家で女性は政治・経済・法律分野から締め出されていたので、こうした政治的イデオロギーは女性雑誌のテーマにはならなかった。

したがって、「女性展望」に掲載されたゲルマン関係の記事は、主にローゼンベルク部局の先史学研究者たちによるゲルマン民族社会での女性像を解説したり、考古学的発掘調査の成果を伝えたりするものだった。あるいは伝統的なクリスマスツリー飾りに代わるゲルマン的シンボルや、降誕の厩の代わりに飾るゲルマン的クリスマスアーチについて、その意味や作り方を紹介した。

女性像については、ゲルマン社会での女性を説明しながら、ナチズムの考え方を擁護している。例えば、結婚に際しては精神疾患などの病がある場合は婚約を取り消すことが許されたゲルマン法を持ち出して、ナチスの婚姻健康法を支持しているし、ゲルマン社会で個人の幸せよりも部族の繁栄が優先されることも、ナチス・ドイツの公益を優先する姿勢に重ねられた。

しかし、女性の役割は共同体のために子どもを産み育て、家を守って夫を支えることだというナチズムの公的女性像はゲルマン時代の価値観を継承していると説明されても、「女性展望」にゲルマン関係の記事が掲載されるより前の一九三六年九月の党大会で、ヒトラーが四カ年計画を発表するころには労働力不足が見込まれ、全国女性指導者ショルツ＝クリンクは女性を事務所や工場に送り込むよう命令を受けていた。この状況下では、ナチズムの公的女性像は現実と乖離していると受け止められても仕方がなかっただろう。

クリスマスに演じる生誕劇を自然信仰劇に変更したり、キリスト教的内容の伝統的な歌の代わりに、「モミの木」や新しく作られた歌を推奨したり、降誕の厩の代わりに太陽の運行を表現するクリスマスアーチを飾るよう勧めたり、クリスマスツリーの飾りとしてゲルマン信仰のシンボルの作り方を説明したりしているが、それらが結局どれほど一般家庭に浸透したのか、「女性展望」の誌上で確認するのは難しい。しかし、これらの記事が掲載される一九三七年は、「女性展望」が力を注いできた個々の家庭の「家族の祝祭」の復活が実現した時期と重なる。冬至祭の影響を浸透させようとする記事を載せる一方で、実用ページでは、十九世紀後半以来の伝統的クリスマスクッキーのレシピやクリスマス飾りを引き続き紹介していたのである。「家族の祝祭」は、しかしほどなく本来の姿を維持できなくなる。それは冬至祭のせいではなく、戦争が原因だった。

キリスト教をゲルマン化し、クリスマスを冬至祭に置き換えようとするナチ指導部の動きを人々がどう受け止めたのかは、一九三七年以降に中部から南ドイツを中心に起こった十字架撤去令事件をみれば想像がつく。ナチ党はナチズムにとって目障りな十字架像を取り除き、ヒトラーの写真を学校の教室前面に掲げようとしたが、民衆の間に深く根差したキリスト教の宗教観の激しい抵抗に遭うことになった。国民を掌握しきれていないことが露呈するのを恐れたナチ指導部は、早々に十字架撤去令を撤回せざるをえなかったのである。

興味深いのは、激怒した人々は十字架像を元の場所に戻したものの、ヒトラーの写真は壁に掛けたままにしておいたことである。人々にとって、キリスト教の神と「現世の救世主」である総統は共存可能だったのである。その意味で、この時期、ヒトラー崇拝は国民の間でゆるぎないものになっていたことがわかる。

クリスマスに代わる冬至祭は人々の間に浸透することはなかった。第二次世界大戦開戦以降、屋外で大きな薪に点火することや屋外での催しは禁止された。学校で実施される冬至祭の形式は教会の礼拝を模したものだったが、生徒たちはその意味を十分理解することはできなかった。冬至祭は、ヒムラーに指導された親衛隊など一部のナチ組織のなかでカルト的儀式としておこなわれるにとどまったのである。

ヴァイマル末期から引き継がれた冬期救援事業

一九二九年の世界恐慌の影響で失業者数が増加するなか、ヴァイマル末期の三一年と三二年にさまざまな福祉団体が協力して冬期救援のための寄付運動が実施された。ナチ時代になっても冬期救援事業は引き続き実施されたが、国民宣伝・啓蒙大臣のゲッベルスのもと、国家事業になったことがヴァイマル時代との決定的な違いだった。

国家事業にするメリットはきわめて大きかった。第一に、困窮生活者は労働者階級に多かったため、ナチ党に反感をもつ労働者階級を取り込む重要な政策になった。実際、冬期救援事業は失業者対策と相まって、かなり早い時期にナチ政権が労働者から支持される要因になった。第二に、第一次世界大戦の敗戦以降、外国からの援助は期待できずに孤立するドイツにあって、頼れるのは自国民だけだという思いを抱いていた当時のドイツの人々にとって、ボランティアとして、あるいは寄付者として冬期救援事業を支えることは民族共同体への帰属意識を強め、それは排外主義を助長させることにもつながった。第三に、冬期救援事業は巨額の寄付を集め、国家の福祉事業を支える収入源になったのである。

寄付とはいえ、この事業は多くの国民にとって義務感を伴った。毎月すべての世帯に袋が配布されて、二キログラムの食料を入れて提出する「二キロ寄付」、毎月第一日曜日には煮込み鍋を料理して、それによって節約できた食材代を寄付しなければならなかった。「賃金と月給からの救援税」は給料から天引きされた。大口の収入は、企業や団体からの寄付だったが、路上募金や商店に設置された募金箱への寄付金、記念切手の購入、チャリティーの文化行事やスポーツ競技会の参加は任意だったが、全体主義の雰囲気のなかで義務の圧力は強かったはずである。開戦直後のクリスマス募金について、戦前には文句も聞かれたが、戦争ともなればみんな率先して寄付しているという言及からも、冬期救援事業の強引なやり方に不満をもつ人々も少なからずいたことがわかる。(4)

「みんなのクリスマス」

冬期救援事業は冬の半年間を充てていたが、寄付集めの活動がとりわけ活発におこなわれたのはクリスマス前の時期だった。そして、集まった金品を利用したクリスマス関連の催しが国家規模で進められた。ナチ女性団・ドイツ女性事業団も、一九三四年二月にショルツ゠クリンクがナチ女性団指導者に就任して全国女性指導部が本格的に始動すると、その年の冬期救援事業から組織的かつ徹底的に取り組み始めた。

食料品を入れる「二キロ寄付」袋を毎月各戸に配布・回収し、収集した大量の古着や下着をリフォームし、野菜や果物の缶詰作りに励み、困窮世帯に贈るクリスマス小包を準備した。経済的困難からクリスマスを祝えず、プレゼントももらえない子どもたちや高齢者、独居世帯を、支部ごとに開催する国家主催のクリスマス会に招待した。ナチ女性団・ドイツ女性事業団の団員は人海戦術でその運営にあたった。一九三六年には、全国二万三千カ所の会場で三百万人以上の子どもたちを招いたクリスマス会が開かれた。(5)

経済格差が広がったヴァイマル末期、豊かさを象徴するクリスマスは、失業に苦しむ労働者にとって資本主義者を攻撃する手段になった。それを踏まえて、ナチス・ドイツは「アードルフ・ヒトラーのドイツでは、置き去りにされる人は誰一人いない」をスローガンに、経済格差解消の象徴として「みんなのクリスマス」を大々的に展開したのだった。「みんなのクリスマス」は、「家族の祝祭」に代わる、国家を家族と見立てた「民族共同体という家族の祝祭」をデモンストレーションできる格好の機会だった。招待される者も運営する者も、ともに民族共同体に帰属する家族であることを「みんなのクリスマス」という名称ははっきりと示していた。

十九世紀末の主婦向け雑誌は繰り返し、クリスマスには「家族の祝祭」を家庭内で祝うだけでなく、隣人愛というキリスト教精神に基づいて困窮する人々に注意を向けるよう勧めている。当時の女性慈善団体も熱心にクリスマス用の寄付を集めて、クリスマス会に生活苦の家族を招いていた。しかし、当時すでに集団のクリスマス会を批判する声も聞かれた。(6)贈る側に自分はいいことをしているというエゴイズムはないか、結局は受け手をプレゼントで精神的に傷つけているのではないか、静謐なクリスマスの奇跡を感じる雰囲気が失われていないか、知らない人からプレゼントをもらう自分の子どもを想像できる母親はいるのだろうか、という疑問である。クリスマス会を批判する人々は、貧しい親たちがクリスマスイブに子どもたちのために小さなクリスマスツリーを立てて、自らプレゼントを渡すことができるようにすること、そして、家族で教会のクリスマスミサに出かけられるようにすることこそ、理想的支援なのだと主張した。

しかし、「みんなのクリスマス」は十九世紀末の慈善団体のクリスマス会とは比較にならないほど大掛かりになり、民族共同体を家族と見なすと謳ってはいても、「家族の祝祭」とは似ても似つかぬ「クリスマス」だった。国家に対する国民の絆を強化することが目的だったから、いかにナチズムが国民のことを考え困窮者に援助の手を差し伸べているかを目に見える形にすることが必要だった。第二次世界大戦開戦後には禁止されることになるが、屋外の巨大なクリスマスツリーの下で大勢の人々にプレゼントを渡したり、大きなホールのなかに大人数を集めてにぎやかで一体感があるクリスマスパーティーをデモンストレーションすることが重要だった。つまり「みんなのクリスマス」は、キリスト教のクリスマスの意味に全く関心がなかったし、参加者同士のパーソナルな家庭的雰囲気も問題にならなかった。

回を重ねるうちに、「みんなのクリスマス」をはじめ、年間に実施される共同体レベルの祝祭や儀式のプログラムはマニュアル化され、歌うべき歌、演奏すべき曲、ダンスや素人芝居を掲載した本が出版された。組織側に負担がかからないように、また開催場所によってプログラム内容に差が出ないようにという配慮だったが、徹底したマニュアル化は催しの没個性化を招いた。そのうえ、これらの催しは実施するだけでも大仕事だったために、個々人の創造性は排除され思考停止に導かれた。これが全体主義の催しの現実だった。

ナチ政権は、冬期救援事業、とりわけクリスマス事業をきわめて効果的に利用した。国民にナチ党を評価させ、強固な民族共同体を作り上げ、財政的にも潤った。国民の側からみても、十九世紀末以来のキリスト教的慈善行為の延長と考えれば、目の前の困窮する同胞を救わないわけにいかなかったし、自主的というよりも国家に主導される義務感は伴ったが、冬期救援事業そのものには表向きナチズム色は薄く、結果としてナチス・ドイツ時代に最も国民を動員することに成功した事業になった。

それでも、国民にとっては「みんなのクリスマス」はあくまで慈善事業であって、事業名に「みんな」とあっても、その「みんな」には寄付する側は入らなかった。彼らは支える側の人間であって、彼ら自身は、「女性展望」が伝授する「家族の祝祭」としてのクリスマスを別途、家庭内で祝った。「みんなのクリスマス」を本来の祝祭に代えようとは全く考えていなかったのである。

「戦時のクリスマス」──「家族の祝祭」の崩壊と「民族家族の祝祭」

一九三七年のクリスマス以降、経済が安定し、困窮者の数は急激に減少した。高齢者や独居世帯のためのクリスマス会や、保育園・幼稚園や学校での子どもたちのためのクリスマス会は引き続き開催されたが、チェコスロバキアからズデーテン地方が割譲されると、三八年の「みんなのクリスマス」の主たる対象者はズデーテン地方に居住するドイツ人家族になった。ナチ女性団・ドイツ女性事業団だけでは手が足りなくなり、人材を確保するために、全国女性指導者ショルツ＝クリンクは、ドイツ女子青年団にも参画を呼びかける必要に迫られた。開戦後、占領した東部地域に民族上のドイツ人が帰還すると、仕事量はさらに増大した。帰還した人々にとって、戦時の冬期救援事業は経済的援助を受けられるだけでなく、クリスマスの習慣を通してドイツらしさを体得する機会になった。

冬期救援事業は、開戦後、戦時冬期救援事業と呼ばれるようになる。その重要な目的は、民族上のドイツ人を民族共同体に取り込むことだった。「みんなのクリスマス」を「民族家族の祝祭」と呼ぶようになったのは、その意図の表れである。しかし、民族上のドイツ人よりもさらに重要な支援対象者は、前線の兵士たちだった。

国家を大きな家族と見なし、前線と銃後の「家族の絆」を築くこと、言い換えれば、強固な民族共同体として前線も銃後も一体となって戦うことが求められた。

民族共同体を一つの家族と捉える考え方は戦前の「みんなのクリスマス」と同様だったが、戦争中は、家族を構成する「前線の兵士」と「銃後」が一緒にクリスマスを過ごすことができなかった点に大きな違いがあった。そのため、前線と銃後の個人的な手紙や小包のやりとりが推奨され、クリスマスにプレゼントを受け取れない兵士がいないよう民族共同体からのクリスマス小包が組織的に前線に送られた。クリスマス郵便やクリスマス小包の行き来によって心は一緒にいるという気持ちになれるだけでなく、ドイツ民族固有のクリスマスに受け取る郵便やクリスマス小包が兵士の不屈の精神の源になると考えられたからだった。ドイツ国営郵便も迅速な配達のために最大限の努力を惜しまなかった。第二次世界大戦中に三百億通から四百億通以上の手紙が軍事郵便で兵士と銃後の間を行き来したというから、(7)実際、前線と銃後の密なつながりがあったことがわかる。しかし、一九四二年のクリスマス以降、空爆のせいで手紙や小包の到着が遅れるようになり、ついには全く届かなくなる。こうした現実は、それまで郵便物の行き来に支障がなかったためにかえって、空爆を受ける銃後を思う兵士たちの不安や焦慮は募り、士気の低下につながった。

「家族の祝祭」としてのクリスマスは、家族の一員が出征して不在なため、戦前のように祝うことができなくなった。たとえ戦時クリスマス休暇で帰宅できたとしても、もはや戦前のようにはいかなくなった。それでも「女性展望」は、戦時下でクリスマスを祝う気持ちになれないという読者に、父親不在のアドヴェントの過ごし方を具体的に伝えている。その記事からは、家事・育児に加えて、出征で男性がいなくなった職場を埋め、農村援助に赴き、幼稚園や保育園を手伝い、軍人援助の戦時動員を引き受けて疲労困憊する女性たちの姿が浮かび上がる。一九四二年の春ごろからはイギリス・アメリカ空軍のドイツ本土への空爆も始まり、「家族の祝祭」の場である家という空間さえ奪われはじめる。四三年には都市圏からの学童疎開についての記事が「女性展望」に掲載される。「家族の祝祭」の主人公である子どもたちも不在になったのである。

一九四三年一月末のスターリングラード戦でのドイツ軍の壊滅は、第二次世界大戦の趨勢を占う出来事だった。この時期の「女性展望」のクリスマス号は、戦争で息子を奪われた母たちに向かってクリスマスが愛の祝祭であることを説き、愛を必要とする人すべてに援助の手を差し伸べれば、その行為によって自分も希望をもって生きていけると励ましている。

「女性展望」はこうした絶望的な状況でも、廃刊直前まで、手に入る材料で素朴なクリスマス飾りを作る方法や子どものための簡素なプレゼントの作り方、代用品を使ったクリスマスクッキーのレシピを掲載しつづけた。つまり、「女性展望」にとっては、たとえ本来の形は保てなくとも「家族の祝祭」は守られるべきクリスマスだったのである。これに対してプロパガンダとしての「民族家族の祝祭」は、あくまで戦争遂行のために要請された一時的な国民の義務にすぎなかった。

ドイツ女子青年団・子ども団（少女団と、ヒトラーユーゲントの下部組織の少年団）の参画

ズデーテン地方の割譲以降、新たに同胞に加わった人々のために「みんなのクリスマス」を実施できるように、全国女性指導者ショルツ＝クリンクは、ドイツ女子青年団に組織的参画を要請した。開戦後の一九三九年のクリスマス号は、ドイツ女子青年団の活動についての報告記事のほか、ドイツ女子青年団員や子ども団員である娘や息子の活躍を母親が前線の父親に伝える手紙の体裁をとった記事など、複数の記事を掲載している。これ以後もナチ女性団・ドイツ女性事業団の報告に交じって、写真入りでドイツ女子青年団の活動を知ることができる。

開戦直後の九月四日に、十七歳から二十五歳の独身女性が所属する全国女子労働奉仕団に労働奉仕義務が課された。十八歳以上の男性は、兵士として常に国家に忠誠を尽くすのだから、女子青年たちは、労働奉仕義務期間はもちろんのこと、労働奉仕期間が終わっても、戦時冬期救援事業など銃後の闘いに力を尽くしたいと感じただろう。あるいは労働奉仕義務に該当しない年下のドイツ女子青年団員や子ども団の団員でさえ、積極的に戦時奉仕活動に参加しようとしたのである。前述の三人の子どもの銃後での活躍を前線の夫に報告する母の手紙で、書き手の母親は熱心な子どもたちを手本に、自分もできることをするつもりだという決意を伝えている。すなわち、この時期のドイツ女子青年団・子ども団の活動報告には、手本になる子ども世代の頑張りを示すことで、まだ民

族共同体のために尽力する余裕がある女性読者を叱咤激励する意図もあった。

実際、農村女性は出征した夫の分も仕事を背負い、全国女子労働奉仕団の援助なしには農場運営はできなかった。労働者の妻たちも、工場で男性の出征によって空いた職場はまずその妻が埋めることになったので、やはり就労と家事の二重負担を抱えていた。その点、「女性展望」の読者だった中産階級の女性たちには、まだボランティア活動で国家を支える余裕があったのである。

「女性展望」誌上での銃後と前線のコミュニケーションの強化

一九三四年に全国女性指導部が始動してから戦時の前半までは、冬期救援事業であれ戦時冬期救援事業であれ、「女性展望」はナチ女性団・ドイツ女性事業団の機関誌として、自分たちがおこなった民族共同体のための活動成果を報告することで自己評価を高め、読者にさらなる活動を促す役割を果たしていた。開戦後は前線の兵士のために大規模な援助活動を展開したが、開戦初期の報告記事は「女性展望」の視点からの一方的な記述がほとんどで、兵士からの感謝の言葉を報告の一部に紹介するにとどまっていた。しかし、四一年のクリスマス号から、従軍記者による前線からのレポートを掲載するようになる。

一九四一年のクリスマス号に掲載された戦場からのレポートは前年に取材したもので、ドイツが連戦連勝を重ねていた時期だったため、報告内容にまだ危機感はない。しかし、掲載された時期は、徐々に戦況に陰りがみえはじめるころだった。すなわち、読者にいくつかの戦場の「平穏な」クリスマスの様子をレポートで伝え、読者の不安を取り除くことが意図されていた。内容は異なるものの、描写方法は第一次世界大戦期の女性雑誌にみられた、銃後を安心させるための記事と変わらなかった。巨大なクリスマスツリーを立てて「クリスマスおめでとう」の横断幕を掲げた「クリスマス船」が、いくつものビール樽、楽器、クリスマスクッキー、そのほかさまざまなおいしいものや山のようなクリスマス小包を運んでくる。贈り物を受け取って、本国から遠く離れた北極圏にいても、誰一人忘れられていないという気持ちを強くしたという兵士たちの感謝の言葉を伝えている。読者は、クリスマスを一緒に過ごすことはできなくとも、兵士たちは（自分の家族も）軍隊という大きな家族のなかで平穏なクリスマスを祝っていると安心することができる。このような記事は、銃後との一体感がどれほど兵士を鼓舞するかを伝え、女性たちを懸命な戦時奉仕活動へ導くためのものでもあった。

戦争の目的の変更、クリスマスの祝祭の新たな意味づけ

一九四二年の前線からのクリスマスレポートでも、大量のクリスマス小包を準備した女性たちの努力に対して感謝が述べられているが、注意を引くのは、兵士が認識する戦争の目的が変化していることである。レポートの一つには、子どもたちのためにクリスマスツリーを飾り付け、家族そろってクリスマスを祝うためには、クリスマスの平和を破壊しようとするボルシェヴィズムの危険を取り除かなくてはならないと、戦場でクリスマスを迎えた何百万という兵士たちは意を新たにしているとある。四二年のクリスマスには、スターリングラードで孤立状態に陥ったドイツの精鋭部隊の壊滅が予見されていた。四一年の冬以降、戦局が悪化するなかで戦う兵士たちにとって、生存圏の獲得というそれまでの大義は不条理になっていた。家族に宛てた前線からの手紙という形式をとる別の従軍記者の記事は、家族から離れて戦う目的は、「愛する家族を守る」ことだと述べている。

東部戦線での戦死者の増加とスターリングラードでのドイツ軍の孤立は、クリスマスを戦死者追悼の祝祭へと変えていった。戦時下でもクリスマスは祝えるのかという読者からの懐疑的な問いに、ロウソクをともしたクリスマスツリーのもとにいる家族と戦場にいる家族が思いを通わせれば心のなかで一緒にいられると、「女性展望」は励ましてきた。いまや、クリスマスに戦没者を思えば、戦死者が民族のなかで永遠になるというのだった。

しかし、一九四三年になると、「女性展望」はもはや「家族の祝祭」に戦没者慰霊の意味を加えようとはしなかった。イギリス・アメリカ軍の空爆は激しさを増し、銃後は銃後でなくなり、「家族の祝祭」としてクリスマスを祝うことは現実的に不可能になっていた。その年のクリスマス号には従軍記者の報告に代わって、苦戦を強いられる兵士の言葉を掲載している。戦争という困難から民族共同体という財産を得たとし、各家庭で孤立する

のではなく、共同体に帰属することで生への肯定感をもとうと助言する。この号では、夫をアフリカ戦線で失い、疎開している子どもとも離れて独りぼっちの看護師がクリスマスの野戦病院で傷病兵を支える姿を模範として示している。共同体に帰属し協働することで、孤独と不安を紛らわすほかなかったにせよ、この記事には、なおも女性たちを戦時奉仕に促そうという意図がみえる。

一九四四年の「女性展望」最後のクリスマス号に掲載された兵士の記事は、戦場のクリスマスを報告するどころではなく、敵の前進を防ぐために、敵の攻撃に晒されている故国の人々を助けたくても持ち場を離れることもできず、慰めることもできない無念を伝えている。この兵士の「総統の命令と、その命令に服すことを戦場での最善と捉え、繰り返し新しい生命が誕生することを願い、必然として生起すべきことこそ最良のものと考える」[8]という言葉から、「女性展望」の読者は、ドイツの存続を願いながらも兵士が抱く、回避できない運命に対する絶望と諦念を読み取ったことだろう。そして、この兵士と同じように、行くところまで行くほかないと考えたかもしれない。

従軍記者や無名兵士による前線レポートや手紙の掲載には、「女性展望」編集部の意図がはたらいていることはいうまでもない。徐々に戦局が変わるなかで、銃後を安心させる前線のクリスマスレポートに始まり、戦死者が増加する時期にはクリスマスは心のなかで家族に再会できる機会であるだけでなく戦没者追悼の祝祭になった。戦争末期の苦しい戦況にある兵士の言葉は、銃後の女性たちに対して共同体のなかに生きるよりどころを見つけるよう励まし、前線も銃後も運命共同体であるという諦念を伝えている。

戦争末期でも銃後と前線が一体となり総力戦を維持するために、女性たちを戦時奉仕に導こうとする意図は確かにみえる。しかし、家を破壊され、家族が戦死し、子どもたちと離れ離れになった女性たちには、それがたとえ非現実的に思えても、共同体のなかで生きていくほかに選択肢はあっただろうか。その意味で、破壊に晒されながら耐え忍ぶ女性たちへの「女性展望」の語りかけは、女性同士の共感を伝え、生きるよすがと慰めを与えようとしているとも理解できる。

ナチス・ドイツの最後のクリスマスから敗戦まであと数カ月。眼前には瓦礫が広がり、困窮生活に苦しめられた。最後のクリスマス号の表紙は、ロウソクがともされ、ラメッタとガラス玉が飾られた伝統的なクリスマスツリーの傍らにたたずむ兄妹らしき二人の子どもの写真である。いまは祝うことができない子ども中心の家族の祝祭の図である。壊滅的な状況のなかでよみがえってくるのは、結局、未来を信じ、希望と愛に満ちた生活に憧れる、キリスト教的宗教観だった。

第一次世界大戦後は政治的・経済的混乱が長引き、家族の祝祭としてのクリスマスが再び広く一般に祝われるようになるには、ナチ時代の経済的安定期を待たなければならなかった。しかし、第二次世界大戦後は、冷戦がすでに始まっていたことや先の大戦とは異なる戦後処理、そして一九五〇年に始まる朝鮮戦争による経済の奇跡を背景に、西ドイツ（東ドイツは共産主義国になった）で家族のクリスマスが復活するのは比較的早かった。

私がドイツで初めてクリスマスを体験したのは一九八〇年のことだった。すでにドイツ人家庭に滞在経験があった私は、ドイツの「おかあさん」から、エッシュヴェーゲの自宅のクリスマスに招待された。クリスマスは家庭で祝うものなので学生寮は空になり、留学生は寂しい思いをするからということだった。「おかあさん」は戦時中に三人の子どもを産み、当時六十歳代半ばだった。天井まで届く飾り付けられたツリーには、本物のロウソクがたくさんともされ、「女性展望」の注意にもあったように、近くに水を張ったバケツが用意されていた。クリスマスの歌を歌い、ゲルマン時代に由来するという熱した錫を水に落とす結婚占いも体験した。クリスマスクッキーにクリスマス料理、そしてプレゼントの交換。ホームステイした家の知人、教師だったお向かいの家族、そして留学先のハンブルクの友人や知人、ベルリンの友人も、家庭でみな同じようにクリスマスを祝っていた。

帰国してからは、日本にいても少しでもドイツのクリスマスを感じられるようにと、ハンブルクの友人は毎年アドヴェントの時期に、「女性展望」の広告欄に頻繁に宣伝を出していたニュルンベルクのレープクーヘンの老舗シュミットのレープクーヘンの詰め合わせを送ってくれる。小包を開けると、あのドイツのクリスマスの香りが立ち上る。別の友人は、孫たちと一緒に焼いたクリスマスクッキーを美しい缶に詰めて送ってくれる。クリスマスメッセージとモミの小枝を添えて。その年の、飾り付けた大きなクリスマスツリー、クリスマスピラミッド、ホームコンサートの写真も送られてくる。

二十年ほど前に、ナチス機関誌「女性展望」を読むことになった私は、そこに掲載されている「家族の祝祭」としてのクリスマスの祝い方を伝える詳細な記事に出合った。そこには、戦後のクリスマスの祝祭の原型があった。ナチ時代に母として、妻として、子どもとして体験したクリスマスを、ドイツの女性たちは、第二次世界大戦後の経済復興を経て、あのマニュアルどおりに再現したのだと知った。

ナチ時代の「冬至祭」はもちろんのこと、「みんなのクリスマス」や「戦時のクリスマス」は敗戦とともに消滅した。「家族の祝祭」でさえ、ほかのナチ的クリスマス同様、戦争末期にはすでに形をなさなくなっていた。政治的・社会的プロパガンダ色がない「家族の祝祭」だけが戦後も継承されることになったが、ブレーツェルの8の字形やレープクーヘンのハート形がゲルマン信仰に由来すると知る人は、現在ほとんどいないだろう。知っていたとしても、そこにゲルマン回帰のメッセージを読み取ったりはしない。

しかし、国家統一や戦争遂行にあたって十九世紀後半から愛国主義を高揚させるためにクリスマスが政治利用され、ナチス・ドイツで最高潮を迎える、クリスマスに象徴された民族思想の歴史的余韻が、第二次世界大戦後のクリスマスに残っていることはないのだろうか。確かに、敗戦とともにクリスマスを利用したプロパガンダは亡霊のように姿を消した。人々はもはやクリスマスに、あからさまなドイツ民族の象徴や愛国主義をみてはいない。ただ、「ドイツのクリスマス」という意識を保持している「家族の祝祭」は、完膚なきまでに戦争に敗れたドイツ人にとって、ドイツ人が体験した波乱に満ちたクリスマスの歴史を通して、ドイツ的なもの、ドイツらしさの象徴として守るべきものになったのではないだろうか。そこに、キリスト教の祝日のなかでも、キリスト教的意味を超えて、クリスマスに特別なこだわりを示すドイツ人のメンタリティがあるように思える。

注

（1）前掲『ドイツの家族』二三九ページ

（2）本書「はじめに」の注（4）と第2章の注（44）を参照。

（3）前掲『写真で見るヒトラー政権下の人びとと日常』二〇二―二〇五ページを参照。

（4）本書第4章の注（32）を参照。

（5）本書第4章の注（25）を参照。

（6）“Weihnachtsbescherung armer Kinder,” *Das Blatt der Hausfrau*, II. Jg. (1891/92), H.4, S. 75-76 (https://anno.onb.ac.at/cgi-content/anno-plus?aid=bdh&datum=1891&page=75&size=45)［二〇二三年九月二十六日アクセス］、“Öffentliche Bescherung für Bedrürftige?” *Das Blatt der Hausfrau*, 24. Jg. (1913/14), H.8, S. 55 (https://anno.onb.ac.at/cgi-content/anno-plus?aid=bdh&datum=1913&page=313&size=45)［二〇二三年九月二十六日アクセス］

（7）Deutschbein und Korsten, *a.a.O.*, S. 88.

（8）Volker, “Weihnachten 1944,” *NS Frauen Warte*, 13. Jg. H. 3 (Dezember 1944), S. 26.

あとがき

私がドイツで初めてクリスマスを体験したのは、「おわりに」にあるようにドイツ留学中の一九八〇年のことだった。クリスマスの様子については本書にも書いたとおりだが、私にとっていちばん印象的だったのは美しく飾られた人の背丈よりも高いクリスマスツリーだった。とても高価で贅沢に思われたが、どの家にも飾られていて、どの家も同じようにクリスマスを過ごしていた。日本の伝統的なお正月、ひな祭りや端午の節句に似ていると思ったものである。

帰国してからも、ドイツの友人たちからクリスマスカードやプレゼントが送られてきたので、ドイツのクリスマスは私にとっても大切な年中行事になっていった。

一方、ナチスの官製女性雑誌「女性展望」を収集して読み始めたのは二〇〇五年のことだった。フェミニスト歴史学者の加納実紀代さんが、私が勤務していた敬和学園大学に赴任してこられ「戦争とジェンダー表象研究会」を立ち上げられた。私もそのメンバーに加わったことがきっかけだった。この研究会は、雑誌や映画などのメディアを通して第二次世界大戦期の女性表象について、日本、中国、イギリス、ドイツ、アメリカ間の国際比較をおこなった。表紙にみられるジェンダー、女性の戦時活動など共通テーマを設定して比較研究を進めていった。しかし、クリスマスは各国の共通テーマとして不適当だったため、テーマとして浮上することはなかった。

十一月から十二月のアドヴェントからクリスマスにかけての号には、家庭でのクリスマスの準備の仕方と過ごし方を提案する徹底した記事が毎年のように掲載されていた。その内容は、戦後に私が体験したクリスマスと寸分たがわなかった。その驚くべき発見以来、本書のタイトルとなる「ナチス・ドイツ」と「クリスマス」という意外に思える組み合わせについて考えることが私の課題になった。

最初に驚いたのは、ナチ時代の大衆メディアが伝統様式の伝授に一役買ったという点だったが、「女性展望」を読み進めてすぐに、家庭内で祝われるクリスマスだけに限定することは全く近視眼的アプローチであることに気づいた。クリスマスが家庭の外で、すなわち社会的プロパガンダに使われ、それによって女性たちが国策に取り込まれ、戦時には戦争遂行を支えた事実がはっきりしてきたからである。そうしたコンテクストで家庭内のクリスマスを見直すと、そこにはキリスト生誕を祝う宗教的祝祭でありながら、ナショナリズムというイデオロギーを内包する家族の祝祭であるという複雑な側面が確認できた。

クリスマスとナショナリズム、あるいはナチズムとのつながりはどのようにして生まれたのか。ナチ時代以前にさかのぼって、十九世紀後半に創刊された「主婦の雑誌」に目を通し、いくつかの資料にもあたってみた。

そうこうするうちに、当初は文化史的テーマになるかにみえたナチス・ドイツのクリスマスは、歴史的・社会的側面を併せ持つ複層的様相を呈し、書き下ろした原稿は、あれもこれもが混在してうまく整理できていない状態だった。それが、ここまで見通しがつくようになったのは、「精通した読者」の役割を引き受け、多くの重要な助言をくださった青弓社の矢野恵二氏の忍耐強さに負うている。心から感謝を申し上げたい。

そして、『ナチス・ドイツのクリスマス』という書名に引かれて本書を手に取ってくださった読者のみなさんにも感謝したい。書名に、「楽しいクリスマス」に漂う不穏な影を感じ取られたかもしれない。ナチス・ドイツ期のクリスマスがどのように祝われ、どのようにプロパガンダに利用されたのか、そしてどのような特別な意味を帯びるようになったのか。ドイツのクリスマスについて、本書がその理解の一助になれば、著者にとって大きな喜びである。

二〇二四年十月

桑原ヒサ子

「民衆新聞」　*Volksblatt*
『メキシコからのトーマスの手紙』　*Thomas schreibt aus Mexiko*
「脆いやつらは震えている」　Es zittern die morschen Knochen
『ヨハン・セバスティアン・バッハ』　*Johann Sebastian Bach*
「労働者グラビア新聞」　*Die Arbeiter-Illustriertezeitung*
『輪』　*Der Ring*
「若い女性」　*Die junge Dame*
『私たち女子青年は歌う』　*Wir Mädel singen*
『私たちの共同体のダンス』　*Tänze unserer Gemeinschaft*
『私たちの時代と私たち　ドイツ人女性の書』　*Unsere Zeit und Wir. Das Buch der deutschen Frau*
『われらの民族の発展について――ドイツの先史および原史時代』　*Vom Werden unseres Volkes – Deutsche Vor- und Frühgeschichte*

軍事郵便用小型書籍シリーズ

新しい物語（ドイツ国民出版社）　Neue Erzählungen (Deutscher Volksverlag)
ウィーン・シリーズ（ヴィルヘルム・フリック出版社）　Wiener Bücherei (Wilhelm Frick Verlag)
小型版シリーズ（ランゲン／ミュラー出版社）　Kleine Bücherei (Langen/Müller Verlag)
新シリーズ（ランゲン／ミュラー出版社）　Junge Reihe (Langen/Müller Verlag)
ドイツ・シリーズ（ディーデリヒス出版社）　Deutsche Reihe (Diederichs Verlag)
兵士たち―戦友たち（エーアー出版社）　Soldaten-Kameraden (Eher Verlag)
ミュンヘン読書冊子（カール・ゲルバー出版社）　Münchner Lesebogen (Carl Gerber Verlag)

その他

ウンターウールディンゲン杭上家屋博物館　Pfahlbaumuseum Unteruhldingen
排除すべき文学リスト（戦後ソ連占領地区）　Liste der auszusondernden Literatur
ハイリゲングラーベ修道院　Kloster Stift zum Heiligengrabe
プリーグニッツ郷土博物館　Heimatmuseum für die Prignitz
ベルリン学術アカデミーの先史および原史学協会　Institut für Ur- und Frühgeschichte der Akademie der Wissenschaften zu Berlin

『第37師団は攻撃する』 *Die 37. Division greift an*
『ドイツ英雄伝説』 *Deutsche Heldensagen*
『ドイツ騎士団』 *Der deutsche Orden*
『ドイツ軍首脳部』 *Deutsche Kriegsführung*
「ドイツ新聞」 *Deutsche Zeitung*
「ドイツの学校行事」 *Die deutsche Schulfeier*
　「民族上のドイツ人のクリスマスの祝祭」 Volksdeutsche Weihnachtsfeier (für die Schule)
『ドイツの笑話』 *Deutsche Schwänke*
『ドイツをめぐる闘い』 *Kampf um Deutschland*
『東風に吹かれて』 *Im Ostwind*
「都市の監視人」 *Der Stadtwächter*
「長靴をはいた猫」 Gestiefelter Kater
「女性展望」 *NS Frauen Warte*
『20頭のゾウと世界を巡る』 *Mit 20 Elefanten um die Welt*
「野ばら姫」 Dornröschen
『ハイダースドルフの夏の日々』 *Sommertage im Heidersdorf*
『ハンブルク戦記 1914年』 *Hamburger Kriegsbuch 1914*
『パン物語』 *Geschichte vom Brot*
『ヒトラー少年クヴェックス』 *Hitlerjunge Quex*
『氷海での狩猟の冒険』 *Jagdabenteuer im Eismeer*
『ブッデンブローク家の人びと』 *Die Buddenbrooks*
『ブリギッテの仲間』 *Brigittes Kameraden*
『フンツベルク』 *Fundsberg*
『ヘルマンの戦い』 *Die Hermannsschlacht*
「ヘンゼルとグレーテル」 Hänsel und Gretel
『現代の出来事に関するポケット版ブロックハウス』 *Taschenbrockhaus zum Zeitgeschehen*
「誉れ高きドイツよ」 O Deutschland hoch in Ehren
　曲：ピアゾン、ハインリヒ・フーゴ（ピアソン、ヘンリー・ヒュー） Pierson, Heinrich Hugo (Pearson, Henry Hugh)
　詞：バウアー、ルートヴィヒ　Bauer, Ludwig
「ホレおばさん」 Frau Holle
『民衆劇と祝賀会開催のための基本リスト』 *Grundliste für Volksspiel und Feiergestaltung*

『愛の守護神』 *Vom Genius der Liebe*
「赤旗」 *Die Rote Fahne*
『明日われわれは行進する——ドイツ兵の歌集』 *Morgen marschieren wir—Liederbuch des deutschen Soldaten*
『阿呆船』 *Narrenschiff*
『家のオーブンで上手に焼く』 *Gut backen im eigenen Herd*
『偉大な軍人たちの妻』 *Frauen großer Soldaten*
『インディアン物語』 *Indianergeschichte*
『歌いながら行進しよう』 *Singend wollen wir marschieren*
『永遠なるドイツ』 *Ewiges Deutschland*
『エッダ』 *Edda*
『金色の橋』 *Die goldene Brücke*
「クリスマス前の時期」(アドヴェント・カレンダー) Vorweihnachten
『グリータ、ある小さな女の子の物語』 *Grita, Geschichte eines kleinen Mädchens*
「軍隊新聞」 *Die Armeezeitung*
『軽騎兵の大将』 *Der Husarenfeldmarschall*
『ゲルマン人女性の法律上の地位』 *Die Rechtsstellung der germanischen Frau*
『故郷の心』 *Seele der Heimat*
『国防軍最高司令部の報告』 *Berichte des Oberkommandos der Wehrmacht*
「国民社会主義の儀式」 *Nationalsozialistische Feierstunde*
「コンスタンツェ」 *Constanze*
『サガ』 *Saga*
「幸せのハンス」 Hans im Glück
『自然界からの物語』 *Geschichte aus der Natur*
『ジーベンビュルゲンの民話』 *Volksmärchen aus Siebenbürgen*
『シュニク、シュナク、ドゥーデルザック』 *Schnick, schnak, Dudelsack*
「主婦の雑誌」*Das Blatt der Hausfrau*
『植民地問題と人種思想』 *Kolonialfrage und Rassengedanke*
「白雪姫」 Schneewittchen
『箴言』 *Mahnsprüche*
『スヴェン・ヘディンと行くゴビ砂漠』 *Mit Sven Hedin durch die Wüste Gobi*
「戦死した兵士たちの帰宅」 Der toten Soldaten Heimkehr
「前進」 *Der Vorwärts*
『前線の少女』 *Ein Mädchen in der Front*

クリスマスツリー　Weihnachtsbaum
　宇宙樹　Weltenbaum
　生命樹　Lebensbaum
　　生命のリンゴ　Lebensapfel
　光の樹　Lichterbaum
　ユール・バウム　Julbaum
クリスマステーブル（プレゼントを置く）　Weihnachtstisch
クリスマスピラミッド　Weihnachtspyramide
グリューンハイニヒェン　Grünhainichen
降誕の厩　(Weihnachts)krippe
ザイフェン　Seiffen
シュトレン　Stollen
シュトロイゼルクーヘン　Streuselkuchen
蜂蜜ケーキ　Honigkuchen
プラウエン（フォークトラント）　Plauen im Vogtland
マルチパン　Marzipan

クリスマスの歌
一輪のバラが咲いて　Es ist ein Ros entspringen
輝く星の気高き夜　Hohe Nacht der klaren Sterne
きょう私たちのもとに御子はお生まれになった　Uns ist ein Kindlein heut' gebor'n
きよしこの夜　Stille Nacht, heilige Nacht
クリスマスの羊飼いの歌　Hirtenlied in der Weihnacht
聖母マリア　Maria
聖なるキリストが私たちのところにやってくる　Da kommt zu uns der heilige Christ
小さな子どもたちよ、来てごらん　Ihr Kindlein kommet
なんと楽しい、なんと幸せな　O du fröhliche, o du selige
モミの木　O Tannenbaum, o Tannenbaum
幼児キリストが来ようとしているから　Weil Christkind kommen will
労働者のきよしこの夜　Arbeiter-Stille-Nacht

詩・書籍・雑誌・新聞など
『愛と勇気』　*Liebe und Tapferkeit*

ニッケル、エルンスト　Nickel, Ernst
フランツ、ギュンター　Franz, Günther
ベネケ、ヨアヒム　Benecke, Joachim
メルシュベルガー、ゲルダ　Merschberger, Gerda
ヤンクーン、ヘルベルト　Jankuhn, Herbert
ライナート、ハンス　Reinerth, Hans

クリスマス用語・関係地名
アイフェル　Eifel
アドヴェント（待降節）　Advent
アドヴェント・カレンダー Adventskalender
アドヴェント・クランツ　Adventskranz
　モミのクランツ　Tannenkranz
　ユール（冬至）クランツ　Julkranz
エルツ山岳地方　Erzgebirge
　くるみ割り人形　Nußknacker
　煙出し人形　Räuchermännchen
カスパー（人形）　Kasper
クリスマス　Weihnachten
　キリスト降誕祭　Christfest
　冬至祭　Jul／Julfest
クリスマスアーチ　Weihnachtsbogen
クリスマスイブ　Heilige Nacht
クリスマスクッキー Weihnachtsgebäck
　アニスプレッツヒェン　Anisplätzchen
　ココスマクローネ　Kokosmakrone
　シュプリンゲルレ　Springerle
　シュペクラティウス　Spekulatius
　ツィムトシュテルン　Zimtstern
　バニラキプフェル　Vanillekipfel
　プフェッファークーヘン　Pfefferkuchen
　プフェッファーニュッセ　Pfeffernüsse
　プフラスターシュタイン　Pflasterstein
　レープクーヘン　Lebkuchen
クリスマス小包　Weihnachtspaket

カート、リューディア　Kath, Lydia
クライスト、ハインリヒ・フォン　Kleist, Heinrich von
グラッベ、クリスティアン・ディートリヒ　Grabbe, Christian Dietrich
グリム兄弟　Brüder Grimm
ケルゲル、ハンス・クリストフ　Kaergel, Hans Christopf
ケルン、ハンス　Kern, Hans
ゲンツコフ、リアーネ　Genzkow, Liane
シェラー、ティーロ　Scheller, Thilo
シェンツィンガー、カール・アロイス　Schenzinger, Karl Aloys
シャウプ、コンラートヨアヒム　Schaub, Konradjoachim
ツァウネルト、パウル　Zaunert, Paul
ツィリヒ、ハインリヒ　Zillich, Heinrich
ディトマン＝フォン・アイヒベルガー、ローゼ　Dittmann=von Aichberger, Rose
デューラー、アルブレヒト　Dürer, Albrecht
ドラープシュ、ゲーアハルト　Drabsch, Gerhart
バウアー＝フンツデルファー、ローレ　Bauer=Hundsdörfer, Lore
バウマン、ハンス　Baumann, Hans
ヒンケルダイ＝ヴィトケ、マルタ　Hinckeldey=Wittke, Marta
フフツキー、ハンス　Huffzky, Hans
ブラント、セバスティアン　Brand, Sebastian
ブルンク、ハンス・フリードリヒ　Blunck, Hans Friedrich
プレイアー、ヴィルヘルム　Pleyer, Wilhelm
ヘヒト、ギュンター　Hecht, Günther
ヘラー、マクダ　Heller, Magda
ベンツマー、フェーリクス　Benzmer, Felix
ボルコフスキー、エルンスト　Borkowsky, Ernst
マシュケ、エーリヒ　Maschke, Erich
マン、トーマス　Mann, Thomas
ミーゲル、アグネス　Miegel, Agnes

人名（歴史学、民俗学研究者）

アウアースヴァルト、アネマリー・フォン　Auerswald, Annemarie von
コッシナ、グスタフ　Kossinna, Gustaf
コストシェフスキィ、ユゼフ　Kostrzewski, Józef

ゲーリング、ヘルマン　Göring, Hermann
（ガンツァー=）ゴチェブスキー、リューディア　(Ganzer-) Gottschewski, Lydia
シーラハ、バルドゥール・フォン　Schirach, Baldur von
シュティーダ、レナーテ・フォン　Stieda, Renate von
シュトラッサー、グレゴール　Strasser, Gregor
シュペーア、アルベルト　Speer, Albert
シュロスマン=レニス、クラーラ　Schloßmann=Lönnis, Klara
ショルツ=クリンク、ゲルトルート　Scholtz-Klink, Gertrud
ゾマー、エルンスト　Sommer, Ernst
ツァイトリン、ルート　Zeithlin, Ruth
ツァンダー、エルスベト　Zander, Elsbeth
ツィマーマン、ヒルデガルト　Zimmermann, Hildegard
ドラーブシュ、カルラ　Drabsch, Karla
トレルチ、エルンスト　Troeltsch, Ernst
ニーキシュ、エルンスト　Niekisch, Ernst
ニーメラー、マルティン　Niemöller, Martin
パーペン、フランツ・フォン　Papen, Franz von
ヒトラー、アードルフ　Hitler, Adolf
ヒムラー、ハインリヒ　Himmler, Heinrich
ヒルゲンフェルト、エーリヒ　Hilgenfeld, Erich
ヒンデンブルク、パウル・フォン　Hindenburg, Paul von
フリック、ヴィルヘルム　Frick, Wilhelm
ブリューニング、ハインリヒ　Brüning, Heinrich
ヘス、ルードルフ　Heß, Rudolf
ミュラー、ルートヴィヒ　Müller, Ludwig
モルトケ、ヘルムート　Moltke, Helmuth
ライ、ローベルト　Ley, Robert
レーバー=グルーバー、アウグステ　Reber=Gruber, Auguste
ローゼンベルク、アルフレート　Rosenberg, Alfred

人名（文学・芸術関係）

ヴェーデル、ハソ・フォン　Wedel, Hasso von
ヴェーナー、ヨーゼフ・マグヌス　Wener, Josef Magnus
ウンフェアリヒト、エルスベト　Unverricht, Elsbeth
エガース、クルト　Eggers, Kurt

四カ年計画　Vierjahresplan
領邦教会制（1555年）　Landeskirchentum

役職

軍需大臣　Rüstungsminister（正式にはReichsminister für Bewaffnung und Munition, 1943年9月2日からReichsminister für Rüstung und Kriegsproduktion）
国民啓蒙・宣伝大臣　Reichsminister für Volksaufklärung und Propaganda
全国教会監督者　Reichsbischof
全国指導者　Reichsleiter
全国女性指導者　Reichsfrauenführerin
内務大臣　Reichsminister des Innern

法律関係

社会主義者鎮圧法（1878―90年）　Sozialistengesetz
全権委任法（1933年3月24日）　Ermächtigungsgesetz（正式にはGesetz zur Behebung der Not von Volk und Reich）
失業減少法（1933年6月1日）　Gesetz zur Verminderung der Arbeitslosigkeit
新党設立禁止法（1933年7月14日）　Gesetz gegen die Neubildung von Parteien
ドイツ政教条約（1933年7月20日）　Reichskonkordat
婚姻健康法（1935年10月8日）　Ehegesundheitsgesetz（正式にはGesetz zum Schutz der Ehegesundheit des deutschen Volkes）
ドイツ国民の冬期救援事業に関わる法律（1936年12月1日）　Gesetz über das Winterhilfswerk des Deutschen Volkes

人名

アルトゲルト、インゲボルク　Altgelt, Ingeborg
アンリヒ、エルンスト　Anrich, Ernst
ヴィーヒャン、ヨハン・ヒンリヒ　Wichern, Johann Hinrich
ヴェーバー、フリードリヒ　Weber, Friedrich
エップ、フランツ・リター・フォン　Epp, Franz Ritter von
オーバーレンダー、テオドーア　Oberländer, Theodor
オーリング、ヘルタ　Ohling, Hertha
クルマッハー、ゴットフリート　Krummacher, Gottfried
ゲッベルス、マクダ　Goebbels, Magda
ゲッベルス、ヨーゼフ　Goebbels, Joseph

消極的抵抗　Passiver Widerstand
女性商工会議所　Frauenwirtschaftskammer
生活改革運動　Lebensreformbewegung
政教条約　Konkordat
世界恐慌　Weltwirtschaftskrise
戦時のクリスマス　Kriegsweihnacht(en)
先祖の遺産　Ahnenerbe
宣伝中隊　Propagandakompanie (PK)
戦没将兵慰霊の日　Heldengedenktag
総統（指導者）　Führer
総力戦　Totaler Krieg
中産階級　Mittelstand
賃金と月給からの救援税　Opfer von Lohn und Gehalt (10% der Lohnsteuer)
ドイツ考古学　Deutsche Archäologie
ドイツ的キリスト者　Deutsche Christen
ドイツのクリスマス　Deutsche Weihnachten
冬期救援事業　Winterhilfswerk des Deutschen Volkes (WHW)
　　戦時冬期救援事業　Kriegswinterhilfswerk
冬至祭　Julfest
東部戦線　Ostfront
2キロ寄付　Pfundspende
煮込み鍋の日曜日　Eintopfsonntag
　　献身の日曜日　Opfersonntag
背後の一突き伝説　Dolchstoßlegende
母の日　Muttertag
ハンブルク主婦連盟　Bund Hamburgischer Hausfrauen
ヒトラー一揆（ミュンヘン一揆）　Hitlerputsch (München Putsch)
兵舎住宅　Mietskaserne
ポーランド総督府　Generalgouvernement
ミュンヘン戦没者記念碑　Münchener Ehrenmal
民会　Thing
民族共同体　Volksgemeinschaft
民族上のドイツ人　Volksdeutsche
民族の母　Mutter der Nation
みんなのクリスマス　Weihnachten für alle

ナチ教員連盟　Nationalsozialistischer (NS) Lehrerbund
ナチ国民福祉団　Nationalsozialistische (NS) Volkswohlfahrt（NSV）
ナチ女性団　Nationalsozialistische (NS) Frauenschaft
ナチス・ドイツ学生同盟　Nationalsozialistischer Deutscher Studentenbund (NSDStB)
ナチ党国民福祉団大管区課青少年支援局（養子縁組および里子制度）　Stellen Jugendhilfe (Adoptions- und Pflegekinderwesen) der Gauämter für Volkswohlfahrt der NSDAP
ナチ党の精神と世界観に関わる包括的研修および教育を監督する総統代理　Beauftragter des Führers für die Überwachung der gesamten geistigen und weltanschaulichen Schulung und Erziehung der NSDAP (Amt Rosenberg)
ナチ党の全国先史学局　Reichsamt für Vorgeschichte der NSDAP (im Amt Resenberg)
母親学校　Mutterschule
ヒトラー・ユーゲント　Hitlerjugend (HJ)
ワンダーフォーゲル　Wandervogel

用語

青いロウソク　Blaue Kerze
ヴェルサイユ条約　Friedensvertrag von Versailles
オストマルク（オーストリア）　Ostmark
オーストリア併合　Anschluss (Österreichs)
鉤十字（ハーケンクロイツ）　Hakenkreuz
教会闘争　Kirchenkampf
強制的同質化　Gleichschaltung
教養市民層　Bildungsbürgertum
クリスマス休戦（第1次世界大戦）　Weihnachtsfrieden
軍管区牧師　Wehrkreispfarrer
軍事郵便　Feldpost
　　軍事郵便小包　Feldpostpäckchen
結婚資金貸付制度　Ehestandsdarlehen (zur Förderung von Eheschließungen)
国民連帯の日　Tag der Nationalen Solidarität
指導者原理　Führerprinzip
市民階級　Bürgertum
従軍記者　Kriegsberichter

（全国）援助奉仕団　(Reichs-) Hilfsdienst
ドイツ女子青年団　Bund Deutscher Mädel (BDM)
少女団　Jungmädelbund
全国女性指導部出版部局の専門分野「民衆劇と催しの構成」 Sachgebiet “Volksspiel und Feiergestaltung„ der Schrifttumsstelle der Reichsfrauenführung
全国女性奉仕団（第1次世界大戦）　Nationaler Frauendienst
全国プロパガンダ指導部中央文化局　Hauptkulturamt der Reichspropagandaleitung der NSDAP
全国労働奉仕団　Reichsarbeitsdienst (RAD)
先史学特別指導部　Sonderstab Vorgeschichte
全ドイツ連盟　Alldeutscher Verband
大管区　Gau
管区　Kreis
支部　Ortsgruppe
支部局長　Ortsgruppenamtsleiter
細胞　Zelle
細胞長　Zellenwalter
班　Block
班長　Blockwalter
中央党　Zentrumspartei
ドイツ・アカデミック・ギルド　Deutsche Akademische Gildenschaft
ドイツ学生自治会連合　Deutsche Studentenschaft (DSt)
ドイツ共産党　Kommunistische Partei Deutschlands (KPD)
ドイツ国営郵便　Deutsche Reichspost
ドイツ社会民主党　Sozialdemokratische Partei Deutschlands (SPD)
ドイツ女性事業団　Deutsches Frauenwerk (DFW)
ドイツ赤十字　Deutsches Rotes Kreuz (DRK)
ドイツ先史学連合　Reichsbund für Deutsche Vorgeschichte
ドイツ福音主義教会　Deutsche Evangelische Kirche
ドイツ福音主義教会連合　Deutscher Evangelischer Kirchenbund
ドイツ・ユダヤ人中央福祉局　Zentralwohlfahrtsstelle der deutschen Juden
ドイツ労働戦線　Deutsche Arbeitsfront (DAF)
ドイツ労働戦線指導者　Leiter der DAF
突撃隊　Sturmabteilung (SA)
突撃隊員　SA-Mann

ドイツ語対照表（50音順、「法律関係」は西暦順）

組織

カトリックのドイツ人労働共同体　Arbeitsgemeinschaft katholischer Deutscher (AKD)
歓喜力行団　Kraft durch Freude (KdF)
義勇軍　Freikorps
救援事業「母と子」　Hilfswerk “Mutter und Kind”
グリフィン　Greif
国防軍最高司令部の国防宣伝部門　Abteilung für Wehrmachtpropaganda im Oberkommando der Wehrmacht
国民経済啓蒙全国委員会　Reichsausschuß für volkswirtschaftliche Aufklärung
国民啓蒙・宣伝省　Reichsministerium für Volksaufklärung und Propaganda (RMVP)
国民社会主義ドイツ労働者党（ナチ党）　Nationalsozialistische Deutsche Arbeiterpartei (NSDAP)
国民社会主義文化協会　Nationalsozialistische Kulturgemeinde
　ドイツ文化のための国民社会主義協会　Nationalsozialistische Gesellschaft für deutsche Kultur
　ドイツ文化のための闘争連合　Kampfbund für deutsche Kultur
社会民主主義労働青年団　Sozialdemokratische Arbeiter-Jugend (SAJ)
親衛隊　Schutzstaffel (SS)
青年同盟　Bündische Jugend
赤色青年前線　Rote Jungfront
赤色前線闘士同盟　Rotfront-Kämpfer-Bund
全国指導者ローゼンベルク特捜隊　Einsatzstab Reichsleiter Rosenberg (ERR)
全国自由福祉事業同盟　Deutsche Liga der Freien Wohlfahrtspflege
全国女性指導部　Reichsfrauenführung
　新聞・雑誌・プロパガンダ　Presse und Propaganda
　文化と教育・研修　Kultur, Erziehung und Schulung
　（全国）母親奉仕団　(Reichs-) Mütterdienst
　国民経済・家庭経済　Volks- und Hauswirtschaft
　国境地方および外国　Grenz- und Ausland

イギリス空軍によるケルン空爆（5月31日を含めて262回）
就労する母親保護法（母性保護法）（5月17日）

1943年　スターリングラード戦（1942年11月―43年1月31日）でドイツ軍降伏
16歳から65歳の男性全員と17歳から45歳の女性全員、当該職安に労働動員申出義務（1月27日）
ゲッベルスの総力戦演説（2月18日）
イギリス・アメリカ軍、ハンブルク空爆（7月24日―8月3日、市街地壊滅）
イタリア降伏（9月3日）、ドイツに対して宣戦布告
イギリス軍によるベルリン空爆（11月―1944年3月）

1944年　ドイツ空軍、1941年以来再度のロンドン空爆（1月21日―5月29日）
全国女子労働奉仕団の戦時動員義務期間が1年から1年半に延長される（4月8日）
連合軍ノルマンディー上陸（6月6日）
陸軍の一部によるヒトラー暗殺クーデター失敗（7月20日）。関わった5,000人処刑
パリ解放（8月25日）
16歳から60歳までの男子による国民突撃隊組織令（9月25日）
全国女子労働奉仕団の戦時動員義務期間が無期限となる（11月）
「戦時総動員遂行の第2命令」により国防軍女性補助兵団編成決定（11月29日）
「女性展望」、1944／45年の年越し号を発行して廃刊

1945年　イギリス・アメリカ軍によるドレースデン爆撃（2月13日―15日）。死者数万人
アメリカ・ソ連の両軍がエルベ河畔で出合う（4月25日）
ヒトラー自殺（4月30日）
ベルリン陥落（5月2日）
降伏文書に調印（5月7日―9日）
ポツダム会談（7月17日―8月2日）
ニュルンベルク国際軍事裁判開始（11月20日―1946年10月1日）

メーメル地方をリトアニアから割譲（3月23日）
ヒトラー、50歳の誕生日を迎える（4月20日）
国民啓蒙・宣伝省、雑誌統制のために雑誌部を設置（5月9日）
ヒトラー発案の「ドイツ母親名誉十字章」が初めて母の日に授与される（5月21日）
独ソ不可侵条約（8月23日）
食料配給切符、石鹸・石炭配給切符の支給（8月27日）
ドイツ軍がポーランドに侵入し、第2次世界大戦が始まる（9月1日）
戦時統制措置により新聞は12ページ、グラビア雑誌は28ページに制限（9月1日）
17歳から25歳の独身女性全員に半年間の労働奉仕義務が課される（9月4日、「女子青年に対する全国労働義務遂行令」）
国家保安本部設立（9月27日）
この年「女性展望」発行部数140万部に達し、女性雑誌市場第1位となる（10月）
全国衣料切符支給（11月14日）

1940年　ドイツ軍がデンマーク、ノルウェー侵攻（4月9日）
ハインリヒ・ヒムラー、アウシュヴィッツ強制収容所建設を命令（4月27日）
ドイツ軍、オランダとベルギーに侵攻（5月10日）
パリ無血入城（6月14日）、フランスと休戦協定（6月22日）
ドイツ軍によるロンドン大空襲（9月7日―1941年5月16日）
日独伊三国同盟締結（9月27日）

1941年　ユーゴスラヴィア軍降伏（4月17日）
独ソ戦開戦（6月22日）、ドイツ軍が66万人のソ連兵を捕虜にする
全国女子労働奉仕団の戦時動員義務期間が半年から１年に延長される（7月29日、「全国女子労働奉仕団の追加的戦時動員に関する布告」）
日本軍による真珠湾攻撃（12月8日）。ドイツとイタリアもアメリカに宣戦布告（12月11日）

1942年　ヴァンゼー会議で「ユダヤ人問題の最終解決」合意（1月20日）
アルベルト・シュペーア軍需相就任（2月8日、「軍需の奇跡」始まる）
春ごろからイギリス・アメリカ軍のドイツ本土空爆が本格化する

1936年　失業者数250万人（1月）
ロカルノ条約破棄、ラインラント非武装地帯に進駐（3月7日、国民投票で98.8パーセントが支持）
ベルリン・オリンピック開催（8月1日—16日）
四カ年計画庁設置と全権ヘルマン・ゲーリング任命（10月18日）
ベルリン・ローマ枢軸（10月25日）
ショルツ＝クリンク、ナチ党黄金名誉徽章を授与される（11月9日）
日独防共協定（11月25日）
ヒトラー・ユーゲント法（12月1日、強制加入）

1937年　失業者数180万人（1月）
「ドイツ芸術の家」竣工（7月18日）
全国女性指導部の全国展覧会「国家における女性の動員」（第9回ナチ党党大会「労働の党大会」〔9月6日—13日〕で）
婚姻奨励法第3次改正法（11月3日、結婚資金貸付受給条件から妻の退職が遡及的に1936年7月に解除）
イタリア、日独防共協定に参加（11月6日）
ヤルマル・シャハト、経済大臣辞任（11月26日）

1938年　失業者数100万人（1月）
ヒトラー、国防軍最高司令官になる（2月4日）
義務年の導入（3月、1934年の家政年の組み入れ）
オーストリア併合（3月13日、ドイツとオーストリア両地域の4月10日の国民投票で99パーセントの支持）
ナチ女性団とドイツ女性事業団による全国展覧会「ドイツのために女性は活動する」（6月、ハンブルク）
イギリス、フランス、ドイツ、イタリア首脳によるミュンヘン会談（9月29日—30日）、ズデーテン割譲（10月1日）
緊急奉仕令（10月15日）
全国で組織的ユダヤ人迫害（11月9日、「水晶の夜」）

1939年　失業者数30万2,000人（1月）
ドイツ軍のプラハ進駐（3月14日—16日）、チェコをベーメン・メーレン保護領とする

の誓い」に名を連ねる（10月26日）
強制的同質化を受け入れた非ナチ女性組織からドイツ女性事業団（DFW）設立（10月）

1934年 失業者数330万人（1月）
「女性展望」、「党公認の唯一の女性雑誌」となる（1月1日）
ゲルトルート・ショルツ＝クリンク、ナチ女性団全国指導者に就任（2月24日）
ナチ女性団とドイツ女性事業団が救援事業「母と子」開始、母親講習会を開講（5月）
家政年の導入（5月）
「女性展望」発行部数50万部で、ライバルの「主婦の雑誌」と肩を並べる（6月）
レーム事件（突撃隊幹部と有力者の射殺）（6月30日―7月2日）
ヒンデンブルク大統領の死去（8月2日）で、ヒトラーが大統領兼務（8月19日の国民投票で89.93パーセントの支持）
第6回ナチ党党大会（9月4日―10日、レニ・リーフェンシュタールの記録映画『意志の勝利』）
ショルツ＝クリンク、全国女性指導者の肩書を許される（11月）

1935年 失業者数290万人（1月）
ナチ女性団のエリート性を保つため入団条件設定（2月）
住民投票の91パーセントの賛成で（1月13日）、ザール地方はドイツに復帰（3月1日）
ヴェルサイユ条約の軍備制限条項破棄、徴兵令による再軍備宣言（3月16日）
全国女性指導部、ナチ党組織に昇格（3月）
国防法（5月21日）
ナチ女性団とドイツ女性事業団による全国展覧会「女性と国民」（5月、デュッセルドルフ）
新防空法（6月26日）
全国労働奉仕法（6月26日、女子は1939年まで志願制）
第7回ナチ党党大会（「自由の党大会」9月10日―16日）
ニュルンベルク法（9月15日）
婚姻健康法（10月8日）

1931年　1月に失業者は500万人（うち女性100万人）
すべてのナチ女性組織からナチ女性団設立（10月1日）

1932年　2月に失業者620万人（従業員の3人に1人で最高値）
大統領選挙第2回投票でヒンデンブルク53.1パーセント、ヒトラー36.8パーセント得票（4月10日）
国会選挙でナチ党が37パーセントを超える得票で第一党になる（7月31日、女性代議士の割合4.6パーセント）、11月6日の国会選挙では34議席減らすも第一党（女性代議士の割合5.6パーセント）
フランツ・フォン・パーペン内閣→クルト・フォン・シュライヒャー内閣→大統領内閣（6月1日―1933年1月28日）
女性雑誌「女性展望」創刊（7月1日）

1933年　失業者数600万人（1月）
ヒトラー、首相に就任（1月30日）
国会議事堂放火事件（2月27日）
国会選挙でナチ党得票率43.9パーセント（3月5日）
ヨーゼフ・ゲッベルスを大臣とする国民啓蒙・宣伝省を設置（3月13日）
全権委任法（3月24日）
強制的同質化法（3月31日、4月7日）
ユダヤ人商店ボイコット（4月1日）
女子学生の割合を全学生の10パーセントに制限（4月25日、2年後解除）
ドイツ労働戦線設立（5月10日）
各地の大学で焚書（5月10日）
ドイツ初の女性組織であるドイツ女性団体連合（BDF）解散（5月）、新たな女性組織設立禁止
若い夫婦対象の結婚資金貸付制度導入（失業減少法、6月1日）
新党設立禁止法（7月14日）
教皇庁と政教条約締結（7月20日）
第1回冬期救援事業始まる（9月13日）
国民啓蒙・宣伝省の下部組織として全国文化院設置（9月22日）
「煮込み鍋の日曜日」の導入（10月1日）
ジュネーブ軍縮会議および国際連盟脱退（10月14日）
「フォス新聞」に88人の作家がヒトラーに対する「比類なき忠誠と服従

日亡命）

1919年　ドイツ共産党創立（1月1日）
1月蜂起（「スパルタクス蜂起」、1月5日）
ドイツ労働者党結成（1月5日、8カ月後にアードルフ・ヒトラー入党）
共産党のローザ・ルクセンブルクとカール・リープクネヒト、軍・義勇軍により殺害される（1月15日）
国民議会、ヴェルサイユ条約に調印（6月28日）
国民議会、ヴァイマル共和国憲法を採択（7月31日）

1920年　ドイツ労働者党、国民社会主義ドイツ労働者党（ナチ党）に改称（2月24日）
「国民社会主義ドイツ労働者党25カ条の綱領」公布（2月24日）

1922年　ソ連とラパッロ条約を締結（4月16日）したユダヤ系ドイツ人ヴァルター・ラーテナウ外相、暗殺される（6月24日）

1923年　フランス・ベルギー軍、ルール地方占領（1月11日）、ドイツ政府の「消極的抵抗」
ヒトラー一揆（「ミュンヘン一揆」）失敗（11月8日—9日、ヒトラーは禁固5年の刑を受けるも9カ月で釈放）

1924年　賠償支払いに関するドーズ案に調印（8月30日）

1925年　旧陸軍参謀総長パウル・フォン・ヒンデンブルク、大統領選挙で当選（4月26日）
『我が闘争』第1巻出版（7月18日、第2巻は1926年12月11日）
ロカルノ条約調印（西部国境現状維持、12月1日）

1926年　国際連盟に加盟（9月8日）

1929年　ニューヨーク、ウォール街の株式市場の大暴落により世界経済恐慌始まる（10月24日）

1930年　国会選挙でナチ党大躍進（9月14日、前回28年の12議席から107議席へ）

関連年表

1804年　ナポレオンの戴冠（12月）

1806年　ライン同盟成立（7月、ナポレオンの圧力によりオーストリア帝国やプロイセン王国を神聖ローマ帝国から排除し、残されたドイツ諸国を再編）
神聖ローマ帝国消滅（8月）
イエナ・アウエルシュテットの戦い（10月、プロイセンがナポレオン軍に壊滅的敗北）

1812年　ナポレオンのモスクワ遠征始まる（6月）

1813年　対ナポレオン解放戦争始まる（3月）
ライプツィヒの諸国民戦争（10月、ナポレオン軍敗北）

1814年　ウィーン会議（9月—1815年6月）

1866年　普墺戦争（6月14日—8月23日）

1870年　独仏戦争（7月19日—1871年5月10日）

1871年　ドイツ帝国成立、プロイセン王ヴィルヘルムI世、ドイツ皇帝即位（1月18日）

1878年　社会主義者鎮圧法成立（10月22日—1890年9月30日）

1888年　ヴィルヘルムII世、皇帝即位（6月15日）

1901年　ワンダーフォーゲル運動開始

1914年　オーストリアがセルビアに宣戦し、第1次世界大戦始まる（7月28日）

1918年　11月革命（11月3日—9日）、皇帝ヴィルヘルムII世退位（11月9日、翌

[著者略歴]
桑原ヒサ子（くわはら ひさこ）
1953年、東京都生まれ
敬和学園大学名誉教授
専攻はドイツ文学、ドイツ現代文化
著書に『ナチス機関誌「女性展望」を読む――女性表象、日常生活、戦時動員』（青弓社）、共著に『時代を映す鏡としての雑誌――18世紀から20世紀の女性・家庭雑誌に表われた時代の精神を辿る』（日本独文学会）、『軍事主義とジェンダー――第二次世界大戦期と現在』（インパクト出版会）、論文に「女性雑誌『コンスタンツェ』*Constanze*が伝える敗戦後のドイツ人女性――結婚、シングルマザー、就労、法律」（「人文社会科学研究所年報」第16号）、「ドイツ人女性の戦後――「零時」からの出発」（「人文社会科学研究所年報」第13号）など

ナチス・ドイツのクリスマス
ナチス機関誌「女性展望」にみる祝祭のプロパガンダ

発行―――2024年12月11日　第1刷
定価―――3800円＋税
著者―――桑原ヒサ子
発行者――矢野未知生
発行所――株式会社青弓社
〒162-0801 東京都新宿区山吹町337
電話 03-3268-0381（代）
https://www.seikyusha.co.jp
印刷所――三松堂
製本所――三松堂

ISBN978-4-7872-2105-6　C0020

桑原ヒサ子

ナチス機関誌「女性展望」を読む

女性表象、日常生活、戦時動員

「女性展望」は、社会的・文化的領域で理想的な女性像を伝達して戦争に動員するプロパガンダメディアだった。ナチス機関誌の丁寧な読解から、ナチス政権下に生きた女性たちの実像に迫る。図版270点を所収。　定価4800円＋税

青沼裕之

ベルリン・オリンピック反対運動

フィリップ・ノエル＝ベーカーの闘いをたどる

ナチスが関与して国際政治の抗争の場になったベルリン・オリンピックに対して、イギリスは反対運動を展開した。イギリス労働者スポーツ協会やノエル＝ベーカーらに焦点を当て、理念と矛盾のせめぎ合いをたどる。定価2600円＋税

阪井葉子　三谷研爾 編

戦後ドイツに響くユダヤの歌

イディッシュ民謡復興

イディッシュ民謡の歴史などを押さえ、フォーク歌手へのインタビューも踏まえて、ユダヤ人の伝統歌謡がなぜドイツで歌われるのかに光を当てる。20世紀ドイツの社会・文化の変容をもあざやかに照らし出す労作。　定価2600円＋税

高嶋 航／佐々木浩雄／新 雅史／浜田幸絵 ほか

満洲スポーツ史

帝国日本と東アジアスポーツ交流圏の形成

多様な民族が交差した満洲国で実践された企業スポーツや女子スポーツ、朝鮮人や台湾人のアスリート、武道界、各種競技会の実態を掘り起こし、労働・民族・移動・国際関係という視点から多角的に分析する。　定価4600円＋税

佐々木陽子

戦時下女学生の軍事教練

女子通信手と「身体の兵士化」

総動員体制下、高等女学校生に課せられた軍事教練の実態を聞き取り調査から描き、女性の身体を「兵士化」するありよう、軍属として情報通信業務に従事した女子通信手の任務内容も明らかにし、動員の内実を解明。定価3400円＋税